Oek 7

Harvey Cox

Göttliche Spiele

Harvey Cox

Göttliche Spiele

Meine Erfahrungen
mit den Religionen

Herder
Freiburg · Basel · Wien

Titel der amerikanischen Originalausgabe:
„Many Mansions"
A Christian's Encounter With Other Faiths

Beacon Press, 25 Beacon Street,
Boston, MA

Übertragung ins Deutsche von
Dr. Radbert Kohlhaas OSB

Herstellung: Freiburger Graphische Betriebe 1989
ISBN 3-451-21541-1

Inhalt

„Im Haus meines Vaters sind viele Wohnungen:
wäre es nicht so, hätte ich es euch gesagt.“

(Joh 14,2)

1

Einleitung: Jesus und der Dialog

Hat sich der große Dialog zwischen den Weltreligionen festgefahren, der Dialog, den so viele von uns vor noch gar nicht langer Zeit so von Herzen begrüßt haben? Warum ist das ökumenische Gespräch im weiteren Sinn, das die Hoffnung geweckt hatte, nicht nur die Grenzen zwischen den Konfessionen, sondern sogar zwischen den Religionen zu überschreiten, auf einmal zum Gestotter und Gestammel geworden und in vielen Fällen einfach versickert? Warum sind die Beziehungen zwischen den alten Religionen der Menschheitsfamilie, die sich für viele von uns noch vor wenigen Jahren zu verbessern schienen, mit den jüngsten Ausbrüchen von Separatismus, Fremdenhaß und Feindseligkeit zänkisch und sogar gewalttätig geworden?

Was noch schlimmer ist: die Religionsgemeinschaften selbst sind in wachsendem Maß in sich gespalten, und die Streitigkeiten werden durch politische Spannungen oft noch erbitterter. Moslemische Sunniten und Schiiten erklären einander für schlimmer als die Ungläubigen. Sowohl fromme wie auch religiös ungebundene Juden, die ein friedliches Zusammenleben mit Palästinensern anstreben, verzweifeln angesichts des fanatischen Eifers der Siedler, die glauben, Gott habe ihrem Volk Land geschenkt, das seit Generationen von Palästinensern bewohnt war. Christen, die sich um Verständnis zwischen den Religionen bemühen, sind entrüstet und perplex über die Angriffe der Fundamentalisten, die sie als Verräter am Evangelium verurteilen, aber selbst zur Zusammenarbeit mit diesen Heiden bereit zu sein scheinen, wenn ihre Politik ihnen paßt. Tatsächlich finden sich die Anhänger gleich welcher Religion, wenn sie sich für den Dialog einsetzen, häufig seitens ihrer Glaubensbrüder und -schwestern dem Vorwurf des Überläufertums ausgesetzt.

Das Bild ist allerdings nicht überall gleich düster. Hier und da treffen sich noch kleine Kreise von Moslems und Juden, Hindus und Sikhs, Buddhisten und Christen und setzen ihre Gespräche und sogar ihre Zusammenarbeit fort, aber das tun sie, obgleich die Strömung sich gegen sie gekehrt zu haben scheint. Was ist da passiert?

Ich glaube, das dornigste Dilemma, das sich dem Dialog zwischen den Religionen in den Weg stellt, ist schon sehr alt: wie man das Universale mit dem Partikulären vereinbaren kann. Jede Weltreligion hat beides. Jede einzelne nährt in Kult und Mythologie ihre eigenen, einmaligen und ganz besonderen Vorstellungen. Vielleicht ist es die Botschaft von dem einen wahren Gott, die makellos an den Propheten gelangt ist. Oder es ist das unergründliche Brahman, Ursprung und Ziel von allem, was ist und was nicht ist. Oder der gehorsame Sohn Gottes, der am Kreuz stirbt. Oder der höchste Augenblick, wenn dem geduldig unter dem Pipal-Baum Sitzenden die Erleuchtung kommt. Oder das lebenspendende Vermächtnis der Tora an ein auserwähltes Volk. Was auch immer es ist, der ihr eigene Angelpunkt bestimmt die Mitte, um die jede Weltreligion sich dreht, und verleiht ihr von Jahreszeit zu Jahreszeit und von Jahrhundert zu Jahrhundert ihr eigenes Gepräge.

Zugleich entwickelt jede Weltreligion, wenn sie wirklich eine Weltreligion und kein Lokalkult ist, auch eine universale Sicht. Das Brahman umfaßt alle Zeitalter, jeden Wassertropfen und jeden Erlöser. Der Koran verkündet einen Gott, der alle Völker gleich erschaffen und eine geeinte Menschheitsfamilie zum Abbild seiner höchsten Einheit bestimmt hat. Christus stirbt und wird von einem Gott auferweckt, der eine Vorliebe für die Verstoßenen und die Dulder besitzt und alle Völker und Zungen in eine allumfassende Gemeinschaft des Wohltuns und des Lobpreises beruft. Der Bodhisattva will aus Mitleid erst dann in das Nirvana eingehen, wenn jedes beseelte Wesen ihn dorthin begleiten kann.

So hat jede Weltreligion ihre Achse und ihre Speichen, ihren scharf konturierten Brennpunkt und ihre Peripherie, die ihn umgibt. Ferner erkennt man eine echte Weltreligion daran, daß diese beiden Dimensionen nicht nur miteinander verklammert sind: sie stärken und festigen einander. Irgendwo wird alles, was jetzt noch bruchstückhaft und widersprüchlich aussieht, und alles, was tragisch oder unerklärlich zu sein scheint, irgendwie zu einem einzigen Mysterium der Sinn- und Werthaftigkeit zusammengefügt.

Die derzeitige Krise des Dialogs zwischen den Religionen kann man auf eine einfache Formel bringen: die Pole des Universalen und des Partikulären sind aus den Angeln geraten. Angesichts einer Welt, in der sich eine wie auch immer geartete Begegnung mit anderen Religionen nicht mehr vermeiden läßt, brechen die alten Religionen in Flügel auseinander, die sich immer erbitterter bekämpfen. Diejenigen, denen die universale Dimension aufdämmert, treten für Dialog und Gegenseitigkeit ein. Sie spüren dem nach, was allen gemeinsam ist und was alle verbindet. Diejenigen, die das Partikuläre betonen, scheuen häufig den Dialog und gehen mit ihren Glaubensbrüdern, die ihn pflegen, strenger ins Gericht als mit den verwerflichen Ungläubigen. Diese böse Kluft, die sich durch alle Religionen zieht, bietet Anlaß zum „schlimmst-möglichen" dramatischen Ablauf, den man sich denken könnte, wenn der augenblickliche Trend anhält. Man stelle sich eine Zeit vor, in der winzige Kader von Dialogbeflissenen an der Peripherie einer jeden Religionsgemeinschaft Stellung bezögen und unaufhörlich die Sprache und die Begriffe zum Gedankenaustausch mit denen verfeinerten, die den universalistischen Flügeln der anderen Religionen angehören. Inzwischen würden sich auf der Gegenseite in jeder Religion vor Eifer entbrannte Kohorten radikaler Partikularisten zusammenscharen und ihre ins Wanken geratenen Glaubensbrüder mit dem Bann belegen, weil sie durch ihre Verbrüderung mit den Verdammten die Wahrheit in Verruf bringen. Das sind keine verlockenden Aussichten.

Wir brauchen aber beide Pole. Ich zähle mich zu den Universalisten. Doch manchmal, wenn ich unter der Schirmherrschaft des Weltrates der Kirchen oder des Zentrums für das Studium der Weltreligionen an der Universität Harvard in distinguierten – oder sogar leicht reservierten – Runden urbaner Vertreter verschiedener Religionen saß, sind meine Gedanken dem Konferenzsaal entflohen und auf Wanderschaft in die unwirtlichen Winkel der Welt gegangen, wo andere Anhänger eben dieser Glaubensbekenntnisse einander umbringen oder abwerben – oder auch nur kalt ignorieren. In solchen Augenblicken habe ich mich gefragt, ob der „Dialog" nicht zu einer lästigen Pflichtübung im Predigen vor Bekehrten geworden ist, und im stillen gewünscht, ein paar von diesen Hitzköpfen herzubringen. Wenn ihm die Kraft abgeht, die solche Partikularisten verkörpern, kann ein Dialog unter urbanen Partnern – und das passiert manchmal – zu einem wechselseitigen Nachplappern von Platitüden ausarten. Er könnte mit einem Wimmern auslaufen.

Zugleich bin ich fest davon überzeugt, daß der Partikularismus ohne die großherzige universale Sicht, die das Religionsgespräch realisiert, zum Fanatismus entarten kann. Und in unserer heutigen waffenstarrenden Welt kann Zelotentum leicht das Eintreten des Zeitpunkts beschleunigen, zu dem alles mit einem Knall sein Ende findet. Wir stehen also vor einem Paradox. Ohne den universalen Pol gäbe es gar keinen Dialog. Doch ohne das Partikuläre gräbt der Dialog sich selbst das Wasser ab. Ohne das Kreuz, den Koran oder den Pipal-Baum würden die Religionen, die von diesen heiligen Realitäten ins Leben gerufen worden sind, verkümmern, und damit würden auch die ganzheitlichen Betrachtungsweisen dahinschwinden, die ihre Frucht sind. Das Paradox der großen Weltreligionen besteht darin, daß sie wohl den Traum von einer einzigen Menschheitsfamilie heraufführen, ihm aber auch zugleich drohend gegenüberstehen. Was kann man da tun?

Einfach zu sagen, die Universalisten und die Partikularisten brauchten einander, scheint zu formelhaft zu sein, zumal sie selbst selten dieser Meinung sind. Trotzdem glaube ich, daß es so ist, und da ich seit Jahrzehnten am Dialog beteiligt gewesen bin, möchte ich in diesem Buch auf meine eigene Erfahrung zurückgreifen und zeigen, wie man die unerläßliche Komponente des Partikulären wieder mit ins Spiel bringen kann. Allerdings muß ich zuerst zwei typische Verhaltensweisen christlicher Dialogteilnehmer herausstellen, die – wenn auch oft ganz unbeabsichtigt – bei ihrem lobenswerten Bemühen, die Randzone zu erweitern, das Zentrum vernachlässigt haben.

Die erste Weise, auf die das Partikuläre im Dialog zwischen den Religionen eingeschränkt wird, liegt im Verlust der ersten Person in der Einzahl des Sprechers. Oft erhebt sich der Dialog schnell in luftige Höhen zum Gedankenaustausch über „Christentum" und „Buddhismus" oder sonst eine Religion. Den Gesprächspartnern, die häufig Übung im abstrakten, begrifflichen Denken besitzen, widerstrebt es manchmal, viel über „meinen" Glauben an Jesus Christus oder „meine" Verehrung für Krishna oder „meinen" Weg zur Erleuchtung zu sagen. Sogar die Rede von „unserem" Glauben oder „unserem" Weg bleibt oft auf der Strecke, wenn das Gespräch das hohe Niveau einer wissenschaftlichen Abhandlung – als solche von unschätzbarem Wert – erreicht, das man in einem Hochschulseminar über vergleichende Religionswissenschaft antrifft. Bald fangen die Anwesenden an zu gähnen und auf die Uhr zu schauen.

Ich glaube, eine gewisse vorsichtige und maßvolle Wiederherstellung des persönlichen Redestils – wer will, mag das „Zeugnis" nennen – kann dazu beitragen, dem Dialog zwischen den Religionen etwas von der lebenspendenden Partikularität zurückzugeben. Schließlich sind ja nie die Religionen selbst miteinander im Gespräch, sondern ganz bestimmte Personen, die diese Religionen verkörpern. Ich habe es schon öfter als einmal erlebt, wie in ein Gespräch, das dem Tod durch Langweile entgegentrieb, wieder neues Leben kam, wenn jemand den Mut aufbrachte, persönlich zu werden, anstatt sich in allgemeinen Ausdrücken zu ergehen. Aus diesem Grunde sind die Essays in diesem Buch fast ganz die Frucht meiner persönlichen Begegnungen mit wirklichen Vertretern anderer Religionen – natürlich vertieft und erweitert durch Lektüre und Reflexion. Das, was sie zu einem Ganzen verbindet, ist das tatsächliche Erleben eines einzigen Menschen. Dieses Buch handelt nicht von „dem" christlichen Dialog mit anderen Religionen, sondern von den Begegnungen eines Christen mit einzelnen Vertretern anderer Religionen.

Die andere Weise, auf die die christlichen Dialogteilnehmer manchmal den partikulären Pol aus dem Auge verloren haben, hat darin bestanden, die Gestalt Jesu in ihrer persönlichen Bedeutung herunterzuspielen. Bei dieser Behandlung Christi mit gedämpfter Stimme gibt es allerdings viele Ausnahmen. Doch habe ich – wie sich noch zeigen wird – festgestellt, daß Gespräche zwischen Christen und Angehörigen anderer Lehren leicht uninteressant werden, wenn die Erwähnung Jesu aufgeschoben oder heruntergespielt wird; doch wenn die Gestalt Jesu von den Christen oder – was auch vorkommt – von den anderen in den Vordergrund gerückt wird, belebt sich der Dialog.

Natürlich ist es verständlich, warum Christen, denen der Dialog ein Anliegen ist, nicht schon gleich beim eröffnenden Hammerschlag des Vorsitzenden anderen mit Gewalt das Wort von Jesus entgegenschleudern wollen. Schließlich ist Jesus in mehrfacher Hinsicht am Christentum das Partikuläre schlechthin, und man versucht wahrscheinlich in einem Dialog mit anderen Religionen – wenigstens zunächst – die weniger trennenden Aspekte der eigenen Lehre darzustellen. Das hat den Haken, daß diese verständliche Zurückhaltung den Dialog nicht nur um die Kraft gebracht hat, die er zum Überleben braucht, sondern auch darüber hinaus noch eine unglückliche Folge gehabt hat. Auf Grund dieser Nebenwirkung machen Christen, die sich Jesus in anderen Lebensbereichen zum Vorbild nehmen, weder sein Beispiel noch seine Lehre zu ihrer Richtschnur im Dialog. Ich glaube, diese zweifache Vernachlässigung der Gestalt Jesu – sowohl als Gesprächsthema wie auch als Orientierungshilfe – ist uns teuer zu stehen gekommen.

Ich möchte damit nicht den Eindruck erwecken, als bezögen sich diese Christen, die sich auch heute noch mit großer Hingabe in Gesprächen mit Buddhisten, Moslems oder Juden mühen, nie auf die Christologie, den Zweig der christlichen Theologie, der sich mit der Bedeutung Jesu Christi beschäftigt. Sie tun es. Oft suchen sie nach einer Brücke zu den anderen Religionen mittels eines „kosmischen Christus", wie er im Epheserbrief zur Darstellung kommt, eines Christus, von dem es heißt, daß er im ganzen All zugegen und daher doch wohl auch in den Welten zu finden ist, in denen Hindus und Moslems leben. Häufiger haben die christlichen Teilnehmer jedoch versucht, den Dialog auf völlig andere Bereiche der Religionslehre zu gründen. Manchmal greifen sie, z.B., den Gedanken des Schöpfergottes auf, des Mysteriums, aus dem alles, was da ist, hervorgeht. Dann wieder rücken sie den Göttlichen Geist in den Brennpunkt des Interesses, der in jedem Menschen oder gar in jedem beseelten Wesen anwesend sei. In den letzten Jahrzehnten sind sie mit Vorliebe der eigentlichen Glaubenserfahrung nachgegangen als einer allgemein menschlichen Erfahrung, die in den einzelnen Phasen des Menschenlebens Entwicklungsstufen erkennen läßt, die allen Religionen gemeinsam sind. In jüngster Zeit haben sie, vereint mit Angehörigen anderer Religionen, versucht, mit den erschreckenden Problemen zu ringen, denen sich heute jeder stellen muß – Atomkrieg, Hunger, Seuchen, Ausplünderung der Ökosphäre –, und auf die verschiedenen Lehren zurückzugreifen, um aus ihnen eventuell Werte und Zukunftsentwürfe zu schöpfen, mit denen man diesen Schrecken begegnen könnte. Diese Wege zu einer Begegnung zwischen den Religionen unterscheiden sich deutlich voneinander, haben aber alle eines gemeinsam: sie lassen den historischen Jesus der Evangelien entschieden im Hintergrund.

Jeder dieser Versuche, ein adäquates christliches Verständnis der Vielfalt der Religionen zu erarbeiten, hat seinen Wert. Jeder von ihnen hat den Dialog ein Stück vorangebracht. Wir müssen weiter versuchen, sie alle zu nutzen. Trotzdem muß ich gestehen, daß ich diese Versuche, die allesamt das Faktum Jesus beiseite lassen, für nicht ganz zufriedenstellend halte. Sie sind in zweifacher Hinsicht problematisch. Einmal ist Jesus für die überwiegende Mehrzahl der Christen, auch derer, die sich mit aller Kraft dem Dialog widmen, nicht bloß eine Hintergrundfigur. Er ist von entscheidender Bedeutung für den christlichen Glauben. Das sehen nicht nur die Christen in der Gesprächsrunde so, sondern auch ihre moslemischen, buddhistischen, shintoistischen, hinduistischen und jüdischen Partner. Womit man auch beginnt, ob mit der Schöpfung – die übrigens kein besonders guter Ausgangspunkt für einen Dialog mit Buddhisten ist, die alles, was damit zusammenhängt, ablehnen –, mit dem allgegenwärtigen belebenden Geist, mit der Glaubenserfahrung als solcher oder womit sonst noch, so wird jeder ehrliche Dialog zwischen Christen und Andersgläubigen früher oder später – und nach meiner Erfahrung ist es normalerweise früher – sich mit der Gestalt Jesu beschäftigen müssen.

Ja, könnten da einige sagen, ist es aber nicht besser, man wartet mit einem Punkt, an dem sich die Geister so sehr scheiden können, bis noch mehr Einvernehmen in den Voraussetzungen erzielt ist? Das mag in einigen Fällen stimmen, aber ich bin noch nie zu der Überzeugung gelangt, daß ein Dialog zwischen den Weltreligionen gewinnt, wenn man ihn wie eine Klavierschule für Anfänger aufbaut, die mit „Frère Jacques" beginnt und sich schließlich bis zu Chopin-Präludien emporarbeitet. Jeder weiß immer, daß die Frage, wer Jesus war und ist und was er heute bedeutet, unvermeidlich auftauchen wird. Bis es so weit ist, hat man mitunter das Gefühl, als ergehe man sich – wenigstens bis zu einem gewissen Punkt – in den protokollarischen Freundlichkeiten, die oft einem echten Gespräch vorausgehen, aber eigentlich nicht zum Thema gehören. Wann fällt endlich der zweite Schuh zu Boden?

Die Dialogtaktik, die den Jesus-Faktor herunterspielt, ist mir ferner problematisch, weil überraschenderweise gerade dieser

Faktor es ist, für den die nicht-christlichen Teilnehmer sich am meisten zu interessieren und auf dessen Behandlung sie am meisten zu brennen scheinen. Man sollte nicht annehmen, daß so etwas in einem Dialog zwischen den Religionen passieren könnte. Aber es kommt vor. Es kommt sogar so oft vor, daß es ernstliche Fragen aufwirft in bezug auf die anderen Versuche, wenigstens insoweit als sie – wie man meint, sehr behutsam und umsichtig – zu Werke gehen, ohne diesem entscheidenden Punkt den Vorrang zu geben.

Es hat mich viel Zeit und viele Fehlstarts gekostet, das zu lernen. Auch ich wollte das Risiko einer Brüskierung der Angehörigen anderer Religionen, die es gewagt hatten, das Gespräch mit mir aufzunehmen, auf ein Mindestmaß beschränken: um unnötigen Sperren oder dem Eindruck des Versuches der Proselytenmacherei aus dem Weg zu gehen. Aber ich habe immer wieder festgestellt, daß die Taktik, mit der ich das zarte Pflänzlein des Gedankenaustausches zwischen den Religionen hegen und pflegen wollte, an der meiner Partner auf der Gegenseite vorbeiging. Auch ich habe versucht, nicht zu früh über Jesus zu sprechen, aber ich habe bald gemerkt, daß meine Gesprächspartner gerade das von mir erwarteten; und ihre Haltung ließ manchmal durchblicken, daß sie nicht glaubten, tatsächlich mit einem Christen ein Grundsatzgespräch zu führen, bevor es dazu kam. Natürlich hatten sie damit recht.

Die „anderen" wollen hören, was Christen über Jesus denken. Als der tibetische Lama Chogyam Trungpa mich einlud, am Naropa Institut in Boulder, Colorado, dem einzigen buddhistischen Hochschulinstitut in den Vereinigten Staaten, Sommerkurse zu halten, habe ich zugesagt. Damals habe ich für meine Vorlesungen und Seminare verschiedene Themen zur Auswahl gestellt, die alle zur Methode der vergleichenden Religionswissenschaft neigten. Trungpa und seine buddhistischen Glaubensbrüder waren daran nicht interessiert. Sie haben mir statt dessen zugeraten, einen Kurs über „Leben und Lehre Jesu" zu halten. Als ich ein paar Jahre danach erstmals mit einem Moslem ernstlich ins Gespräch kam, wollte er sofort Jesus mit Mohammed vergleichen. Kurz darauf habe ich, als man mich gebeten hatte, auf einer Indienreise vor einer Gruppe von gelehrten Vaishnava-Hindus zu sprechen, mit Bedacht ein sicheres „universalistisches" Thema gewählt – ich meine, es war so etwas wie „die Rolle der Religion in der Welt von heute". Die indischen Lehrer haben meinen Vortrag und die lange Übersetzung, die sich anschloß, geduldig über sich ergehen lassen. Aber als die Diskussion eröffnet wurde, war die erste Frage, die sie mir stellten, die Frage nach meinem Glauben an Jesus und an die Form der Liebe (agápe), die er bekundet hat. Bald waren wir alle im Gespräch über Jesus und dann über die Liebe, die Krishna seinem Verehrer und die der Verehrer Krishna erweist. Mein Bemühen, theologische Klugheit walten zu lassen, langsam zu machen und möglichst dornige Probleme zu meiden, hatte, so gut ich es auch gemeint hatte, nur dazu geführt, den eigentlichen Gedankenaustausch um zwei Stunden zu verzögern. Ich bin dann in der Überzeugung geschieden, daß ich persönlich, was immer man zugunsten der anderen Dialogweisen sagen konnte, bei zukünftigen Gelegenheiten nicht von der Annahme ausgehen würde, meine Gesprächspartner erwarteten von mir, den Faktor Jesus auszuklammern. Erst kürzlich sind auch andere Christen, die schwierige, aber richtige Religionsgespräche aufgenommen haben, zu demselben Schluß gekommen. Der einzige unter meinen Bekannten, der je mit Ajatollah Chomeini zusammengetroffen ist, hat mir erzählt, Chomeini habe mit ihm zuallererst über Jesus reden wollen.

Natürlich ist dem Vorschlag, der Bedeutung Jesu im Dialog besser Rechnung zu tragen, noch keine Schwierigkeit gelöst. Die Fragen, welche Rolle Jesus spielt und wie man ihn ins Gespräch bringen soll, bleiben bestehen. Deshalb haben mich das Wort Jesu von den „vielen Wohnungen" bei Johannes (14,2), das ich zu Beginn dieses Buches zitiert habe, wie auch Johannes 14,6 – „Ich bin der Weg und die Wahrheit und das Leben; niemand kommt zum Vater außer durch mich" – immer so gereizt. Diese Verse stehen nur wenige Zeilen voneinander entfernt im selben Kapitel desselben Evangeliums. Und doch haben sie seit alters sowohl den dialogfreundlichen Universalisten wie auch den dialogfeindlichen Partikularisten ihren Lieblings-Schriftbeweis geliefert. Diejenigen, die mit Wohlwollen auf die anderen Religionen schauen, zitieren oft Johannes 14,2 und vertreten die Meinung, die „vielen Wohnungen" könnten sich auf die himmlischen Paläste beziehen, in denen Hindus und Buddhisten – Wand an Wand mit den Christen – in der künftigen Welt wohnen werden. Diejenigen, die darauf bestehen, daß alle anderen Christus akzeptieren müssen oder verdammt werden, berufen sich allerdings lieber auf Johannes 14,6 und erklären, daß Jesus einzig und allein der wahre Weg zum Heil ist. Was soll man zu dieser seltsamen Nebeneinanderstellung anscheinend widersprüchlicher Texte sagen? Könnte sie für uns ein Zeichen dafür sein, daß man das Universale und das Partikuläre miteinander vereinen muß, und dafür, daß Jesus für Christen auch im konziliantesten Religionsdialog die Hauptrolle spielen muß?

Die Gedanken und Erfahrungen, von denen in diesem Buch die Rede ist, sind ein Zeugnis für mein ständiges Ringen mit diesen Fragen. Ich gebe sie hier nicht als Rezept für alle künftigen Religionsdialoge weiter, sondern als Zusatz und Ergänzung zu den Versuchen, die sich mir nur zum Teil als befriedigend erwiesen haben. In meiner ersten Anmerkung habe ich denn festgestellt, daß es den Dialog zwischen den Religionen keineswegs zum Schweigen bringt, wenn man die Gestalt Jesu auf die Tagesordnung setzt, sondern sogar belebt. Meine zweite Anmerkung hängt damit zusammen, ist aber anders. Sie besagt, daß Jesus uns über unsere Rolle beim Religionsdialog etwas ganz Wesentliches lehren kann. Zunächst mag das recht unwahrscheinlich klingen. Soweit wir wissen, ist der Rabbi aus Nazaret nie mit einem Buddhisten oder Hindu zusammengetroffen. Der Islam ist erst 600 Jahre nach seiner Kreuzigung aufgetreten. Trotz der Spekulationen über seine „verborgenen Jahre", die regelmäßig wiederkehren, ist die Erfahrung Jesu mit anderen Religionen wahrscheinlich auf die verschiedenen Sekten und Bewegungen im zeitgenössischen Judentum und auf die Menschen, hauptsächlich Römer, beschränkt gewesen, die sogar er als „Heiden" bezeichnet hat. Auf den ersten Blick sieht es kaum so aus, als könnten wir von ihm in diesem Punkt viel lernen.

Jesus hat auch keine unmittelbare Erfahrung mit den vielen anderen ungeheuren Problemen gehabt, die uns heute beschäftigen: mit der aus dem Griff geratenen Technik, mit völkermordenden Waffen, mit AIDS, mit der moralischen Seite von Firmenfusionen, mit dem Entzug von Anlagekapital, mit der Werbung und mit unlauteren Börsengeschäften. Er brauchte nie mit den Versuchungen fertigzuwerden, die beim Ausfüllen einer Spesenabrechnung oder einer Einkommensteuer-Erklärung entstehen. Aber darum geht es hier nicht. Ein Jünger Jesu zu sein, heißt nicht, es ihm gleichtun zu wollen oder ihn zu imitieren. Es heißt, ihm auf seinem „Weg" zu folgen, in unserer Zeit so zu leben, wie er in seiner Zeit gelebt hat – als Zeichen und Diener des Gottesreiches. Um Jesus „nachzufolgen", brauchen wir keine zwölf Jünger zu erwählen oder Wasser in Wein zu verwandeln, sondern müssen wir seine Lebensaufgabe – den Anbruch des Schalom-Reiches Gottes unmittelbar herbeizuführen – zu der unseren machen. Ich glaube, daß die Freundschaft unter den Religionsgemeinschaften der Welt und die Pflege des Gefühls, „von ein und derselben Art zu sein", für den Anbruch des Schalom-Reiches Gottes unerläßlich sind. Ich glaube auch, daß der Jesus der Evangelien, er, der gekommen ist, „das Reich Gottes zu verkünden", wenigstens auf viererlei Weise nützliche Richtlinien für den Aufbau solch eines, quer durch die Religionen gehenden Bewußtseins bietet.

Die erste besteht darin, daß eine Konzentration auf Jesus die Begegnung von der theoretischen Ebene auf die praktische verlegt. Das Reich Gottes ist kein abstraktes Ideal. Es ist eine Wirklichkeit, die sich in der Geschichte konkretisiert. Infolgedessen sehen wir, sobald dieses Reich in den Brennpunkt des Interesses rückt, daß die Religionen nicht losgelöst von ihren örtlichen Erscheinungsformen existieren. Ferner wechseln diese Konkretisierungen einer religiösen Überlieferung deutlich von Ort zu Ort.

Was das angeht, gibt es außer in den Vorstellungen von Lehrbuch-Autoren weder einen Buddhismus, noch einen Hinduismus, noch ein Christentum als solche. Es gibt nur Menschen, die sich für Buddhisten, Hindus oder Christen halten. Ein Vergleich klassischer religiöser Texte kann zu Mißverständnissen führen, wenn man nicht weiß, welchen Sinn diese Texte für die Menschen haben, die sie hier und jetzt singen, studieren und in ihrem Leben zu befolgen suchen. Und dieser Sinn ändert sich von Zeit zu Zeit und von Ort zu Ort. Ein echter Dialog zwischen den Religionen kommt nur zustande, wenn wir einsehen, wie eine Lehre tatsächlich das Leben ihrer Anhänger formt. Wer sich dieser Einsicht verschließt, wird bald feststellen, daß er sich in einem Utopia bewegt, in dem „Religionen" beheimatet sind, die nur in Monographien zur vergleichenden Religionswissenschaft existieren. In der Jesusnachfolge geht es um das konkret Persönliche, nicht um Allgemeinheiten.

So nüchtern an das Gespräch mit den Religionen heranzugehen, ist alles andere als einfach. Es macht das, was ohnehin schon ein mühsames Unterfangen war, sogar noch schwieriger. Christen, die sich dem Dialog mit Menschen verschrieben haben, die andere Religionen praktizieren, dürfen sich nicht mehr mit dem Bild dieser Religionslehren begnügen, das sie aus der Fachliteratur gewonnen haben. Da nützt es auch nichts, darüber zu klagen, daß die buddhistischen und islamischen Strömungen, mit denen wir es heute zu tun haben, nicht das Eigentliche, sondern dekadente oder „politisierte" Entartungen sind, als ob es sie jemals in „Reinkultur" gegeben hätte. Jesu Leben ist ein Beispiel dafür, daß man jeden Dialog mit Menschen von Fleisch und Blut führen muß. Ein sogenanntes Religionsgespräch mit den platonischen Vorstellungen davon, wie diese oder jene Religion in ihrer reinen Form aussehen müßte, führt zu nichts.

Zum zweiten ist der Jesus der Evangelien eine Hilfe für den Dialog zwischen den Religionen, weil er uns daran erinnert, daß die Religion immer zwei Seiten hat. Schließlich haben viele – nicht alle – Fromme seiner Zeit sich Jesus erbittert widersetzt.

Seine Angriffe auf den Mißbrauch der Religion machen uns bewußt, daß überall dort, wo Religion existiert, auch sicher jemand versuchen wird, sich der Götter zur Beherrschung, Einschüchterung oder Unterdrückung anderer zu bedienen. Jeder ehrliche Versuch, mit den Religionen ins Gespräch zu kommen, muß sich doch auch damit auseinandersetzen, daß unser Jahrhundert nicht nur Hunderte von neuen religiösen Bewegungen hervorgebracht hat, sondern auch damit, daß einige dieser Bewegungen destruktiv sind und einige der teuflischsten unter ihnen sich einen christlichen Anstrich geben.

Wie weit erstreckt sich die Toleranz? Sind die japanischen Christen intolerant gewesen, als sie sich dem staatlichen Shinto-Kult widersetzten, dessen sich die Militärs im Zweiten Weltkrieg bedient haben, um ihr Volk ins Verderben zu führen? Ist Bonhoeffer engstirnig gewesen, als er sich gegen eine ökumenische Anbiederung an die Deutschen Christen sträubte, die die Nazis bei dem Versuch unterstützt haben, eine Synthese aus Christentum und völkischem Geist herzustellen? Sollte niemand kritische Fragen stellen, wenn Menschenopfer dargebracht, Witwen auf dem Scheiterhaufen ihrer Gatten mitverbrannt oder im Namen Christi Rolls Royce Wagen gesammelt werden? Je mehr man darüber nachdenkt, um so deutlicher erkennt man, daß es mit einer wohlmeinenden Toleranz, die alles, was mit Religion zu tun hat, als gut ansieht, einfach nicht getan ist.

Eingeschüchtert von dieser Notwendigkeit, religiöse Praktiken verschieden einzustufen, plädieren einige Menschenfreunde dafür, wir sollten vielleicht einfach sowohl für Bekehrungsversuche wie auch für die Diskussion unter den Religionen so etwas wie ein Moratorium ausrufen. Warum nicht einfach leben und leben lassen? Der Gedanke entbehrt nicht der Verlockungen.

Doch das ist unmöglich. Menschen reisen heutzutage mit Schallgeschwindigkeit, und Ideen reisen mit Lichtgeschwindigkeit. Die Hoffnung, unterschiedliche Kulturen und Religionen könnten einander einfach unbehelligt lassen, ist müßig. Es wird immer zu einer Wechselwirkung kommen. Eine Begegnung gleich welcher Art, selbst ein Dialog, ist unvermeidlich, es ist eine schwierige Frage, wie man einander wirklich offen begegnen soll, ohne dabei die Notwendigkeit aus dem Blick zu verlieren, sich ein Urteil zu bilden und manchmal sogar auch Partei zu ergreifen.

Hier ist das Beispiel Jesu höchst erhellend. Jesus ist kein Muster von farbloser Toleranz gewesen. Er hat sich sein Urteil über den Glauben der Menschen gemacht, mit denen er zu tun hatte. Er hat das sogar immer getan. Er hat mit den Pharisäern Streitgespräche geführt und die Tempelobrigkeit scharf hergenommen. Aber der Schlüssel zur Einstellung Jesu allen religiösen Belangen gegenüber ist das Wort: „An ihren Früchten werdet ihr sie erkennen." Am Lehrgehalt oder an der genauen Befolgung des Rituals der verschiedenen Religionen, denen er begegnet ist, scheint ihm einmalig wenig gelegen zu haben. Doch hat er es mit dem praktischen Resultat der erklärten Religiosität der Menschen schrecklich genau genommen. Einem heidnischen Römer hat er einmal gesagt, nirgendwo in Israel habe er solch einen Glauben wie den seinen gefunden.

Zum dritten macht uns Jesu Beispiel darauf aufmerksam, daß beim Dialog zwischen den Religionen die Suche nach dem für alle Menschen Einen-in-der-Vielfalt nicht nur eine Ermessensfrage ist. Manchmal muß man sich auch seines Urteils enthalten. Das hat seine lohnende und sogar seine lustige Seite. Als ich, z. B., unter tibetischen Buddhisten gelebt habe, habe ich lange gebraucht, mich in ihren fröhlichen Umgang auch mit den gewichtigsten Lehren ihres Glaubens hineinzufinden. Manchmal haben sie dies als „närrische Weisheit" bezeichnet. Ich habe entdeckt, daß ich mich als Christ unter Umständen der Vorstellung begeben mußte, der Dialog müsse immer im ernsten Ton geführt werden.

Das gilt auch für die sogenannten primitiven Religionen. Einer der Wegbereiter des christlichen Dialogs mit den Stammesreligionen hat auf einer Konferenz in Japan einmal die Bemerkung gemacht, die abendländischen Christen neigten dazu, sich nur bei solchen Anhängern anderer Religionen in ihrem Element zu fühlen, die ebenso genau und nüchtern seien wie sie selbst.

Vielleicht müssen wir die „Theologie des Spielens" in den Dienst der Begegnung der Religionen stellen, zumal der mit Buddhisten und mit denen, die man früher einmal als „primitive Völker" bezeichnet hat. Jesus hat häufig ernste Fragen, die man ihm stellte, mit einer wie aus der Pistole geschossenen Geschichte beantwortet, und einige seiner Geschichten – wie die vom Splitter im Auge des Nächsten und vom Balken in meinem eigenen – sind durch und durch übertrieben. Ich bin sicher, daß die Leute gelacht haben, wenn er sie erzählte. Darauf zu bestehen, daß es im Dialog immer um klare und deutliche Vorstellungen gehen muß, heißt, ihm eine engbegrenzt westliche, lehrhafte Dialektik aufzuzwingen. Dann kommt es zu nichts anderem als einer raffinierteren Form von religiösem Imperialismus. Sich gegenseitig Witze und Anekdoten zu erzählen, ist auch eine Form von Dialog.

Können Christen sich auf diese kapriolenhaftere und „spielerische " Form des Gedankenaustauschs zwischen den Religionen einlassen? Die Annahme ist begründet, daß die tragische Spaltung zwischen der byzantinischen und der lateinischen Kirche die Christen im Westen um eine Tradition gebracht hat, die dieses schalkhafte Element noch enthält. In der ostkirchlichen Tradition hat es viele Jahre lang die Gestalt des heiligen Narren gegeben. Man hatte das Pauluswort aus dem ersten Korintherbrief (4,10) über die „Toren um Christi willen" noch im Ohr und hat die heiligen Narren nicht nur akzeptiert, sondern sogar in Ehren gehalten. Alexander Syrkin, z. B., schildert einen Symeon, einen Zeitgenossen Kaiser Justinians I. (527–565). Symeon soll einen toten Hund hinter sich her durch die Straßen geschleppt und dann in der Kirche die Beter mit Nüssen beworfen haben. Mitunter kroch er auf allen vieren durchs Dorf, ließ sich von einem Rowdy ausprügeln, stellte den Vorübergehenden ein Bein und spazierte völlig unbekleidet über den Markt. Anscheinend stand hinter all dieser Narretei die theologische Konzeption, das überraschte Publikum aus seiner Lethargie zu erwecken, sich über Konventionen lustig zu machen und den Leuten zu geistlichen

Einsichten zu verhelfen, ohne dabei irgendwelche Lorbeeren einzuheimsen.

Wenn wir in der abendländischen Kirche nach einer analogen Geistigkeit suchen, kommen wir ihr mit dem heiligen Franz von Assisi und seinen ersten Brüdern am nächsten. Das persönliche Verhalten des Heiligen ist von vielen seiner Zeitgenossen, angefangen mit seinen Eltern, zweifellos für verrückt angesehen worden. Die Legende berichtet, Franz habe sich wie Symeon die feinen Kleider vom Leib gerissen, mit denen seine wohlhabende Familie ihn ausgestattet hatte, und nackt auf dem Marktplatz gestanden, und die Bürger hätten ihn laut beschimpft, bis der Ortsbischof ihn in Schutz genommen habe. Franz hat gesagt, er wolle „entblößt werden", um dem „entblößten Christus nachfolgen" zu können. Aber Franz hatte auch einen komödienhaften Wesenszug. Als Kind hatte er die fahrenden Sänger bewundert. Später hat er sich und seine Anhänger als joculatores Domini – Spaßmacher des Herrn – bezeichnet. Vieles von dem, was über sie in den Fioretti überliefert wird, erinnert sehr an die Kapriolen, die man den heiligen Narren in Rußland nachsagt. So soll Franz einmal Rufinus nur in Unterhosen durch die Straßen zur Kirche geschickt haben, um dort zu predigen. Ein andermal hat der unnachahmliche Bruder Wacholder Zierat und Schmuck aus einer Kirche entfernt und den Armen gegeben, damit sie zu Geld kämen, um sich etwas zu essen zu kaufen. Die berühmte Wallfahrt, die Franz selbst durch die Linien der Kreuzfahrer-Heere unternommen hat, um den Kalifen zu besuchen, war ein klassischer Narrengang. Die Moslems haben ihn nur deshalb nicht umgebracht, weil auch sie vor heiligem Wahnsinn eine gewisse Achtung hatten.

Im Gespräch zwischen den Religionen hat diese närrische Weisheit eine wichtige theologische Funktion. Sie deutet an, daß die Gesprächsteilnehmer – wie übrigens auch die Mystiker – sich darüber im klaren sind, daß selbst ihre besten Worte die göttliche Wirklichkeit weit verfehlen, so weit, daß sie irgendwie lächerlich sind. Diese Einsicht höhlt Unterscheidungen aus, die dem Westen sehr teuer sind: richtig/falsch, profan/sakral, Weisheit/Torheit, Reinheit/Unreinheit. So weist sie auf das hin, was man in der mystischen Theologie die „coincidentia oppositorum" nennt, das letztliche Einswerden dessen, was gegensätzlich aussieht.

Zum vierten ist der Jesus der Evangelien eine Hilfe für die Begegnung zwischen den Religionen, weil er unsere Erwartung darauf richtet, Gott schon im „anderen" gegenwärtig vorzufinden, auch in dem, mit dem wir im Gespräch sind, wie seltsam und fremd die Vorstellungen oder religiösen Übungen dieses anderen auch zu sein scheinen. Christus begegnet uns in dem Fremden und durch ihn. Ich habe immer gewußt, daß das „im Prinzip" stimmt, aber durch meine Beteiligung am Dialog habe ich die Erfahrung gemacht, daß es auch in Wirklichkeit stimmt. Wenn man in einen wahren Dialog eintritt, betritt man, wie Martin Buber wußte, heiligen Boden. Er lädt ein zu heiliger Freude wie auch zum Schmerz. Niemand, der eintritt – wirklich in den Dialog eintritt –, bleibt davon unberührt. Bleibt jemand unberührt, so darf man zweifeln, ob er überhaupt eingetreten ist. Der Dialog verändert diejenigen, die ihn wagen. Er wirft mehr als nur Klischees und vorgefaßte Meinungen von dem „anderen" um; er bewirkt eine noch geheimnisvollere Verwandlung meines eigenen Glaubensverständnisses und meines Glaubenslebens. Wenn man ehrlich in den Dialog eintritt, begibt man sich auch selbst auf eine gefahrvolle Reise, ohne ein fest umrissenes Ziel zu sehen. Es können unvorhergesehene Ereignisse eintreten. Eins der Risiken besteht darin, daß man womöglich noch von seinen eigenen Glaubensgenossen mit Argwohn oder Mißtrauen betrachtet wird: „Was hast Du denn mit *denen* zu schaffen?" Ein anderes besteht darin, daß man sich auf einmal, vielleicht nur innerlich, Fragen darüber stellt, was denn der eigene Glaube wirklich besagt, Fragen, die ohne die Provokation von der Gegenseite nie aufgestiegen wären. Die ängstlichen Türhüter, die schon immer darauf bestanden haben, daß man die Religion nur im Getto oder in einer Hürde „rein" erhalten kann, haben nicht ganz unrecht gehabt. Wenn man seinen überkommenen Glauben dem Dialog aussetzt, öffnet man, ob man will oder nicht, Tor und Tür für

Veränderung, Gärung und innere Auseinandersetzung. Ich glaube, Gott kann durch Anhänger anderer Religionen zu uns sprechen und tut es auch. Und wenn Gott spricht – das haben gläubige Menschen immer gewußt –, schmelzen Berge dahin und toben die Fluten.

Die Christen haben erst in allerjüngster Zeit den ernstlichen Dialog mit den Angehörigen anderer Religionen aufgenommen. Wie wir gesehen haben, geht es in einer der Fragen, die dieses Gespräch im innerchristlichen Bereich ausgelöst hat, um die Bedeutung Jesu für den Dialog. Aber die Frage nach der Bedeutung Christi für unsere Begegnung mit dem anderen wirft unvermeidlich die noch fundamentalere Frage nach der Bedeutung Christi für uns Christen auf. Sie bleibt nie aus. Bei der Rückkehr von einem Gespräch mit einem wirklich gläubigen Anhänger einer der anderen Religionen erklingt in mir regelmäßig Christi berühmte Frage an Petrus: „Ihr aber, für wen haltet ihr mich?" (Mt 16, 15). Aber beim Hinhören entdecke ich, daß ich die Frage nicht dem anderen stelle. Ich stelle sie mir selbst.

Das vielleicht Überraschendste, was ich aus dem Dialog mit Angehörigen anderer Religionen gelernt habe, ist die große Bedeutung, die die Wahrung des Kontaktes mit meinen eigenen Glaubensbrüdern für mich besitzt, die dem Dialog gegenüber argwöhnisch und ängstlich bleiben. Manchmal hat sie sich als schwierig erwiesen, und ich habe das Gespräch mit universalistisch denkenden Buddhisten oder Hindus oft leichter gefunden als das mit meinen Mit-Christen, die nicht nur solche Menschen als Heiden abtun, sondern auch mich abtun möchten, weil ich da anderer Meinung bin. Doch glaube ich, daß das so entscheidend wichtige Gespräch unter Angehörigen verschiedener Religionen scheitern und fehlschlagen könnte, wenn wir, die Dialogpartei, den Kontakt mit unseren Glaubensbrüdern verlieren, die sich auf der partikularistischen Seite formieren. Wir geben es vielleicht nicht zu, aber wir brauchen einander wirklich. Sie erinnern uns daran, daß wir ohne die radikale Partikularität der ursprünglichen Offenbarung keinen Glauben hätten, über den man sich mit anderen verständigen kann. Wir erinnern sie daran, daß sie ohne die universalistische Traumvorstellung die Botschaft der Offenbarung verfälschen und die Spannweite der ursprünglichen Idee schmälern.

Vielerlei Gespenster lauern heute im Hinterhalt dem Menschheitsunternehmen auf. Wir sind an einem Punkt angelangt, wo Zank zwischen Völkern und Religionen zum apokalyptischen Ende führen könnte. Es ist nötiger denn je, daß wir die zerbrechliche Einheit der ganzen Erde und all ihrer Bewohner als unsere heilige Aufgabe erkennen. Aber Männer und Frauen, die aus dem Glauben leben, brauchen die heiligen Geschichten, mit denen wir die Einheit unserer Gattung und ihrer Nachbarn im Tierreich und im All hymnisch feiern, nicht erst zu erfinden. Paradoxerweise sind diese Geschichten und Symbole schon in eben das religiöse Erbe eingebettet, das uns manchmal zu entzweien droht. Uns ist es aufgegeben, diese Erinnerungen an unsere gemeinsame Bestimmung aus der Tiefe der verschiedenartigen Quellen wachzurufen.

Ich lade meine Leser ein, sich mit mir auf den Weg zu Entdekkungen und Enttäuschungen zu begeben, zu denen Gespräche mit Angehörigen anderer Religionen mich geführt haben. Dabei ist es mein Anliegen, die Quellen freizulegen, aus denen der Glaube lebt. Er ist die Triebkraft des Gespräches. Von Jesus habe ich sowohl gelernt, daß er der Weg ist, wie auch, daß im Hause Gottes viele Wohnungen sind. Ich glaube nicht, daß diese beiden Aussagen widersprüchlich sind. Ich bin sogar zu der Erkenntnis gelangt, daß wir nur, wenn wir die eine verstehen, die andere verstehen lernen können.

2

Evangelium und Koran

Ich nenne sie einmal Fatima Hassan. So heißt sie nicht wirklich. Aber seit unserem Zusammentreffen ist sie in ein Land zurückgekehrt, dessen Machthaber wohl nicht viel über ihren Aufenthalt in Amerika erfahren sollten. Vor etlichen Jahren hatte Fatimas Name eines Morgens auf meinem Sprechstundenplan gestanden, nachdem ich angekündigt hatte, ich wolle zwecks Einstellung von wissenschaftlichen Hilfskräften für eine Vorlesung „Jesus und das Sittengesetz" Sondierungsgespräche mit Studenten führen, die schon akademische Grade besäßen. Als sie eintrat, angetan mit der sauberen, doch saloppen westlichen Kleidung, die die meisten Studenten aus Übersee in Harvard tragen, habe ich sie willkommen geheißen und gefragt, ob sie schon einmal unterrichtet habe. Ja, das habe sie, sagte sie und überreichte mir einen sauber maschinengeschriebenen Lebenslauf und ein ganzes Bündel von Empfehlungen, die sie als fähige Lehrerin auswiesen. Im Gespräch machte sie einen gelösten und zuversichtlichen Eindruck. Ihr Studienbuch, voller A's, und ihre Antworten auf meine Fragen deuteten darauf hin, daß sie den Stoff, den die Vorlesung behandeln würde, gut beherrschte. Sie schien auch begeistert dem Lehrauftrag entgegenzusehen. Ich lehnte mich in meinem Sessel zurück und wollte gerade sagen: „Sie sind eingestellt", als Fatima sagte: „Sie sollten, glaube ich, noch etwas von mir wissen: Ich bin Mohammedanerin."

Ich versuchte, mir keine Überraschung anmerken zu lassen. Schon ihr Name, der ebenso unverkennbar moslemisch war wie das Pseudonym, das ich ihr hier gegeben habe, hätte mich warnen müssen. Irgendwie hatte ich einfach nicht damit gerechnet, daß ein Mohammedanerin im Rahmen einer Vorlesung über Jesus ein Seminar leiten wollen würde. „Ja, ...", sagte ich in einem kleinen Hinhaltemanöver und dachte, ich sollte mir wohl wenigstens ein paar Stunden lang eine Entscheidung überlegen, die mit solch unvorhersehbaren Folgen verbunden zu sein schien – wenigstens für die unteren Semester, die in ihre wöchentliche Seminarübung geraten würden. Aber Fatima fiel ein, bevor ich weiterreden konnte: „Ich kann gut verstehen, daß Ihnen das seltsam vorkommen muß", sagte sie mit einem Lächeln, „aber das liegt nur daran, daß Sie als Christen so wenig über die Hochachtung wissen, die wir als Moslems vor Jesus haben." Ich sagte ihr, da habe sie recht, wenigstens in meinem Fall. Damals – inzwischen habe ich mich zwar sehr bemüht, meine Unwissenheit zu korrigieren – wußte ich sehr wenig über den Islam und noch weniger darüber, was die Moslems über Jesus dachten.

„Schuld daran ist", fuhr Fatima fort, „daß zwischen uns so wenig Symmetrie besteht. Wir ehren Jesus und verehren ihn sogar, aber die Christen sind dafür bekannt, daß sie Mohammed schon immer verunglimpft haben." Sie schien nicht zornig zu sein, nur scharf darauf, mich von etwas in Kenntnis zu setzen, was ich offenbar nicht wußte.

„Ist das so?" fragte ich, wobei mich doch ein leises Unbehagen über die Richtung beschlich, die unser Gespräch nahm.

„Ja, das ist es", sagte sie, „erinnern Sie sich an die furchtbare Beschreibung Mohammeds in Dantes ‚*Inferno*'?"

Ich sagte ihr, das „*Inferno*" hätte ich vor fünfundzwanzig Jahren während meines zweiten Studienjahres im Studium generale gelesen, könnte mich aber ehrlich an keine Erwähnung des Propheten erinnern.

„Dann sollten Sie es noch einmal lesen", sagte sie, wohl fest, aber ohne eine Spur von Verbitterung, „und sich dann vorzustellen versuchen, was ein moslemischer Professor empfinden könnte, wenn ein Christ sich für eine Vorlesung über Mohammed um einen Posten als wissenschaftliche Hilfskraft bewürbe. Die Stelle steht im achtundzwanzigsten Gesang."

Am Abend habe ich mir zu Hause mein Exemplar von Dantes *„Göttlicher Komödie"* aus dem Regal gelangt und den Gesang aufgeschlagen, den Fatima genannt hatte. Dort habe ich dies gefunden:

„So klafft kein Faß, wenn ihm die Dauben weichen,
Wie ich vom Kinn hier einen sah zerhauen
Bis hin zum Loch, durch das die Winde streichen.

Er ließ der Brust, des Bauchs Geweide schauen,
Und fußwärts rollte ihm des Darms Gehänge,
Der Sack, drin Atzung wir zu Kot verdauen.

Und dann, als ob mein Blick den seinen zwänge,
Bog er die Rippen auf und rief: „Betrachte,
Wie mir zerklüftet ward des Leibes Länge,

Wie Mohammed sich selbst zuschanden machte! –
Und dort, vom Kinn zum Scheitelhaar zerspellt,
Wallt Alis Geist in unserm Jammerschachte!

Wer immer Spaltung schuf in jener Welt,
Er zieht zerspellt mit uns die gleichen Pfade,
Von gleicher Schuld zu gleicher Qual gesellt."*

Schließlich habe ich Fatima denn doch als wissenschaftliche Hilfskraft eingestellt, aber zu meinem großen Bedauern konnte sie die Stelle nicht antreten. Ein paar Wochen nach unserem Gespräch ist sie nach Hause gerufen worden. „Ein Notfall in meiner Familie", erklärte sie mir am Telefon. Aber sie sagte das in einem Ton, der nahelegte, daß auch noch andere Faktoren im Spiel waren.

Fatima habe ich nie wiedergesehen, aber seit dem denkwürdigen Gespräch damals in meinem Büro habe ich herausgefunden,

* Übertragung nach A. Vezin, Dante Alighieri, Die Göttliche Komödie, italienisch und deutsch, Freiburg–Rom, 1956, Neuausgabe 1989, 297, vgl. 294f.

daß es im Westen eine beschämend alt-ehrwürdige Tradition ist, von Mohammed und dem Islam abscheuliche Bilder zu zeichnen. Dante versetzt den Propheten in den Kreis der Hölle, der für diejenigen reserviert ist, deren Sündenmakel er darin sieht, daß sie sich als „*seminator di scandalo e di scisma*" betätigt, daß sie Ärgernis und Spaltung gesät haben. Die Strafe, die Mohammed als Zwiespaltstifter verdient hat, besteht darin, für alle Ewigkeit vom Kinn bis zum After in zwei Hälften gespalten zu werden und vor der Burg Satans seine kotgefüllten Eingeweide herausfallen zu lassen. Sein treuer Jünger Ali, dessen Spaltungssünden wohl kleineren Maßstabes waren, wird nur „vom Scheitelhaar zum Kinn" gespalten. Es fehlt nicht an Skandal. Ein paar Zeilen weiter läßt Dante Mohammed eine Warnung an einen Priester jener Zeit richten, dessen Sekte Gütergemeinschaft gepredigt haben soll und der auch im Verdacht stand, eine Konkubine zu haben. Die Mahnung droht dem auf Abwege geratenen Padre an, daß ihn dasselbe Schicksal erwartet, wenn er nicht schnell seinen Wandel bessert. Schon in Dantes klassischer Darstellung gehören zum Bild des Moslems scheußliche Gewalttat, Irrlehre, eine gefährliche Wirtschaftsauffassung und die peinvolle Anspielung auf unerlaubte Fleischesfreuden.

In den seither vergangenen 600 Jahren hat sich daran nicht viel geändert. Sogar die derzeitige Welle des Interesses an östlicher Spiritualität, von der viele amerikanische Christen erfaßt sind, hat kaum dazu beigetragen, die landläufige Einschätzung des Islam zu verbessern. Im Westen ist es jetzt modern, im Buddhismus oder Hinduismus etwas Wertvolles zu finden, sich in die Sutras oder die Bhagavadgita zu vertiefen, den Vortrag eines reisenden Swamis oder Lamas zu besuchen und es sogar mit ein wenig Yoga oder Meditation zu versuchen. Doch Amerikaner im allgemeinen und Christen im besonderen scheinen am Islam nicht viel Bewundernswertes finden zu können. Wie G. H. Hansen in seinem Buch „*Militant Islam*" – „Militanter Islam" – nur leicht übertrieben bemerkt, ist die Vorstellung, die die meisten Menschen der westlichen Welt von dieser Religion mit 750 Millionen Anhängern haben, die von „fremdartigen, bärtigen Männern mit glühenden Augen, hieratischen Gestalten in wallenden Gewändern und Turban, von amputierten Händen, aus denen noch Blut tropft, und von Striemen auf den Rücken von Übeltätern und von Steinhaufen, die kaum die zerschundenen Leichen ehebrecherischer Paare verbergen." Lüstern, heftig, unberechenbar, grausam, hinterlistig, hitzig, träumen sie von einem Himmel voller Sinnlichkeit, während sie heuchlerisch die Beobachtung einer erbarmungslosen Gesetzgebung erzwingen: das Klischee der Moslems wird nur zum Teil durch Sufi-Weisheitserzählungen oder Tausendundeine Nacht abgemildert.

Natürlich kennt die ablehnende Haltung des Westens gegenüber der religiösen Bedeutung des Islam eine wichtige Ausnahme. Die prominentesten Vertreter dieser Ausnahme sind Elija Muhammad, Muhammad Ali und der verstorbene Malcolm X. Die meisten Amerikaner, die der Gebetsruf vom Minarett wirklich anzuziehen scheint, sind Schwarze. Aber bei der Rassen-Kurzsichtigkeit, die immer noch in geistiger Hinsicht fast alle amerikanischen Anschauungen in Mitleidenschaft zieht, hat diese Ausnahme wahrscheinlich das Mißtrauen vertieft, das die meisten weißen Christen dem Islam gegenüber empfinden. Die herrschende Vorstellung hat eine Bostoner Zeitung glänzend mit einer Karikatur umrissen, die einen sitzenden Moslem im Gebet zeigte. Die Denkblase über seinem Kopf enthielt nur ein Wort: „Haß!"

Dieser Hang, an Moslems und Arabern spöttelnd etwas auszusetzen, ist nicht auf die Mentalität des einfachen Volkes beschränkt. Edward Said führt in seiner Publikation „Orientalism" eine 1975 erschienene Studie über Araber in amerikanischen Schulbüchern an, die dartut, wie durch seriöse Quellen immer noch Vorurteile verbreitet werden. Ein Schulbuch, z. B., faßt den Islam folgendermaßen zusammen: „Die Religion der Moslems, Islam genannt, ist im siebten Jahrhundert entstanden. Gestiftet hat sie ein reicher Kaufmann aus Arabien namens Mohammed. Er hat behauptet, ein Prophet zu sein. Er hat unter den anderen Arabern Anhänger gefunden. Ihnen hat er gesagt, sie seien zur Weltherrschaft auserwählt."

Leider ist dieser Passus nicht untypisch. Ist er auch noch gemäßigt formuliert, so paßt er doch nur zu gut zu dem volkstümlich-mittelalterlichen Bild Mohammeds als Scharlatan oder den heutigen Comic-Heft-Darstellungen des behäbigen und machtbesessenen Arabers. Außerdem ging Dantes wenig schmeichelhaftes Porträt des Propheten auf Überlieferungen zurück, die schon lange vor seiner Zeit bestanden haben. Diese frühesten Schattenbilder haben bekanntlich eine lange Halbwertszeit und trüben immer noch unser Islamverständnis bis zum heutigen Tag.

Allahs Wege sind geheimnisvoll. Infolge der geopolitisch versteiften Erdöl-Situation ist die westliche Welt genötigt, ob sie will oder nicht, mehr über den Islam zu lernen, als sie jemals zu lernen geglaubt hätte. Es konnte nicht ausbleiben, daß diese Neubewertung auch ein Überdenken der Beziehung zwischen Islam und Christentum eingeleitet hat. Im Herbst 1979 hat der Weltrat der Kirchen in Kenya zu diesem Thema eine Konferenz veranstaltet, zu der man aus der ganzen Welt christliche Gelehrte eingeladen hatte, die den Islam aus eigener Erfahrung kannten. Die Ergebnisse waren unterschiedlich, da ironischerweise den Theologen aus Ländern, in denen der Islam eine kleine Minderheit ist, viel mehr an der Aufnahme des Dialogs mit der moslemischen Gegenseite zu liegen schien als ihren Kollegen aus Ländern, in denen die Christen eine kleine Minderheit in einer islamischen Welt bilden. Doch ein wie auch immer gearteter Kontakt ist unumgänglich, zumal immer mehr Einwanderer aus moslemischen Ländern nach Europa und in die Vereinigten Staaten kommen. So haben, z. B., vor ein paar Jahren die Kirchen einer südkalifornischen Stadt einen Gesprächsabend veranstaltet, auf dem die Christen und ihre moslemischen Nachbarn einander kennenlernen konnten.

All diese Veranstaltungen sind schön und gut. Wie steht es aber um die Schattenbilder? Konferenzen und Vortragsreihen werden nur dann etwas Nutzen, wenn ihre Teilnehmer sich der eingefleischten, fast archetypischen Vorstellungen bewußt werden, die das ganze Unterfangen von vornherein zum Scheitern bringen. Hand in Hand mit Studium und Analyse könnte so etwas wie Kultur-Archäologie oder gar Kollektiv-Psychoanalyse notwendig sein, wenn wir Dantes „*Inferno*" hinter uns lassen und mit unseren moslemischen Nachbarn auf dem Planeten Erde in Frieden leben wollen. Da stellt sich die Frage: Wie können Abendländer, und Christen im besonderen, daran gehen, sich einen Weg durch das Gewirr von Zerrspiegeln zu bahnen und den Boden für eine wirkliche Begegnung mit den Moslems vorzubereiten?

Wahrscheinlich müssen wir uns zuerst zu der Einsicht bequemen, daß die Hauptquelle der Abneigung, die die christlich-moslemischen Beziehungen prägt, geschichtlich gesehen so etwas wie eine Familienrivalität ist. Die Christen geben irgendwie ungern zu, daß ihr Glaube in vielerlei Hinsicht dem Islam näher steht als sonst einer Weltreligion. Vielleicht hat man sogar deshalb Mohammed im Westen jahrhundertelang als Scharlatan und Betrüger angesehen. In Wirklichkeit aber sind – wenigstens theologisch gesehen – beide Religionen die Kinder einer früheren, durch das Gesetz und die Propheten an das Volk Israel ergangenen Offenbarung. Beide erweisen sie der Jungfrau Maria und Jesus von Nazaret die Ehre. Beide haben sie einen gewaltigen Anfangsschwung mitbekommen von einem Apostel – von Paulus das Christentum und von Mohammed der Islam –, der eine eher partikularistische Religion in eine universale transponiert hat. Das Wort „Allah" – es steht in der Kernformel des Islam: „Es gibt keinen Gott außer Allah, und Mohammed ist sein Prophet" – ist überhaupt kein ausschließlich moslemischer Ausdruck. Es ist nur das arabische Wort für Gott und bei arabischen Christen gebräuchlich, wenn sie als Christen von Gott sprechen.

An diesen Ähnlichkeiten ist nichts furchtbar Überraschendes, da Mohammed, dessen Predigtsendung erst begann, als er vierzig Jahre alt war, in den Jahren seiner geistigen Entwicklung beträchtlichem christlichen Einfluß ausgesetzt war und – nach einigen

Gelehrten – beinahe äthiopischer Christ hätte werden können. Wie Arend van Leeuwen in seiner tiefgründigen Darstellung des Islam in *„Christianity in World History"* – „Das Christentum in der Weltgeschichte" hervorhebt, hat es tatsächlich, als der Islam noch in den Anfangsstadien seiner Entwicklung war, nichts gegeben, was wahrscheinlich die Anerkennung der neuen Bewegung als einer Sonderform arabischen Christentums verhindert hätte. Vielleicht hat das traditionelle Unbehagen der Christen dem Islam gegenüber seinen Grund darin, daß seine Ähnlichkeit einfach ein klein bißchen zu weit zu gehen scheint. Wir empfinden eine Abneigung, die wir ebenso einem Zwillingsbruder gegenüber verspüren könnten, der uns ähnlicher sieht, als uns lieb ist, und dessen Gewohnheiten uns an einiges von dem erinnern, was wir an uns selbst am wenigsten schätzen.

Das Bild vom Bruder, oder vielleicht vom Vetter, ist durchaus angebracht. Mohammed hat sich ganz in einer Reihe mit den großen Propheten der Bibel und mit Jesus gesehen. Der Titel, den er am liebsten führte, war *„al-nabi al ummi"*, „der Prophet der Völker" – oder „der Heiden". Seinem Glauben zufolge war er der lebendige Beweis dafür, daß der Gott, der früher schon Propheten wie Abraham und Ijob, die beide keine Juden waren, berufen und sich ihrer bedient hatte, das ebenso wieder tun könnte. Später haben moslemische Theologen Mohammeds Abstammung gern auf Hagar zurückgeführt, die leibeigene Magd, die Abraham zur Frau gegeben worden war. Daß Hagar Mutter Ismaels wurde, hat nach der alttestamentlichen Erzählung zwischen ihr und Sara, Abrahams erster Frau und Mutter Isaaks, solche Eifersucht erregt, daß Sara Abraham dazu brachte, die Magd und ihr Kind in die Wüste zu verstoßen. Dort hat Hagar das Kind aus Verzweiflung unter einen Strauch geworfen und dem Tod überlassen. Aber Gott hat das Weinen des Kindes gehört, in der Wüste zu beider Rettung einen Wasserquell aufbrechen lassen und Hagar verheißen, er wolle auch ihren Sohn ebenso wie Isaak „zu einem großen Volk machen". Diese alte Geschichte drückte symbolisch aus, daß die Juden und die Araber – und weiter denn auch alle Moslems – in gleicher Weise Kinder Abrahams sind, der auf Arabisch „Ibrahim" heißt. Das macht Christen und Moslems wenigstens ihrer legendären Abstammung nach zu Vettern.

Die Ähnlichkeit zwischen Christen und Moslems macht nicht bei frommen Genealogien halt. Sogar das, was die Botschaft des Korans ausmacht – Glaube, Fasten, Almosen, Gebet, Wallfahrt –, hat durch die Bank seine christlichen Entsprechungen. Trotz seiner beharrlichen Weigerung, außer Gott noch ein göttliches Wesen anzuerkennen – darauf beruht seine Ablehnung der Gottheit Christi –, macht der Islam bisweilen den Eindruck, als sei er eine Collage aus Elementen verschiedenartiger Formen des Christentums, die man zu einem mächtigen Ganzen gestaltet hat. Man nehme die calvinistische Betonung des Glaubens an einen allmächtigen Gott, die pietistische Pflege des täglichen persönlichen Gebetes, die mittelalterliche Lehre von der Nächstenliebe, die Anziehungskraft des Wallfahrtens im katholischen Volk und den klösterlichen Brauch des Fastens und erhält so alle wesentlichen Bestandteile des Islams, d. h. alle bis auf das Zusammentreffen von Kräften, die durch die Person Mohammeds und die von ihm ausgelöste Bewegung diese Bestandteile in der Weißglut der Geschichte miteinander verbunden und zu einer einheitlichen Religion verschmolzen haben, die Hunderte von Millionen Menschen angezogen hat.

Wie Paulus, der gesagt hat, sein Apostelamt gälte sowohl Juden wie Heiden, hat auch Mohammed geglaubt, er habe eine doppelte Sendung. Er hat sich von Gott dazu berufen gefühlt, das Gesetz und das Evangelium den bisher vernachlässigten Völkern Arabiens zu bringen. Aber er war auch davon durchdrungen, sogar an die Völker – Christen und Juden, die er die „Buch-Leute" nannte – gesandt zu sein, von denen die ursprüngliche Heilsbotschaft ausgegangen war. In einem wichtigen Punkt hat sich daher Mohammeds Sendung von der des heiligen Paulus unterschieden. Da Mohammed seine Predigttätigkeit in den ersten Jahrzehnten des siebten Jahrhunderts entfaltet hat, mußte er sich nicht nur mit einem Judentum abgeben, das er – wie auch schon Paulus – für korrupt hielt; er sah sich auch vor eine noch korruptere Form des Christentums gestellt. Zum Glück brauchte der heilige Paulus sich, da die Bewegung des Christentums zu seinen Lebzeiten erst etwa ein Jahrzehnt bestand, nur mit ein paar Gesetzesfrommen und Gnostikern auseinanderzusetzen. Die junge Kirche hatte noch nicht die Korruption zu kosten bekommen, die vielleicht eine unvermeidliche Folge von Macht und langem Bestehen ist. Aus einer gewissen christlichen Sicht war Mohammed ebenso sehr Reformator wie Apostel. Für die Heiden ein Prophet, hat er sich als Glaubensreiniger für alle „Buch-Leute" gesehen, für Christen und Juden, und sie, wenigstens seiner Auffassung nach, von den mit schmückendem Beiwerk versehenen und entarteten Formen des Glaubens, in die sie verfallen waren, weg- und zu seinem schlichten Wesen zurückgerufen. In jedem Reformator ist immer etwas von diesem Drang zur Vereinfachung am Werk. Mohammed war da keine Ausnahme.

Niemand sollte bagatellisieren, daß man sich in einem echten Gespräch zwischen Christen und Mohammedanern gleich welchen Inhalts gewissen wirklichen Unterschieden in Theologie und Praxis wird stellen müssen – in der Wissenschaft nennt man das häufig „rivalisierende Wahrheitsansprüche". Doch solche widerstreitenden Ansprüche kann man nur auf dem Hintergrund der Geschichte aus Fleisch und Blut recht verstehen, die sie irgendwie zu Rivalen gemacht hat. Die Lehren einer Religion führen kein Sonderdasein in einem Reich für sich. Sie besagen, wie sie sich auf Grund der Färbung, die sie im Laufe einer langen Erprobung durch die Geschichte angenommen haben, auf die Menschen auswirken. Man muß daher eine Vorfrage stellen. Wenn das Christentum und der Islam diese gemeinsamen Wurzeln und auch trotz wirklicher Unterschiede verblüffende Ähnlichkeiten miteinander teilen, warum sind sie einander im Lauf der Jahrhunderte so bitter gram geworden? Warum hat der weiße Durchschnittsamerikaner sogar schon vor unserem derzeitigen Wirbel mit den Ajatollahs für den Islam weniger übrig gehabt als für jede andere Weltreligion?

Was sich hinter dieser feindseligen Haltung verbirgt, ist keine schöne Geschichte. Ihre Hauptzüge kann man mit den Namen dreier Gestalten andeuten, die ihre kritischsten Stadien symbolhaft darstellen. Die erste ist Alexander der Große, dessen Laufbahn dem entspricht, was man als Vorgeschichte des Christentums bezeichnen könnte. Die zweite ist Konstantin der Große, der seine Frühzeit veranschaulicht. Die dritte ist Papst Urban II., der seine große Zeit verkörpert, die für die Herausbildung der christlich-moslemischen Wechselseitigkeit mit von entscheidender Bedeutung war.

Christopher Dawson, der verstorbene katholische Kulturhistoriker, hat einmal festgestellt, daß „Mohammed die Antwort des Orients auf Alexander den Großen ist". Zunächst klingt das wie einer jener herrlich pauschalen, aber sehr unwahrscheinlichen Aphorismen. Schließlich hat Mohammed ein ganzes Jahrtausend nach Alexander gelebt und gepredigt. Der mazedonische Wunderschüler des Aristoteles hat alles zwischen Griechenland und Nordindien erobert, bevor er dreiunddreißig Jahre alt war, und überall hellenistische Kultur und Anschauungen verbreitet, wohin seine Soldaten marschiert waren. Indes sind tausend Jahre keine lange Zeit, wenn es um die Vorherrschaft einer Kultur und den Gegenstrom geht, den sie auslöst. Das hatte Dawson sagen wollen.

Alexander hat mehr getan als alles zu erobern, was vor ihm lag. Anders als frühere Eroberer, die hauptsächlich auf Beute und Tribut aus waren, wollte er seine Kolonialvölker zu Hellenisten machen. Alexanders Eroberungspolitik war von einer Mischung aus militärischer, politischer und religiöser Macht getragen. Natürlich würde man einmal ein entsprechendes Gemisch benötigen, um das Joch seiner Eroberungspolitik abzuschütteln. Nach einem Jahrtausend kam dann die Reaktion. Es war der Islam.

Wie Albert Memmi in seinem ausgezeichneten Buch *„The Colonizer and the Colonized"* schreibt, „hat der in koloniale Abhängigkeit geratene Mensch einen langen Atem, wenn es um das Überleben geht. Aber ganz gleich wie bald oder wie heftig er sich gegen seine Situation wehrt, eines Tages wird er mit der ganzen Gewalt seiner unterdrückten Persönlichkeit an den Umsturz seiner unerträglichen Lebensverhältnisse gehen ... Er versucht ..., alle Bereiche zurückzuerobern, die die Kolonialisierung ihm entrissen hat." Als im frühen siebten Jahrhundert als Reaktion auf die römisch-hellenistische Vorherrschaft der Islam seinen explosionsartigen Anfang nahm, war die ganze Welt starr vor Staunen über seine Vitalität. Im Rückblick können wir jedoch seine religiöse Ideologie weithin als Spiegelbild dessen verstehen, was er gestürzt hat. Nehmen wir, z.B. seine Ablehnung der Gottheit Christi: Alexander hatte zugelassen, daß man ihn als ein göttliches Wesen, als Gott-Kaiser ansah, und diese Vorstellung hat in der einen oder anderen Form durch Jahrhunderte europäischer Geistigkeit fortgewirkt. Wenn der Koran energisch darauf beharrt, daß es nur einen Gott gebe und alle halb-göttlichen Wesen ablehnt, so muß man das wenigstens zum Teil als Ablehnung der politischen Nutzung der Christologie zur Sakralisierung verschiedener menschlicher Herrschaftsformen sehen.

Die moslemische Ablehnung der Gottheit Christi ist durchaus keine einfältige monotheistische Sturheit. Sie hat als „politische Theologie" begonnen. Für die arabischen Stämme, die damals an der Peripherie des oströmischen Reiches lebten, hat sie nicht nur die Ablehnung der unsemitischen Kategorien bekundet, deren man sich auf den Konzilien der Kirche zur Formulierung der Lehre von der Gottheit Christi – so des „Homoousios", der Wesensgleichheit mit dem Vater – bedient hatte, sondern auch die der politischen Hierarchie, zu deren Sakralisierung diese Lehre, zumal im byzantinischen Bereich, beigetragen hat. Als der Christus Pantokrator ein Imperium zu sakralisieren begann, in dem die Araberstämme die Unterlegenen waren, war es völlig verständlich, daß sie die Lehre ablehnten. Alexander hatte das geistige Imperium geschaffen, dem das Christentum schließlich seine sakrale Ideologie geliefert hat. Der Aufstand des Islam gegen dieses System war kein Aufstand gegen das Evangelium, wie die Moslems es verstanden, sondern gegen das, wozu das Christentum sich entwickelt hatte. Das unerbittliche Beharren des Islam auf dem einen Gott hat nicht nur Tausende von ihrer Furcht vor dem bösen Dschinn befreit und die sich gegenseitig befehdenden Araberstämme – und später einen Riesenteil der damals bekannten Welt – geeint, sondern ist auch zum ideologischen Gegengewicht gegen die politische Rolle geworden, in deren Dienst der christliche Dreifaltigkeitsglaube zu treten begann. Die Aufnahme einer Debatte über „rivalisierende Wahrheitsansprüche" zwischen Christen und Moslems kann erst erfolgen, wenn man diesen geschichtlichen Sachverhalt anerkannt hat.

Der Islam hat als eine Befreiungstheologie begonnen, aber er hat wie das Christentum, dessen Anfänge ja ähnlich waren, den Versuchungen der weltlichen Macht nicht widerstehen können. Wie im Fall der meisten erfolgreichen Befreiungsbewegungen hat sich der Islam viele der geistigen und politischen Merkmale seiner Feinde angeeignet. War Mohammed auch von den örtlichen Machtcliquen aus Mekka verjagt worden, so hat man hundert Jahre nach seinem Tod in Bagdad, dem „Konstantinopel des Islam", eine glanzvolle Hauptstadt für das neue Imperium des Islam geschaffen. Auch die Moslems sind zu Imperialisten geworden, wenn sie auch in den meisten Fällen den Christen und Juden die Religionsausübung gestattet haben. Zwangsbekehrungen waren selten. Vor allem wurden Moslems die höchsten Autoritäten und Vertreter eben der griechischen Weisheit, die ihnen von Alexander aufgezwungen worden war. Sie sind ebenfalls ergebene Jünger des Aristoteles geworden, dessen eifriger Schüler ein Jahrtausend zuvor ausgezogen war, um in ihrem Land die Gelehrsamkeit seines Meisters zu verbreiten. Jedenfalls waren es die Araber, die Aristoteles wieder in den Westen und schließlich auch auf den überladenen Schreibtisch Thomas' von Aquin gebracht haben. Auf ihrem Gipfel hat die Kultur des Islam weit heller gestrahlt als die des christlichen Westens, in dem die meisten Moslems mehr oder weniger richtig einen öden Außenposten gesehen haben. Aber eben zu der Zeit hatte auch der ursprüngliche, befreiende Schwung des Islam zu erlahmen begonnen. Heute könnte paradoxerweise wiederum diese verderbliche Rolle des Erfolgs eine zwischen Christen und Moslems benötigte Brücke schlagen, da die Christen in ihrer eigenen Geschichte dieselbe traurige, wohlbekannte Erfahrung gemacht haben.

Mohammeds Einschätzung des Christentums seiner Zeit ist eine der großen Ironien der Geschichte. Dieses Christentum, das mit dem Leben eines palästinensischen Juden begonnen hat, der hingerichtet wurde, weil man ihn für eine Bedrohung des römischen Weltreiches und der zum Hellenismus neigenden Herrscher seines unterworfenen Volkes hielt, hat sich in den Augen Mohammeds, des Propheten einer anderen geknechteten Nation, als Legitimierung der Vorherrschaft seines Volkes dargestellt. Bemerkenswert ist an Mohammed nicht, daß er die Theorien abgelehnt hat, die damals über die Gottheit Christi im Umlauf waren, sondern daß er Jesus selbst nicht abgelehnt hat. Er hat vielmehr versucht, aus seiner günstigen Position heraus das Zerrbild des Evangeliums zu umgehen, das das kaiserliche Christentum geschaffen hatte, und den Glauben eines Volkes wiederherzustellen, das dem seinen sehr glich und früher einmal von Allah Gerechtigkeit und Barmherzigkeit erhofft hatte.

Jesus ist also ebenfalls ein lebenswichtiges Bindeglied zwischen den beiden Religionen. Bis auf den heutigen Tag nimmt Jesus in der Lehre des Islam eine zentrale Stellung ein und wird mitunter sogar als eine Art höchster Verkörperung dessen dargestellt, was man unter „Gottergebenheit" – das bedeutet das Wort „Islam" – versteht. Im islamischen Volksglauben nimmt Jesus sogar oft eine noch wichtigere Stelle ein. So glauben viele Moslems, daß der lang erwartete „Zwölfte Imam", al-Mahdi mit Namen, wenn er in der Endzeit – übrigens nicht am Himmel – erscheint, um das Reich der Gerechtigkeit auf Erden auszurufen, entweder von Jesus begleitet sein oder sich als eben der erweisen wird, dessen „Wiederkunft in Herrlichkeit" in den christlichen Glaubensbekenntnissen steht. Könnte die Gestalt Jesu vielleicht, statt zu einer unüberwindlichen Schranke, viel mehr zu einer Brücke zwischen zwei miteinander eng verwandten Überlieferungen werden, die ihn auf verschiedene Weise verehren? Ich glaube, ja, aber nur, wenn das Terrain von böswilligen Klischees gesäubert und die Sippenrivalität gebremst werden kann.

Sowohl das Christentum wie auch der Islam waren ursprünglich Visionen geknechteter Völker, die sich nach Befreiung sehnten und in Gottes Verheißung einen Hoffnungsschimmer entdeckt hatten. Die beiden können einander nur verstehen, wenn alle zwei diese gemeinsamen Wurzeln anzuerkennen beginnen, aus dem langen Schatten Alexanders des Großen heraustreten und voneinander zu lernen verstehen, was in all den Jahren ihrer gemeinsamen Geschichte so entsetzlich falsch gegangen ist.

Konstantin der Große, römischer Kaiser von 313 bis 337 n. Chr., stellt den geschichtlichen Wendepunkt dar, der im Endeffekt das zweite große Hindernis zwischen Christen und Moslems verursacht hat. Die Bewegung des Christentums war anfangs nicht nur eine Hoffnungsbotschaft an ein geknechtetes Volk, sondern auch die Religion der Armen und Leidgeprüften. Allerdings hat sich das alles drei Jahrhunderte später geändert, als Kaiser Konstantin die Sonne leuchtend durchkreuzt sah und später behauptete, er habe den Kaiserthron mit Hilfe Jesu Christi gewonnen. Wenn auch der heilige Paulus einer seiner jungen Gemeinden schreiben konnte, es seien „ nicht viele Weise, nicht viele Mächtige" in ihrer Mitte, und der gängige Name für die Anhänger Jesu in jenen frühesten Tagen einfach „die Armen" lautete, hat Konstantins geschickt abgepaßte und schlaue Bekehrung das alles ein für allemal geändert. Es ist unmöglich, Mohammeds Ansicht vom Christentum zu verstehen, wenn man nicht bedenkt, daß er sie nicht auf die Berichte des Evangeliums gründete, sondern auf seine Beobachtung des tatsächlichen kirchlichen Lebens in seiner Zeit. An ihren Früchten sollt ihr sie erkennen.

Mohammed hat sich wenigstens anfangs zu den Armen gezählt und unermüdlich seine Anhänger daran erinnert, daß er nur ein ungebildeter Kameltreiber sei. Seine Abkunft aus bescheidenen Verhältnissen hat er nicht als Schande angesehen, sondern als wunderbare Bestätigung dafür, daß Gott sogar aus Steinen Abraham Kinder erstehen lassen könnte. Die *al-ummi,* denen Mohammed sich zugerechnet hat, kann man auf zweierlei Weise auffassen. Das Wort bedeutet nicht nur „die Heidenvölker" oder „Leute, die das Gesetz nicht haben", sondern auch „die Ungebildeten", ein Begriff, der dem *am-ha-aretz,* den Armen im Lande, nahekommt, deren Partei Jesus gegen die Schriftgelehrten und die begüterte Tempelpriesterschaft ergriffen hat. Der Historiker H. G. Reisman sagt, Mohammed habe „die Massen gegen die privilegierten Minderheiten der Reichen und der Weltmenschen geführt". Das könnte auch den im Islam weit verbreiteten Glauben, dem viele Christen ratlos gegenüberstehen, zum Teil erklären, daß jedes Kind „von Geburt Moslem" ist. Mit dem Heranwachsen und der Schulbildung stellen sich Verweltlichung und Verderbtheit ein. Im Koran wird jeder Mensch mit der Gabe einer natürlichen Gotteserkenntnis geboren, eine Auffassung, die einem Gedanken gleicht, den der heilige Paulus im ersten Kapitel des Römerbriefs vertritt. Wir alle sind zu Beginn unseres Weges gut und fromm, werden aber von einer verderbten Zivilisation und von Trugreligionen in die Irre geführt. Dann muß uns die Predigt wieder zu dem bekehren, was wir am Anfang gewesen sind oder zu sein bestimmt waren.

Der schlichte Glaube, kraft dessen die Armen und Ungebildeten der Manipulation durch die Macht- und Bildungseliten widerstehen können, ist im Koran ein Ideal, das heute bei Christen Unbehagen weckt, und das verständlicherweise. Es ist eine peinliche Erinnerung an das „Selig sind die Armen", mit dem Jesus die Bergpredigt begonnen, und an das anschließende „Weh euch, die ihr reich seid", mit dem er jedem Mißverständnis vorgebeugt hat. Dieser Aspekt ihrer Geschichte ist der Kirche nie ganz aus dem Bewußtsein geschwunden. Er taucht immer auf, wie z. B. in Simone Weils umwerfender Entdeckung, daß das Christentum seinem Wesen nach eine Religion der Armen ist, oder in der Erklärung der lateinamerikanischen Bischöfe, daß es die besondere Aufgabe der Kirche ist, an der Seite der Arbeits- und Landbesitzlosen zu stehen. Auch der Islam hat trotz sagenhaft reicher

Ölscheichs dieses Kernstück seiner Lehre nie völlig aus dem Blick verloren. Jede der beiden Religionen wird es leichter finden, die Gegenseite schätzenzulernen, wenn diese besondere Rolle der *al-ummi* zum Hauptthema statt zum Nebenthema ihrer Botschaft wird. In dieser Hinsicht hat das Christentum wahrscheinlich mehr aufzuholen als der Islam.

Papst Urban II., der von 1088 bis 1099 auf dem Stuhl Petri gesessen hat, ist die dritte Hauptperson in dem Trauerspiel des von Mal zu Mal schlimmeren Zerwürfnisses zwischen Christentum und Islam. Er war ein kraftvoller Reformator und ist in einer Zeit Papst geworden, in der die Kirche zerstritten war; seine schwierigste Aufgabe war es, ihr einigermaßen den Anschein von Einheit zu geben. Wie schon so mancher kirchliche und weltliche Herrscher vor ihm, kam Urban auf einen bombensicheren Plan zur Wiederherstellung der Einheit. In der Erkenntnis, daß nichts so sehr eint wie ein Feind von außen, und auf die Hilferufe der belagerten Christen des Ostens hin hat er einen heiligen Krieg gegen die Ungläubigen gepredigt, die damals das Heilige Grab in ihrer Gewalt hatten, und allen, die das Kreuz nehmen würden, die ganze Fülle der Gnadengaben versprochen. Christen und Nicht-Christen in Amerika, die gegenüber dem Begriff des Dschihad oder heiligen Krieges eine kritische Einstellung vertreten und Geiselnahmen und mit Waffengewalt erzwungene Konversionen verurteilen, haben natürlich recht. Aber man braucht sich nicht sehr in dieses nicht so ruhmreiche Kapitel der abendländischen Kirchengeschichte zu vertiefen, um zu sehen, daß die Moslems auf diesem Feld weder die ersten noch die Alleinschuldigen gewesen sind. Es gibt sogar wenigstens eine bedeutende Richtung in der Geschichtswissenschaft, die die erste moslemische Expansion nicht als einen Dschihad, sondern als eine Wanderungsbewegung großen Stils sieht, ähnlich der, die die Germanenstämme aus der anderen Richtung in das Römerreich gebracht hatte. Der Begriff des heiligen Krieges kommt in mehr als einem Vers des Alten Testaments vor. Er ist nicht erst mit dem Islam entstanden. Vielen Arabern muß er als die einzig vernünftige Antwort auf das nicht ganz pazifistische Vorgehen erschienen sein, das das christliche Kaiserreich seinen aufmüpfigen Provinzen und den Formen des Christentums wie zum Beispiel dem Nestorianismus gegenüber angewandt hat, die nach dem Urteil der Bischöfe unannehmbar waren.

Wie alle Kriege, ob heilige oder nicht, haben die Kreuzzüge auf beiden Seiten zu entsprechend vielen Greueltaten geführt. Sie haben auch unzählige Fälle von Großherzigkeit und unverhoffter Achtung vor der Religion der jeweils anderen Seite gezeitigt. Die gegenseitige Bewunderung, zu der es zwischen Richard I. von England und dem in der Theologie versierten Saladin gekommen ist und die Legendenruhm erlangt hat, scheint auf Tatsachen beruht zu haben. Indes waren es die Kreuzfahrer, und nicht die Sarazenen, die sich damit gebrüstet haben, bei der ersten Erstürmung Jerusalems durch ihre Heere sei das Blut der Ungläubigen einschließlich der Frauen und Kinder in Bächen durch die Straßen geflossen und habe den Pferden bis an die Steigbügel gereicht. Solche Erinnerungen begräbt man nicht so leicht, und es ist wichtig, sich vor Augen zu halten, daß für viele Moslems die Kreuzzüge – christliche Dschihads – immer noch am krassesten zum Ausdruck bringen, was das Kreuz besagt, wiewohl man im Westen mitunter aus den „Kreuzkriegen" gern Ritterromane und Filme für die Nachtvorstellung machen würde. Um so erstaunlicher ist es dann, daß selbst der Ajatollah Chomeini an Weihnachten 1979 in einem Gespräch mit einer Reisegruppe amerikanischer Geistlicher fragen konnte, warum die Amerikaner, die doch den zermarterten Jesus verehrten, so wenig Verständnis für ein zermartertes Volk wie das seine aufbrächten. Offenbar hat sich im Islam trotz der Kreuzzüge noch Gespür für die wahre Bedeutung des Kreuzes erhalten.

Wenn es bis zur Antwort Mohammeds auf Alexander den Großen ein Jahrtausend gebraucht hat, so ist es vielleicht nicht zu verwundern, daß die Völker des Islam nochmals 900 Jahre gebraucht haben bis zu ihrer Antwort auf Papst Urban II., Peter von Amiens (den „Eremiten") und die Horden von Schwärmern,

Abenteurern und Strauchdieben, die fast 400 Jahre lang in einer Welle nach der anderen ihren Weg quer durch Europa zum Heiligen Land hin gebrannt und geplündert haben. Einige Historiker sind zwar der Ansicht, daß es vielleicht nie zu den Kreuzzügen gekommen wäre, wenn der kriegerische Islam nicht zuvor für den Westen eine Bedrohung dargestellt hätte. Doch als die Kreuzzüge einmal begonnen hatten, haben sie eine tödliche Eigendynamik entwickelt. Die Christenheere haben das erstbeste Getto in Schutt und Asche gelegt und sind, als ihre Versuche, das Heilige Grab zu erobern, keinen dauerhaften Erfolg brachten, mit ihren Kreuzbannern gegen die Heiden in den Ostseeländern und die Albigenser in Südfrankreich gezogen. Das ist eine schlimme Geschichte. Doch wenn man sich der traurigen Geschichte „hie Kreuzzug, da Dschihad" nicht ehrlich stellt und sie dann durch eine großzügigere und versöhnlichere Haltung ersetzt, können Haß und Argwohn zwischen den Christen und ihren moslemischen Vettern nur noch schlimmer werden.

Bei der Erörterung der Beziehungen zwischen Moslems und Christen kommt man nicht sehr weit, wenn man nicht die Parallelfrage nach der gleich langen und ähnlich dornigen Gegenseitigkeit zwischen Moslems und Juden stellt. Der jüdische Historiker S. D. Goitein ist die führende Autorität, die sich mit der, wie er sie nennt, „Symbiose" zwischen Juden und Arabern beschäftigt. Goitein hat ein ganzes Leben auf die Erforschung religiöser moslemischer Literatur, mittelalterlicher Geniza-Texte (in hebräischer Schrift, aber arabischer Sprache) und der fesselnden Geschichte der sogenannten „orientalischen" Judengemeinden – in der arabischen und moslemischen Welt – verwandt. Sein Werk *„From the Land of Sheba"* – „Aus dem Land Saba" – ist eine Anthologie jemenitischer Literatur. Man würde schwerlich eine verläßlichere Einführung in dieses verwirrende Gebiet finden.

Goitein ist der Ansicht, daß der Islam in seinen Kerngedanken doch dem Judentum weit näher steht als dem Christentum. Mit dieser Stellungnahme schließt er sich einer Debatte an, die schon seit Jahren im Gang ist – die Gegenseite behauptet, die Ähnlichkeit zum Christentum sei bedeutender. Goitein stützt seine These auf die nicht zu übersehende Tatsache, daß sowohl der Islam wie auch das Judentum Religionen mit einem heiligen Gesetz sind, und daß das moslemische Gesetz in vielerlei Hinsicht der jüdischen Halakah ähnelt, die er seine „ältere Schwester" nennt. Beide unterscheiden sich daher wenigstens in diesem Punkt vom Christentum, das die Gnade betont und gegen religiöse Gesetze immer einen gewissen Argwohn gehegt hat (und das obgleich christliche Theologen es im Laufe der Jahre fertiggebracht haben, solche Gesetze meterweise auszuspinnen).

Goiteins „Schwester"-Bild für das Band zwischen Islam und Judentum sollte nicht überraschen, wenn man den Mohammed zugeschriebenen Ausspruch bedenkt: „Du sollst den Überlieferungen deiner Vorgänger Spanne um Spanne und Elle um Elle so dicht folgen, daß du ihnen auch noch nachgehst, wenn sie in das Loch einer Eidechse schlüpfen." Dieser anschauliche Rat gewinnt noch an Gewicht im Licht der Tatsache, daß es in Medina, der Geburtsstadt der ersten Moslemgemeinde, große jüdische Niederlassungen gegeben hat und daß fast alle Biographen des Propheten in diesen Gemeinden nicht etwa ein Hindernis für die Ausbreitung des Islam gesehen haben, sondern sogar einen wunderbaren Beweis dafür, daß Allah in seinem Erbarmen und seiner Vorsehung das Volk für einen monotheistischen Glauben vorbereiten wollte. Wie beim Christentum scheinen die frühen Jahre des Islam im Rückblick meistens geschwisterliche Geistesverwandtschaft mit dem Judentum verheißen zu haben. Aber auch hier hat die wild bewegte Geschichte der Völker des Judentums und des Islam oftmals Familienbande in Stammesfehden verwandelt. Muß das immer so sein?

In seinem aufschlußreichen Buch *„Jews and Arabs: Their Contacts through the Ages* – Juden und Araber: Ihre Berührungen im Lauf der Jahrhunderte" – unternimmt Goitein etwas, was überhaupt nur ein alterfahrener Wissenschaftler sich leisten kann. Er zwängt ganze Äonen in einen einzigen Band, riskiert ein paar wohlfundierte Verallgemeinerungen und wagt sogar Prognosen.

Er teilt das jahrtausendelange Geben und Nehmen zwischen den beiden Völkern in vier Abschnitte. Der erste, der vielleicht der „alexandrinischen Ära" der christlich-islamischen Geschichte entspricht, beginnt vor undenklicher Zeit und reicht bis zum sechsten Jahrhundert n. Chr. und dem Auftreten des Islam. Während dieser Frühzeit, die für die Entwicklung des Judentums entscheidend war, da sie sowohl die Kompilation der Bibel wie auch des Talmud gesehen hat, waren nach Goiteins Ansicht die Juden und die Araber einander der Gesellschaftsordnung wie dem Ritual nach recht ähnlich. Den Begriff einer gemeinsamen semitischen Rasse lehnt er jedoch entschieden ab als eine moderne Erfindung, die aus der falschen Anwendung eines im Jahre 1781 von einem deutschen Gelehrten zur Bezeichnung einer Gruppe miteinander verwandter Sprachen, nicht aber „Rassen" oder gar Völker, geschaffenen Ausdrucks zusammengebraut worden sei. Das ist eine wichtige Unterscheidung. Es gibt eine ganze Reihe von Völkern, die aus historischen Gründen aller Art jetzt die Sprache von Völkern sprechen, mit denen sie absolut nicht blutsverwandt sind. Die Schwarzen in Amerika sind solch ein Fall. Ähnlich sind nach Goitein Juden und moslemische Araber miteinander verwandt, doch nur ihrer Geschichte und Überlieferung, nicht ihrer Rasse nach.

Der Abschnitt von etwa 500 n. Chr. bis 1300 n. Chr. ist bei Goitein der zweite. Er beschreibt ihn als eine Zeit „schöpferischer Symbiose", in der der frühe Islam sich in einer weithin jüdischen Umwelt entwickelt hat. Wenn er auch zugibt, daß in dieser Frühzeit christliche Einflüsse, besonders solche, die aus dem Mönchtum kamen, mit am Werk waren, so glaubt er doch, daß das Judentum noch wichtiger war, und zwar so sehr, daß er sich – mit einigen Vorbehalten – nicht zu sagen scheut, der Islam scheine „eine arabische Neufassung der Religion Israels" zu sein. Aber der Einfluß war nicht einseitig, und die Einwirkung des Islam und des Arabischen auf das jüdische Denken und das Hebräische war, wie er weiter sagt, mindestens so beträchtlich. Goitein erinnert seine Leser auch daran, daß die Juden wohl unter moslemischer Staatsgewalt in einigen Rechten beschränkt waren, sich aber fast immer besser standen als unter christlicher Herrschaft.

Goiteins dritter Zeitabschnitt beginnt etwa um 1300, als die Araber, die zuvor hoch zu Roß dahergekommen waren, in eben dem Augenblick im Hintergrund der Weltgeschichte zu verschwinden begannen, in dem die orientalischen Juden im Hintergrund der jüdischen Geschichte zu verschwinden begannen. In dieser Phase, die bis etwa 1900 gedauert hat, sind die arabischen Völker immer wieder anderen Eroberern zum Opfer gefallen, bis die ganze arabische Welt zu einer Kolonie des heutigen Westens geworden war. Unterdessen hat das religiöse und geistige Leben der Juden in Europa eine Blüte erlebt, während die Juden in der bedrängten moslemischen Welt trotz der Pflege ihres reichen geistigen Erbes mit ihren moslemischen Nachbarn Leid und Obskurität geteilt haben.

Der gegenwärtige Zeitabschnitt beginnt in Goiteins Schema etwa um 1900 mit dem parallelen Wiederaufleben der kulturellen und nationalen Identität bei Juden und Arabern unter dem Einfluß des wachsenden Nationalismus im Europa des neunzehnten Jahrhunderts. Da der Zionismus jedoch eine fast ausschließlich europäische (und amerikanische) Bewegung war, war er in den Augen der Araber und anderer Moslems zumindest anfangs eher wieder ein gewaltsamer Einmarsch des Westens in den Osten nach altem Muster, das wenigstens bis zu den Kreuzzügen zurückreichte, als etwas im Kern Jüdisches. Kurz nach der Gründung des Staates Israel mußten die Israelis allerdings mit einer Form dieses „Einmarsches" in umgekehrter Richtung zurechtkommen, mit der sie nicht gerechnet hatten, als jüdische Einwanderer aus arabischen Ländern, die „vergessenen Juden" des vorausgegangenen Zeitabschnitts, nach Israel einströmten und dem Land mit jedem Tag, der verging, auch etwas von seinem europäischen Gepräge nahmen. Das Paradoxe an diesem anscheinenden Einmarsch aus zwei Richtungen wurde kürzlich verdeutlicht, als ein Professor, der orientalischer Jude ist und in Israel lebt, sich bei einem Besucher über alle Kritik seitens seiner europäischen Kollegen beschwerte, die über die „Levantisierung" Israels Klage führten. „Wie," fragte er, „kann man etwas ‚levantisieren', was schon Levante ist?" Seine Äußerung unterstreicht Goiteins wohlüberlegte Prophezeiung, Israels Innenpolitik seinen orientalischen Juden und seinen arabischen Bürgern gegenüber werde von entscheidender Bedeutung sein, da die Zukunft der jüdisch-moslemischen Beziehungen mit den Beziehungen zwischen Israel und seinen arabischen Nachbarn in jeder Hinsicht verknüpft sei.

Mag sich das als richtig erweisen oder nicht, es bewahrt einen davor, sich von der steilen Talfahrt, die die jüdisch-moslemischen Beziehungen in den letzten Jahrzehnten genommen haben, zu sehr deprimieren zu lassen, wenn man sich den achterbahnartigen Verlauf der Geschichte dieser Beziehungen vor Augen hält. Es hat auch früher schon Abstiege und Aufstiege gegeben, und es ist nicht ausgeschlossen, daß die winzige Minderheit arabischer Israelis christlichen Bekenntnisses vielleicht einmal eine aussöhnende Rolle spielen könnte.

In ähnlicher Weise könnte, obgleich das im Augenblick recht entlegen zu sein scheint, das Judentum als weltweite Gemeinschaft mit jahrhundertelanger Erfahrung in der Welt des Christentums wie der des Islam eines Tages einmal ein wesentliches Bindeglied zwischen diesen beiden Religionen bilden, die beide auf die eine oder andere Weise von ihm abstammen. Jedenfalls wird alles, was zur Förderung des Gesprächs geschieht, das zwischen Christen, Juden und Moslems nicht verstummen darf, unweigerlich für alle drei von Vorteil sein. Vielleicht können die Juden etwas dazu beitragen, aber letztlich scheint angesichts der Rolle, die die Religion in unser beider Kulturkreisen spielt, kein echtes Miteinander zwischen den Arabern und dem Westen möglich zu sein, wenn Christen und Moslems sich nicht ernstlicher um ein gegenseitiges Verständnis bemühen.

Seltsamerweise sehen sich die Amerikaner, nachdem man uns jahrelang warnend gepredigt hatte, unsere schlimmsten Feinde auf der Welt seien gottlos und atheistisch, jetzt einer Herausforderung gegenüber, die ein Ausfluß tiefer Religiosität ist. Obgleich der Islam die Zweiteilung zwischen Religion und bürgerlichem Gemeinwesen, zu der es im Westen gekommen ist, nie akzeptiert hat, kann man wohl kaum bezweifeln, daß die derzeitige Renaissance des Islam nichts Anormales, sondern ganz und gar Ausdruck der Gegebenheiten ist, die zu seinem Ursprung geführt haben. So sagt man uns denn jetzt, wir hätten es statt mit Atheisten mit „Fanatikern" oder „moslemischen Fundamentalisten" zu tun. Dieser Stil ist auch nicht sehr hilfreich. Können wir diese destruktive Ausdrucksweise ablegen?

Die kleinen Anfänge christlich-moslemischer Gespräche auf lokaler Ebene, die man sowohl in den Vereinigten Staaten wie auch in Großbritannien aufzunehmen begonnen hat, sind Hoffnungszeichen. Wenn Presbyterianer und Lutheraner sich wirklich mit gläubigen Moslems in deren eigenen Gemeinden treffen, mit ihnen gemeinsam Mahl halten und Gespräche führen, beginnen Klischees unweigerlich zu verblassen. Aber solche engeren Kontakte lösen nicht alle Schwierigkeiten und können sogar einige der Unterschiede noch mehr dramatisieren. Eine solche Bruchstelle, die unweigerlich zum Vorschein kommen wird, ist die unterschiedliche Stellung, die die Frau in den beiden Religionen einnimmt.

Fatima Hassan war nicht die erste Mohammedanerin, die ich je getroffen habe. Ich hatte schon die Bekanntschaft verschiedener Afro-Amerikanerinnen gemacht, die der, wie sie sie nennen, „Nation of Islam", von anderen mitunter „Black Muslims" genannt, angehören. Doch sie war die erste aus dem Herzland des Islam. Erst später ist mir aufgegangen, wie gut es war, daß in meinem Fall der erste Kontakt der mit einer Frau und daher mit jemand gewesen ist, die nach weit verbreiteter westlicher Vorstellung einer mißhandelten inner-islamischen Minderheit angehört, die in einer abgeschlossenen Welt von Schleiern und Harems lebt. Solche Fragen werden unweigerlich auftauchen. Aber wieviel wissen wir denn eigentlich im Westen über das Leben von Mohammedanerinnen?

Obgleich ich Fatima nie wiedergesehen habe, habe ich doch einige andere Mohammedanerinnen kennengelernt, und das Bild, das sie malen, ist, wenn es auch sicher für die meisten Frauen – und Männer – im Westen keine Verlockung darstellt, beträchtlich vielschichtiger, als es auf den ersten Blick erscheint. Frauen sind im Herrschaftsbereich des Islam vor dem Gesetz kaum gleichberechtigt, doch greifen Mohammedanerinnen schon auf den Koran zurück, um gegen die Mißbräuche zu argumentieren, die sich ihrer festen Überzeugung nach seit der Zeit des Propheten eingeschlichen haben. Oft vertreten sie auch die Ansicht, daß für sie die Befreiung anders aussehen muß als für ihre amerikanischen und europäischen Schwestern. Nehmen wir, z. B., den *Hidschab,* den Moslembrauch, Frauen zu verschleiern, der auch als *Purdah* bekannt ist. Lange Jahre hindurch ist dieser Brauch von der Sitte erzwungen worden, nicht vom Gesetz, und in vielen Ländern konnten Mohammedanerinnen selbst entscheiden, wann und wo – und sogar ob – sie ihm folgen wollten. Aber in der Türkei (1926) und im Iran (1936) hat man ihnen jede Entscheidung, die sie hätten treffen können, abgenommen. Im Zuge der fieberhaften Bemühungen dieser Länder, Sitten und Gebräuche des Westens nachzuahmen, ist das Verschleiern verboten worden.

1979 haben dann die Amerikaner zu ihrem Staunen am Fernsehschirm miterlebt, wie Millionen iranischer Frauen wieder den Chador angelegt haben, oft mit dem Gewehr in der Hand. Natürlich haben sie ihn zum Teil – aber nicht ausschließlich – getragen, weil sie andernfalls gegen das Gesetz verstoßen hätten. Ich sage „nicht ausschließlich", weil es etliche Beweise dafür gibt, daß junge Iranerinnen in großer Zahl den Chador als ein Abzeichen zur Bekundung revolutionärer Begeisterung gesehen haben, als sichtbaren Ausdruck ihrer Ablehnung des Imperialismus und der dekadenten Sitten des Westens. In ihrem Buch „*Women of Iran*" zitiert Farah Azari folgende Bemerkungen einer iranischen Schülerin: „Wir wollen den Männern Einhalt gebieten, uns als Sex-Objekte zu behandeln, wie sie es immer getan haben. Sie sollen unser

Äußeres nicht kennen und unserem persönlichen Wesen und unserer Gesinnung ihre Aufmerksamkeit schenken. Sie sollen vernünftig mit uns als Ihresgleichen reden und nicht bloß unseres Leibes und unseres Aussehens wegen hinter uns her sein."

So unwahrscheinlich das uns im Westen vorkommen mag, glauben viele Mohammedanerinnen, daß ihre überkommene Tracht sie in Wirklichkeit befreit. Sie erlöst sie von der Sorge um die Notwendigkeit, sexuell attraktiv zu erscheinen. Sie ebnet die Unterschiede ein zwischen denen mit mehr oder weniger Geld und denen, die als „hübsch" gelten, und denen, die es nicht sind. Sie weist ihre Trägerin als Kämpferin gegen die dekadenten Sitten aus, die der Westen ihrer Meinung nach ihrer Welt aufzuzwingen versucht hat. Nachdenkliche Mohammedanerinnen sagen oft, daß sie, so gern sie „vom Schleier befreit" werden möchten, nicht zu Kleiderständern und Schaufensterpuppen für die wechselnden Launen der westlichen Mode werden wollen. Auch sind sie nicht davon zu überzeugen gewesen, daß eine Erwerbstätigkeit, bei der sie Dreiviertel dessen verdienen, was Männer erhalten, oder die „Einehe mit Partnerfolge" – gewürzt durch außereheliche Verbindungen –, die hier im Westen üblich geworden ist, unbedingt eine so große Verbesserung ihrer derzeitigen ehelichen Situation darstellen.

Indes muß man zu all diesen Fragen erst noch die Stimmen der großen Mehrzahl der Mohammedanerinnen hören, die nicht ausbleiben werden. Und wenn sie kommen, könnten sie sehr wohl das jetzt weithin ins Stocken geratene Gespräch zwischen Christen, Juden und Moslems wieder beleben, das heute zum Teil auch deshalb dem Tode nahe ist, weil ausschließlich Männer zu Wort gekommen sind und auf allen drei Seiten kaum Frauen teilnehmen.

Ein echtes Gespräch muß wirklich bald in Gang kommen. Vielleicht ist jetzt der Augenblick, Dante, Urban II. und alles andere aus dem Spiel zu lassen und uns statt dessen auf die zwei Söhne Vater Abrahams zu besinnen, die Gott beide zu großen Völkern zu machen verheißen hatte, uns daran zu erinnern, daß auch

Jesus sich auf die Seite der Opfer von Unrecht und Gewalt gestellt hat, den Glauben des Apostels Arabiens nicht mehr verzerrt darzustellen und zu versuchen, Christen, Juden und Moslems beim Auffinden ihrer Gemeinsamkeiten in einer Welt zu helfen, die für noch mehr Kriege, zumal heilige Kriege, einfach zu klein ist.

3

Christus und Krishna

Was wir im Westen „Hinduismus" nennen, ist in Wirklichkeit ein riesiges Kunterbunt von Zeremonien, Volksbräuchen, widersprüchlichen metaphysischen Theorien und asketischen Gepflogenheiten, denen eigentlich nur gemeinsam ist, daß sie alle nebeneinander auf dem indischen Subkontinent zu Hause sind. Sogar das Wort „ Hindu" ist mittelalterliches Persisch und vom sanskritischen Saindhava abgeleitet, das jemand bezeichnet, der am Sindhu-Fluß, dem Indus, wohnt. Man hat Indien schon einmal das „Land einer Million Götter" genannt. Aber wenn es eine Gottheit gibt, die alle anderen an Bedeutung und Volkstümlichkeit übertrifft, die durch ihre weitverbreitete Ausstrahlung Christus bei den Christen entspricht, dann ist das sicher der tief-blaue Herr Krishna, der juwelengeschmückte Flötenspieler und Herzensbrecher der Ziegenhirtinnen, in dem der Glaube von Millionen Hindus eine Verkörperung des obersten Gottes Viṣṇu sieht.

Es ist schon einige Jahre her, daß ich mich eines Tages Krishna sehr viel näher befunden habe, als ich je zu sein erwartet hatte. Dazu ist es gekommen, als ich die Einladung einer Gruppe amerikanischer Krishna-Verehrer angenommen hatte, mit ihnen in New York eines ihrer Hauptfeste zu begehen, das Wagenfest. Ich habe zum Teil auch zugestimmt, weil ich die Erfahrung gemacht habe, daß das Mitfeiern von Festen anderer Religionen oft eine bessere Gelegenheit bietet, ihre innere Bedeutung zu erspüren, als ein Gedankenaustausch am polierten, runden Konferenztisch. Doch hätte ich kaum ahnen können, was mir alles bevorstand.

Ich bin am Vortag des Festes in New York eingetroffen. Am nächsten Morgen fand ich mich zu meiner völligen Überraschung – doch ganz damit einverstanden – auf einem fünfzig Fuß hohen, hölzernen Wagen mit einem leuchtend roten Seiden-Baldachin und einer gleißenden Gold-Kuppel und fuhr die Fifth Avenue hinunter. Außerdem hatte man mir einen Platz an der Seite einer Nachbildung der Hindu-Gottheit Jagannatha zugewiesen – der Name bedeutet „Herr des Alls" –, die nach dem Glauben vieler Hindus niemand anders ist als Krishna selbst in seiner Gestalt als Daru-brahman – „der im Holz erschienene Gott". Ich hatte gewußt, daß mir das Fest Freude machen würde, aber ich hätte schwerlich damit gerechnet, daß ich den Königswagen mit dem tief-blauen Herrn persönlich teilen würde.

Ich war nicht der einzige Mensch, der auf dem Himmelswagen mitfuhr. Auf diesem Gefährt hatte man noch zwei verblüffte amerikanische Religionswissenschaftler, korrekt in Krawatte und Jackett gekleidet, im Kreis um Jagannatha-Krishna untergebracht, die man wie mich als Ehrengäste eingeladen hatte. Schwankend saß neben ihnen eine Handvoll führender Mitglieder der anwachsenden amerikanischen Hindu-Gemeinde in ihren safranfarbenen Gewändern. Es war ein strahlender Sommertag, und unser Wagen wurde von Hunderten freiwilliger „Zugkräfte" am Plaza Hotel und an Bergdorf Goodman's vorbeigeschleppt, darunter Scharen freudestrahlender Mitglieder des wachsenden indischen Bevölkerungsanteils von New York in leuchtend weißen Dhotis und farbigen Kurtas, Dutzende amerikanischer Krishna-Verehrer und etliche Zuschauer aller Art, die wohl dachten, es sehe lustig aus. Unserem Wagen folgten noch zwei nicht ganz so prunkvolle Gefährte. Auf dem zweiten befand sich Subhadra, Krishnas Schwester, und auf dem dritten sein Bruder Balarama. Als wir alle so würdevoll daherrollten, haben Weihrauchwolken die qualmige Luft von Gotham (= New York als Stadt der Narren) mit Wohlgeruch erfüllt, und besonders dazu bestimmte Verehrer haben den Gottheiten mit Roßhaar-Fächern Kühle zugewedelt oder mit langen, gegabelten Holzstangen tief-hängende Verkehrsampeln aus dem Weg geschoben. Tausende haben dem Festzug zugeschaut, und auf seinem Höhepunkt haben Krishna-Verehrer unter dem Washington-Bogen in Greenwich Village über tausend Gäste, Zuschauer und Neugierige mit einem vegetarischen Gratis-Schmaus bewirtet.

Einige Inder hegen die Hoffnung, das Wagenfest werde sich einmal – neben dem Saint Patrick's Day für die Iren, dem Cinco Mayo für die Mexikaner und dem Columbus Day für die Italiener – unter die zahlreichen Festlichkeiten einreihen, die uns an die religiöse und kulturelle Vielfalt Amerikas erinnern. An dem Tag, an dem wir durch Manhattan gefahren wurden, rollten auch Wagen über die Regent Street in London zum Trafalgar Square, die steilen Straßen von San Francisco hinauf zum Golden Gate Park und über die Boulevards, Straßen und Avenuen anderer Städte überall in der Welt. Früher konnte man sich unter „Hinduismus" eine ausschließliche indische Religion vorstellen. Heute aber hat Jesus seine Anhänger in Calcutta und Bombay, und Krishna und Siva haben die ihren in Sidney und Lima – und sogar, wie neuerdings in der Presse berichtet wird, in Moskau. Der Hinduismus ist nichts Fremdes oder Exotisches mehr, und den Dialog zwischen Christen und Hindus kann man nicht mehr als freigestellt betrachten.

Das Wagenfest ist 1967 von den Anhängern A. C. Bhaktivedanta Swami Prabhupadas in die westliche Welt gebracht worden, um, wie sie sich ausdrückten, „das alt-indische Krishnatum in der ganzen Welt *zu seinen eigenen Bedingungen* heimisch zu machen – nicht verdünnt, sondern so wie es ist". Das Fest aber ist, wie ja auch die Religion in Indien, sehr alt. Der Legende zufolge soll es Tausende von Jahren auf einen Besuch zurückreichen, den Krishna selbst während einer Mondfinsternis in Kuruksetra im Gebiet von Orissa in Ostindien gemacht hat. Nach dem alten Bericht hat der Götterbesuch Indradyumna, den regierenden König von Kuruksetra, so begeistert, daß er einem Bildhauer den Auftrag gab, ein Bild von Krishna wie auch von Balarama und Subhadra zu schnitzen, damit er sie wie königliche Persönlichkeiten durch die Straßen fahren könnte. Da der Künstler sich mit seiner Arbeit hinter verschlossenen Türen Zeit nahm, wurde der König in dem Verlangen, das fertige Werk zu sehen, immer ungeduldiger. Schließlich brach er die Tür auf, fand aber nur drei unvollendete Holzfiguren vor. Dieser Einbruch hat den Bildhauer so sehr verärgert, daß er seinen Auftrag nicht zu Ende führen wollte. Infolgedessen hat man die drei Gottheiten in ihrer unvollendeten Gestalt, die sie ja heute noch besitzen, auf die Runde durch die Stadt geschickt.

Die Gottheiten sehen wirklich unvollendet aus. Dieses klobige Aussehen läßt sie sogar in den Augen einiger Menschen komisch oder surrealistisch erscheinen. Ein New Yorker Beobachter, der zugeschaut hat, als die Wagen in Greenwich Village eintrafen, sagte mir, Jagannatha habe mit seiner schwarzen Haut, seinen riesigen kreisrunden Augen, seinem Grinsen über das ganze Gesicht und den Blütengirlanden wie eine „kostümierte Mickey Maus" gewirkt. Ich glaube nicht, daß die indischen Krishna-Verehrer ihm dies Bemerkung verübelt hätten, wenigstens nicht an diesem Tag. Denn das Ratha-yatra, wie der indische Name des Wagenfestes lautet, ist eine Zeit, in der man alle, auch die Skeptiker, mit offenen Armen begrüßt, segnet und bewirtet. Der erste Gesang des elften Kapitels der Srimad-Bhagavatam, der heiligen Schrift dieser hinduistischen Richtung, drückt das so aus: „Zum Empfang des Herrn Krishna waren alle Bevölkerungsschichten versammelt, angefangen bei den Vasudeva, Ugrasema und Gargamuni ... bis hinunter zu den Prostituierten und den *candalas,* die gewohnt sind, Hundefleisch zu essen... Als reine Lebewesen sind sie die gesonderten Bestandteile des Herrn, und so ist niemand fremd ... Der Herr wendet sich all seinen Teilen trotz der materiellen Abstufung in gleicher Liebe zu ... Niemand wird vom Herrn aus dem Gottesreich verstoßen."

Ich habe niemand Hunde verspeisen sehen, aber ich gebe zu, die Menschenmenge in Manhattan war an diesem besonderen Tag überaus bunt gemischt. Niemand hat Einspruch erhoben, wenn die Krishna-Anhänger jeden, der in Reichweite kam, mit

Blütenblättern, Grußworten, Segenswünschen und Eßwaren überschütteten. Einige Hindus glauben, daß sogar ein Blick auf die Ratha-yatra-Wagen einen ungeheuren Guß guten Karmas bewirkt, vielleicht sogar genug, schon bei diesem Mal dem Kreislauf der Geburt zu entgehen. Sollte dem so sein, dann lohnt sich die Überlegung, daß vielleicht aus Anlaß des heutigen Wagenfestes einige Tausend Taxifahrer, Touristen, Polizisten, Ladenbesucher und wahrscheinlich wohl auch ein paar Prostituierte sich nicht mit den Wechselfällen auch nur einer weiteren Inkarnation auf dem Planeten Erde auseinanderzusetzen brauchen.

Ich war Gast beim Ratha-yatra, weil ich als christlicher Wissenschaftler, der sich mit den asiatischen Religionen in Amerika befaßt, das neue Zusammentreffen der Religionen begrüße, das der Zug orientalisch inspirierter Bewegungen nach Westen heute ermöglicht. Nicht nur haben sich die Amerikaner „nach Osten gewandt", sondern östliche Religionen sind westwärts gewandert. Da ich im Verlauf des Wagenfestes möglichst viel in Erfahrung bringen wollte, wohnte ich im Hare-Krishna-Tempel in New York. Ich bin während meines Aufenthaltes tagtäglich zu der Liturgie aufgestanden, die um 6:00 Uhr morgens mit der Bekränzung, Speisung und dem Bad der Tempel-Gottheiten beginnt. Als die Krishna-Anhänger beteten und sangen, dann auf dem Boden Platz nahmen und einer Erklärung der heiligen Schriften der Hindus lauschten, während draußen der Verkehr von Manhattan vorüberbrandete, wurde mir bewußt, daß wir heute die Gelegenheit zu einem „umfassenderen Ökumenismus" haben, als er einer früheren Generation möglich war. Daß Hunderte von New Yorkern aus Delhi, Calcutta und Bombay erschienen sind, um sich mit den amerikanischen Krishna-Verehrern vor den Wagen zu spannen, besagt etwas: Krishna ist jetzt in Amerika zu Hause. Hindus – sowohl solche indischer Abstammung wie auch Konvertiten aus jüngerer Zeit – leben jetzt nicht jenseits des Ozeans, sondern wohnen auf der gleichen Straße. Und sie sind nicht unsichtbar. Ein fünfzig Fuß hoher, mit einem wogenden Baldachin geschmückter Wagen ist nicht gerade winzig. Was man auch sonst von den Hare-Krishna-Anhängern sagen mag – und man hat schon viel gesagt –, sie haben es an sich, sehr sichtbar zu sein.

Mein wißbegieriges Interesse am Vaiṣṇava-Hinduismus hatte zwei Jahre vor dem Wagenfest begonnen, als drei seiner Anhänger in meinem Viertel in Cambridge, Massachusetts, auftauchten und von Tür zu Tür fromme Schriften verkauften. Anders als die meisten meiner Nachbarn habe ich nicht gesagt: „Nein, danke", sondern sie zu einem Gespräch hereingebeten. Sie haben die Einladung angenommen, und ich habe an jenem Tag erkannt, daß die Religionskarte der Welt sich veränderte. Ich wußte, wie die meisten Menschen in den Vereinigten Staaten, sehr wenig über östliche Religionen. Das mag erstaunlich klingen, wenn man bedenkt, daß ich in Religionslehre den philosophischen Doktorgrad erworben habe. Doch die Erklärung ist einfach. Ich habe mein Hochschulstudium beendet, bevor viele Amerikaner die „Wendung nach Osten" vollzogen haben oder orientalische Religionen in den Westen gekommen sind, als die heiligen Bücher asiatischer Religionen noch nicht zum Pflichtpensum der höheren theologischen Studien gehörten. Bis dahin hatte ich fast ausschließlich westliche Religionen studiert. Der Hausbesuch der Krishna-Anhänger ist daher zu einem – wie die Theologen sagen – „paradigmatischen Ereignis" geworden.

Dieser Ausdruck spielt in der christlichen Theologie eine große Rolle. Er bezeichnet ein Alltagsgeschehen, das mehr als nur alltägliche Bedeutung erlangt, ein Geschehen, das Gottes Absicht in der Welt irgendwie deutlicher offenbart als andere Ereignisse: Anhänger einer Religion, die in Nordindien ihren Ursprung hat, haben bei mir in Cambridge angeklopft und sind für mich zum Zeichen dafür geworden, daß etwas Bedeutsames im Gange war. Jahrhundertelang sind christliche Missionare in den Orient gereist, um den Menschen Christus zu verkünden. Doch hier erlebte ich ein Beispiel dafür, daß der Osten nach Westen kam. Im Wirken Swami Prabhupadas, der die Krishna-Verehrung in die Vereinigten Staaten gebracht hat, oder Swami Muktanandas, der eine andere Richtung indischer Spiritualität gebracht hat, erblickt man eine hinduistische Version der Geschichte christlicher Missionare wie David Livingstone und Matteo Ricci, die um die halbe Welt gereist sind, um das Christentum in Kulturkreise zu bringen, in denen es bislang unbekannt gewesen war. Und an der traurigen Geschichte von Rajneesh und seiner Unglückssiedlung in Oregon kann man sehen, daß der furchtbare Ruf, den einige christliche Missionare sich bei den Heiden erwerben, leicht bei den asiatischen Scharlatanen, die hier landen, sein Gegenstück finden kann. All das hat zur Folge, daß die alte Lösung, die den religiösen Pluralismus durch „Einflußsphären" ermöglicht und dem Christentum den Westen, dem Islam den Mittleren Osten und den Hindus Indien gegeben hat usw., nicht mehr praktikabel ist.

Allerdings habe ich eigentlich erst in Indien wirklich Krishnas Bekanntschaft gemacht. Nach jener ersten Begegnung in Cambridge und dem Wagenfest in New York habe ich einige Krishna-Tempel in Kalifornien, Boston und Florida besucht. In einigen von ihnen bin ich kurze Zeit geblieben und habe mich – soweit ich konnte – an ihren Andachtsübungen beteiligt. Ich habe viel über den Vaiṣṇava-Hinduismus in gesellschaftlicher, wissenschaftlicher und historischer Sicht gelesen und die Bhagavadgita und die Srimad-Bhagavatam studiert. So war ich einigermaßen mit den Schriften vertraut, die die Christen als „kanonische Quellen" der Krishna-Verehrung bezeichnen würden. Aber kaum etwas davon hat mich auf meinen Besuch in Vrndavana, dem indischen Wallfahrtszentrum, das allen Krishna-Anhängern heilig ist, vorbereiten können. Bislang kannte ich den tief-blauen Flötenspieler nur vom Hören und aus Büchern. In Vrndavana habe ich ihn tatsächlich kennengelernt.

Meine Indienreise hat sich aus einer Kette von Ereignissen ergeben, die 1977 ihren Anfang genommen hat, als in Harvard in einem meiner Oberkurse ein Mann namens Shrivatsa Goswami auftauchte, der Sohn eines Vaiṣṇava-Priesters aus dem Radharamana-Tempel in Vrndavana. Zunächst habe ich Goswami als einen scharfsinnigen und verläßlichen Interpreten des Hinduismus, zumal seiner eigenen Caitanya-Vaiṣṇava-Richtung, kennengelernt. Als wir uns langsam näher kamen, habe ich auch erfahren, daß er ein direkter Nachkomme eines Jüngers eines der ursprünglichen Jünger des großen Hindu-Heiligen und Lehrers, des Herrn Caitanya, war. Caitanya, ein bedeutender Reformator, der ungefähr gleichzeitig mit Martin Luther gelebt hat, gilt in Indien als Begründer der modernen Krishna-Bewegung. Shrivatsa selbst hat auch in Vrndavana gewohnt, wo seine Angehörigen noch den Tempel betreuen; und als ich mit seinem Leben vertraut wurde, erwachte in mir der Wunsch, eines Tages seinen Tempel und sein Zuhause besuchen zu können. Ein paar Jahre später habe ich es ausgeführt, und dieser Besuch hat mich mit dem Kern des Vaiṣṇava-Hinduismus in einer Weise in Berührung gebracht, die für die meisten Menschen in Amerika unerreichbar bleibt. Aus interner Sicht bin ich zu der Erkenntnis gelangt, daß Krishna trotz des Anscheins, in Manhattan ein Zuhause zu haben, in Vrndavana unendlich mehr zu Hause ist.

Vrndavana ist ein Städtchen, das von Neu-Delhi aus leicht im Eisenbahn-Nahverkehr zu erreichen ist. Ich bin an einem kühlen Oktobertag eingetroffen und habe fast auf der Stelle entdeckt, daß es unmöglich ist, die Anwesenheit Krishnas am Ort nicht zu spüren. Die Stadt ist vollgepackt mit Tempeln, einige nicht größer als ein Ladengeschäft, andere mehrere Häuserblocks groß. Jeden Augenblick scheint irgendwo so etwas wie eine Andacht im Gang zu sein. Dumpf tönen die Trommeln und hell die Finger-Zimbeln. Pilger kommen in ganzen Batallionen. In den ungepflasterten Straßen drängen sich die Priester in ihren helleuchtenden Roben und heilige Männer in Lumpen. Kühe wandern frei umher. Überall hängt der beißend süßliche Geruch Hunderter von Dungfeuern in der Luft, und die Geister Krishnas und seiner Gefährtin Radha scheinen wie ein schwerer Jasminduft über der dikken Luft zu schweben.

Die verschiedenen Tempel in Vrndavana stellen jeder mit seiner eigenen Bilderwelt bald diesen und bald jenen Aspekt der Liebe Krishnas zu Radha und ihrer Liebe zu ihm dar. Selbst die anscheinend vorübergehenden Phasen der Leidenschaft, die diese beiden großen Liebenden miteinander verbunden hat – Eifersucht und Verlassenheit und Zorn – werden wirklichkeitsgetreu im Bild dargestellt und gefeiert. Ein ganzer Tempel ist „Radhas Groll" geweiht, der Gereiztheit, die sie über etwas empfunden haben soll, was Krishna angestellt hatte. Es ist unmöglich, durch die Tempel von Vrndavana zu schlendern, ohne die zahllosen Formen, die Gottes Liebe annimmt, und die tausenderlei Mittel neu schätzen zu lernen, deren sie sich bedient, um die Menschen anzurühren.

Vrndavana hat auch meinen Blick für die Allgegenwart Gottes noch geweitet. Hindus glauben, daß Gott in allem ist, daß selbst die flüchtigen Launen junger Liebender für das Göttliche transparent sind. Gottes Licht erhellt alle Situationen und jegliches Tun. Im halb ländlichen Vrndavana – wenn nicht gar im lärmenden Neu-Delhi – scheint die in Indien traditionelle Verbindung zwischen Immanenz und Transzendenz intakt zu sein. Wie lange diese altehrwürdige Einheit fortbestehen wird, ist allerdings eine ernste Frage. Und als ich darüber nachsann, kamen mir Zweifel, ob ein so zartes Gespinst die galoppierende Industrialisierung überleben wird, die ganz Indien verwandelt. In Vrndavana habe ich mich manchmal bedrückt gefragt, ob ich eine Form von klassischem Hinduismus vor Augen habe, die künftige Generationen nur noch aus Büchern kennen würden. Manchmal habe ich mich auch mit so etwas wie vorweggenommener Nostalgie bei dem Gedanken an das „verlorene Paradies" ertappt, das diese Stadt einmal sein würde.

Doch Vrndavana hat auch seine Schattenseite. Eines Tages habe ich ganz allein einen Spaziergang durch Straßen gemacht, die ich noch nicht erkundet hatte. Als ich bei einem verfallenden Tempel abbog, befand ich mich in einer engen Gasse, deren linke Begrenzung die Außenmauer eines alten Gebäudes zu sein schien. Sie ragte etwa vierzig Fuß hoch und war zur Gasse hin mit einer Reihe von zwanzig oder dreißig engen, höhlenartigen Einbuchtungen versehen, die etwa sechs Fuß hoch und zehn Fuß weit waren und nicht mehr als fünfzehn Fuß tief in die Mauer hineinreichten. In jedem dieser Gelasse sah ich eine Frauengestalt, deren Kleidung aus Fetzen zusammengeflickt zu sein schien. Die Frauen saßen zusammengekauert an kleinen Öfchen, verkrochen sich in einen Winkel der Höhle oder lagen da auf zerlumptem Bettzeug. Zuerst blieb ich stehen und starrte verwundert auf diese surrealistische Montage aus züngelnden Flammen und grotesken Gestalten. Dann aber hat das äußerste Elend dieser steinernen Zufluchten und ihrer Bewohnerinnen meinen Schritt beschleunigt und mich mit abgewandtem Blick, so schnell ich nur konnte, vorübergehen lassen. Ich wollte kein Voyeur sein.

Irgendwie spürte ich, daß es Familie Goswami wohl lieber gewesen wäre, ich hätte das Stadtviertel, in das ich geraten war, nicht gesehen. Ich habe denn auch an diesem Abend bei unserem vorzüglich zubereiteten und vornehm servierten Mahl kein Wort darüber verloren. Doch am Tag darauf bin ich auf einen amerikanischen Bekannten, einen Anthropologen, gestoßen, der auf dem Weg in ein anderes Dorf durch Vrndavana kam. Ihn habe ich diskret nach den Frauen in den Mauerlöchern gefragt. Er hat grimmig gelächelt und gesagt, es sei wahrscheinlich kein Fehler gewesen, diese Frage nicht meinen Gastgebern zu stellen. Die Frauen, so erklärte er mir, waren Witwen, die nach dem Tod ihrer Männer nach Vrndavana gekommen waren, um hier den Rest ihrer Jahre zu verbringen. Sie machten sogar nach seinen Worten fast ein Viertel der Stadtbevölkerung aus. Ihr armseliges Dasein war, wie er sagte, etwas, für das Hindus ausländischen Gästen gegenüber mit der Erklärung ihre Schwierigkeit hätten.

Es scheint, daß für Hindus die Ehefrau eine in Indien hochgeschätzte Eigenschaft verkörpert, die im Sanskrit *magala* heißt, was man gewöhnlich mit „Glücksträchtigkeit" übersetzt. Das Zeichen, das Inderinnen mitten auf der Stirn tragen, war wenigstens ursprünglich ein *magala*-Symbol, wenn es auch heute für viele seine ursprüngliche Bedeutung verloren hat. Die Sache hat aber einen Haken: der Fortbestand der Glücksträchtigkeit einer Hindu-Frau richtet sich nach ihrer Fähigkeit, ihren Mann am Leben zu erhalten. Wenn er vor ihr stirbt, was in einer Gesellschaft, in der die Ehemänner oft viel älter sind als ihre Frauen, gar nicht ungewöhnlich ist, verliert die Frau ihre Glücksträchtigkeit. Sie muß dann das Zeichen von ihrer Stirn entfernen. Tatsächlich könnte sie, klassischen Texten zufolge, ihre *magala* nur behalten, wenn sie bei der Feuerbestattung in einem Ritual, das die Inder *sati* nennen, mit auf den Scheiterhaufen ihres Gatten stiege. Dieser Brauch ist vor vielen Jahren von den Engländern unter Strafe gestellt worden und ist immer noch verboten. Die meisten Hindus lehnen ihn heute ab, aber in entlegenen Gegenden Indiens wird er manchmal noch praktiziert. Eine Frau, die beim *sati* mitmacht, verliert nach alter Sitte ihre magala nicht, weil sie niemals Witwe ist. Entscheidend dafür ist der Augenblick, in dem die Seele aus dem Leib in den Flammen emporsteigt, und in diesem heiligen Augenblick wäre das Paar wieder vereint.

Die Glücksträchtigkeit gehört zu den Gedanken, die für Nicht-Hindus nur sehr schwer nachvollziehbar sind. Manchmal scheint *magala* nur wenig mehr als das zu bedeuten, was wir „viel Glück" nennen würden. Aber wie Frederique Marglin in ihrem Buch *„Wives of the God-King"* – „Frauen des Gott-Königs" –, ihrer grundlegenden Studie über die *devadasis* oder Tempeltänzerinnen von Puri gezeigt hat, bedeutet sie viel mehr als das, und ihre Schlüsselstellung im Hindu-Kosmos bietet eine Hilfe zum Verständnis mancher Dinge, die frühere Deutungs-Schemata nicht bieten konnten. Bislang haben die meisten westlichen Wissenschaftler sich hauptsächlich auf schriftliche Quellen und männliche Gewährspersonen gestützt und die Hindu-Kultur auf der Grundlage einer Kasten-Abstufung gedeutet, die sich von der Reinheit – den Brahmanen – bis zur Unreinheit – den Parias oder Unberührbaren – erstreckte. Aber dieses Modell hat an gewissen kritischen Punkten versagt. Es konnte, z.B., nicht erklären, warum man die Tempeltänzerinnen, denen Marglins Untersuchung galt, gleichzeitig sowohl als unrein – man glaubte nämlich, sie trieben Tempelprostitution – wie auch als glückbringend ansah – man lud sie zum Auftreten bei Hochzeiten und anderen Zeremonien ein, bei denen das Glück eine große Rolle spielt. Marglin hat in Gesprächen mit den *devadasis* von Puri festgestellt, daß die Glücksträchtigkeit etwas ganz anderes ist als die Reinheit. Sie hat nichts mit Rechtschaffenheit zu tun, sondern mit Gesundheit und Wohlergehen und mit „allem, was Leben schafft, fördert und erhält". Im Endeffekt sind sogar Reinheit und Status überhaupt keine Kategorien, die auf das Leben von Hindu-Frauen passen. Sie gelten als männliche Werte.

Marglins Arbeit bringt auch Licht in ein Rätsel, das westliche Hinduismus-Forscher lange beschäftigt hatte, warum nämlich gewisse Vorgänge, die man als unrein ansieht – wie Geburt oder Menstruation – auch als glücksträchtig gelten. Die *devadasis,* mit denen Marglins Studie sich beschäftigt hat, stehen kastenmäßig recht tief, und die Meinung, sie betätigten sich in hohem Maße sexuell, bringt es mit sich, daß ihnen das Stigma der Unreinheit anhaftet. Und doch hält man sie dabei für Inkarnationen der (Glücks-)Göttin Lakṣmi, als die sie in Puri von Pilgern sogar verehrt werden. Außerdem verlieren sie ihre Glücksträchtigkeit nie, da sie allesamt Ehefrauen des Gottes Jagannatha sind, eben der Verkörperung Krishnas, mit der ich einmal die Fahrt vom Central Park zum Washington Square gemacht hatte; und da ein Gott nie stirbt, werden sie nie Witwe. Marglin zeigt, daß die Eigenschaft der *magala* ungemein schwer zu fassen ist. Sie verbindet sich nicht mit einem bestimmten Gegenstand oder Tun. Was glücksträchtig ist, kann sich unversehens in etwas verwandeln, was unglücksträchtig ist, und umgekehrt. Eben dieses quecksilbrige und chamäleonartige Wesen ist es ja, das der *magala* so große Macht verleiht.

In dieser dumpfen Hintergasse in Vrndavana war ich offenbar auf eine passive Zusammenballung von Glücksträchtigkeit gestoßen, die zur Unglücksträchtigkeit geworden war, eine Kolonie von Witwen, die in die heilige Stadt gekommen waren, um dort ihre letzten Jahre zu verbringen. Aber warum verbrachten sie sie im Elend? War es eine schreckliche Ungerechtigkeit, die Saat eines grauenhaften religiösen Systems, das sie in diese stinkenden

Höhlen abgeschoben hatte? Mir kam es vor, als habe auch hier wieder das Patriarchat, das die Mythen und Riten einer Religion – in diesem Fall des Hinduismus – fest im Griff hat, es fertiggebracht, Frauen ins Elend zu stoßen. Ich mußte mir, nachdem ich meinem Anthropologen-Freund begegnet war, bei der Rückkehr in das Heim meiner Gastgeber auf die Zunge beißen. Der Wunsch ließ mich nicht los, zu dem, was ich gesehen hatte, eine beißende Bemerkung zu machen oder zu fragen, wo denn die viel-gepriesene Gnade und Barmherzigkeit Krishnas wäre, wenn er eine so traurige Gepflogenheit duldete.

Gesagt habe ich aber nichts. Ich wußte, daß diese Witwen, so erbärmlich sie mir auch vorkamen, ein Leben führten, das in etwa auf derselben Stufe stand wie das eines *sannyasi*, eines Asketen, der sich aus freien Stücken entschlossen hat, sein Leben mit der einfachsten Kost und Versorgung zu fristen. *Sannyasis* würde man wohl kaum als Glücksbringerinnen zu Hochzeiten einladen – ihre Anwesenheit würde bei solch einer Gelegenheit sogar ein böses Omen sein –, aber in den Augen frommer Hindus sind sie dennoch der Gipfel der Heiligkeit, vielleicht deshalb, weil ein *sannyasi* etwas vollbracht hat, was nach dem Glauben von Durchschnittsmenschen in geistlicher Hinsicht für jedermann wichtig ist – den Annehmlichkeiten der Welt zu entsagen –, wozu sich diese Durchschnittsmenschen selbst aber noch nicht bereit fühlen, wenigstens nicht in ihrer derzeitigen Inkarnation. Außerdem hätte ich meine Gastgeber vielleicht nicht nach den Witwen in Vrndavana fragen können, ohne eine Diskussion über den Rang zu entfachen, den das Christentum den Frauen zugewiesen hat, ein Gespräch, das sich bis hin zur Behandlung von Hexen durch die Inquisition und zu anderen grausigen Gegenständen erstreckt haben könnte. Ich kam zu dem Schluß, daß ich dazu noch nicht so recht in der Lage wäre, wenigstens nicht in Vrndavana.

Nichtsdestoweniger steigt mir der Laut der Überraschung, der mir beim Einbiegen in die Straße der verlorenen *magala* entfahren war, bisweilen immer noch in die Kehle. Er löst dann einen

Gedankengang aus, der mich zu der Erkenntnis führt, daß das, was wir jetzt den Dialog zwischen den Religionen nennen, zum großen Teil der Torso eines Gesprächs unter Männern über die großen Weltreligionen in ihrer männlichen Ausprägung ist. Erst in jüngster Zeit haben auch Frauen – aus dem Harem, von den hinteren Bänken der Synagoge, aus den Reihen der niederen Dienste, zu denen man sie in den christlichen Kirchen eingeteilt hat, und aus der Straße der Witwen – ihre Stimme zu erheben begonnen. Während sie das tun, entdeckt auf einmal jedermann ein religiöses Atlantis, das die Männer unter den Gelehrten kaum wahrgenommen haben. Die Erforschung dieses versunkenen Erdteils wird beim Dialog einen gewaltigen Unterschied machen. Im Verlauf ihrer Untersuchung über die Tempeltänzerinnen hat Marglin festgestellt, daß *sakti*, ein Wort, das man normalerweise harmlos etwa als „weibliche Macht" übersetzt, im Hinduismus nicht nur unhierarchisch, sondern sogar anti-hierarchisch ist. Es ist nicht Gewalt über andere – wie man die Macht in fast allen politischen Systemen in Ost und West auffaßt –, sondern die Fähigkeit, Leben hervorzubringen. Als solche hat sie in allen Kulturen ihre Entsprechungen. Wenn sie freigesetzt wird, könnte sie die bestehende patriarchalische, von Männern beherrschte Religions- und Gesellschaftsstruktur zerschmettern und erneuern. Sie könnte auch den behutsamen Dialog zwischen Christen und Hindus völlig umstülpen.

Ich habe mit den Witwen von Vrndavana kein Wort gewechselt. Ich habe fast ausschließlich mit Männern gesprochen, die – wie das in den meisten Religionen der Fall ist – unbedenklich für sich selbst und für die Frauen gesprochen haben. Aber ich bin überzeugt, daß das Gespräch zwischen den Religionen, wenn Frauen voll und ganz daran teilnehmen, sich ändern wird, und das so sehr, daß man das, was jetzt geschieht, nur noch als einen unzureichenden und irreführenden Anfang ansehen wird.

Ich bin schließlich wieder von Vrndavana abgereist und habe sowohl den über alle Zeiten erhabenen Tempeln wie auch der deprimierenden Straße der Witwen den Rücken gekehrt. Aber ich hatte mir fest vorgenommen, meinen dortigen Besuch nicht zu vergessen, und ebenso fest, mehr über den Caitanya Vaiṣṇavismus in Erfahrung zu bringen, den Zweig des Hinduismus, den ich dort vorgefunden hatte. Doch als ich nach Hause kam, mußte ich feststellen, daß es gar nicht so einfach war, dieser Richtung nachzugehen. Die meisten ihrer Quellenschriften sind immer noch nicht übersetzt, und einschlägige englische Literatur war nicht leicht zu bekommen. Das liegt daran, daß man den Vaiṣṇavismus, obwohl er eine der größten Hindu-„Konfessionen" ist, in amerikanischen Bildungsprogrammen über indische Religionen praktisch vernachlässigt hat. Dagegen ist die Richtung, die hier beim Hinduismus-Studium vorgeherrscht hat, mehr philosophischer Art und unter dem Namen Advaita-Vedanta bekannt. Diese letztere Schule hat hierzulande im frühen neunzehnten Jahrhundert Fuß gefaßt, als sie die Aufmerksamkeit Ralph Waldo Emersons und der Transzendentalisten auf sich zog, und später haben Annie Besant, Swami Vivekananda und die Gründer der Vedanta-Gesellschaft sich für sie eingesetzt. Leider hat der massive Einfluß dieser formidablen Autoritäten die Abwertung des Vaiṣṇavismus zur Folge gehabt und dadurch ein in hohem Maß verzerrtes Bild der ganzen Vielfalt indischer Religionen entstehen lassen – wie wenn die Inder ihrerseits das Christentum an nur einer kleinen und hochgeistigen Lebensader kennenlernen sollten.

Der Vaiṣṇavismus sieht sich in Amerika auch noch vor einer anderen Schwierigkeit: seine strukturelle Ähnlichkeit mit dem Pietismus lassen ihn sowohl verlockend wie auch abstoßend erscheinen. Die Ähnlichkeit erklärt vielleicht sogar die Anziehungskraft, die er auf mich ausübt. Beiden Religionen ist z. B. die Idee eines persönlichen Gottes teuer, der in einer bestimmten Gestalt Fleisch annimmt, offenbart, wer Gott ist, und eine Art von Teilnahme am Leben Gottes bewirkt. Zunächst scheint die Ähnlichkeit zwischen diesem Entwurf und der Rolle Christi im Christentum erneut Jesus eher zu einer verbindenden Brücke als zu einer trennenden Schranke zu machen. Indes hat die Medaille auch ihre Kehrseite: auf Grund eben dieser strukturellen Verwandtschaft mit dem Christentum kann der Vaiṣṇava-Hinduismus für Christen an Bedrohlichkeit eher zunehmen als verlieren. Das ist nicht ungewöhnlich. In vielen Fällen kann ja die Entdekkung einer Religion, die der unseren merkwürdig ähnelt, Argwohn aufkommen lassen. Die Annäherung kann uns zu weit gehen und unbehaglich werden.

Vielerlei Gründe können unser Interesse an anderen Religionen wecken. Ich fühle mich z. B. von Bewegungen mit einem stark emotionalen Zug angesprochen. Deshalb hat es mich zum Vaiṣṇavismus mit seiner bewegten Bilderwelt und seiner nahezu erotischen Symbolhaftigkeit hingezogen. Anderseits glaube ich zu wissen, warum das Vedanta, die andere Richtung des Hinduismus, Emerson angesprochen hat: es ist im Grund zerebral, und der Dichter aus Concord ist immer ein Intellektualist geblieben, wenn er auch sein Leben lang das „Gefühl" gefeiert hat. Das Vedanta ist Hinduismus für Denker. Man kann endlos darüber nachsinnen und rätseln, aber auf das Gefühl wirkt es nicht so ansteckend und mitreißend wie der Vaiṣṇavismus. Auf Versammlungen der Vedanta-Gesellschaft wird nicht getanzt und nicht mit Finger-Zimbeln geklingelt.

Aber ein Christ, der, wie ich, pietistisch erzogen worden ist, kann sich manchmal im Krishna-Kult merkwürdig heimisch fühlen. Er betont, wie der Pietismus, sehr die Herzensfrömmigkeit. Wenn man in einer sinnenhafteren Form des Christentums aufwächst, ist man für die Vaiṣṇava-Spiritualität aufnahmefähiger als man es wäre, wenn man z. B. im liberalen Protestantismus aufwüchse, der großen Wert auf die Verstandes- und Vernunftgemäßheit des Glaubens legt und dem Gefühl mißtraut.

Wenn man sich mit Vaiṣṇavismus und Vedanta beschäftigt, entdeckt man auch, daß man beim Vergleich der christlichen Theologie mit der hinduistischen genau angeben muß, um welches „Christentum" und welchen „Hinduismus" es geht. Das heißt also, daß wir uns von der Vorstellung lösen müssen, wir hätten beim Idealfall des Gesprächs zwischen den Religionen alle Hindus auf der einen Seite des Tisches, alle Christen auf der anderen, alle Juden auf einer dritten und alle Moslems auf der vierten. In Wirklichkeit gibt es in jeder dieser Geistesrichtungen Elemente, die denen in einer anderen religiösen Überlieferung ähnlicher sind als gewissen Elementen in der eigenen. Für solche sich überkreuzende Querverbindungen gibt es viele Beispiele. So gleichen, z. B., die Formen des Christentums, die für die Umgestaltung der irdischen Existenz eintreten, eher dem Jodo-Buddhismus als anderen Formen des Christentums, die das Handeln Gottes völlig in das Jenseits eines künftigen Lebens oder einer anderen Welt verlegen. Der Jodo-Buddhismus gleicht seinerseits wenigstens in dieser Hinsicht eher einigen christlichen Gruppierungen als dem Zen-Buddhismus.

Hierin liegt das Paradox: manche Christen, Hindus oder Buddhisten fühlen sich gewissen Anhängern einer anderen Glaubenswelt geistesverwandter als manchen Mitgliedern ihrer eigenen. Und diese Entdeckung bringt die Sitzordnung am „Dialog-Tisch" durcheinander. Sie hat einige Fachgelehrte sogar zu der Ansicht bewogen, es sei einfach irreführend, von „Hinduismus", „Christentum" oder „Buddhismus" als solchen zu sprechen. Wir sollten, so sagen sie, nur von unterschiedlichen theologischen oder psychologischen Typen innerhalb der verschiedenen Religionen sprechen. Wir sollten innerhalb der einzelnen Religionen von den pantheistischen, monotheistischen, monistischen, pietistischen und fundamentalistischen Zweigen sprechen. So könnte sich, wie es heißt, ein Hindu oder Buddhist mit mystischen Neigungen einem christlichen Mystiker viel näher fühlen als einem anderen Hindu oder Buddhisten und umgekehrt. Vielleicht hat Thomas Merton das in seinen letzten Lebensjahren andeuten wollen, wenn er feststellte, ihm seien Mönche in anderen Religionen lieber als die Nicht-Mönche in seiner eigenen. Umgekehrt habe ich in Japan einen Tai Buddhisten getroffen, der mir gesagt hat, er fühle sich sozial engagierten Christen viel näher als den weltverneinenden Asketen seines eigenen Glaubens.

Der Vorschlag einer neuen Sitzordnung beim Dialog zwischen den Religionen kommt auch aus den Reihen der Vertreter der

„strukturalen" Religionsanalyse. Diese Wissenschaftler neigen dazu, dem doktrinellen Inhalt des jeweiligen religiösen Phänomens weniger Wichtigkeit beizumessen und anstatt dessen die formalen Aspekte – Symbol, Opfer oder Zeremoniell – und ihre Entsprechungen in anderen Religionen zu untersuchen. Diese Methode, vergleichende Religionswissenschaft zu betreiben, ist mir sympathisch, allerdings nur bis zu einem gewissen Punkt. Mein Vorbehalt beruht trotz meiner Vorliebe für das Emotionale in der Religion auf der Erkenntnis, daß das Wesen der Menschen nicht nur von den Gefühlen geprägt wird, die sie rituell zum Ausdruck bringen, sondern auch von den Glaubenswahrheiten, in deren Licht sie die Welt sehen. Daß Krishna-Anhänger in einem Jünger-Verhältnis zu Krishna stehen, das der Christus-Nachfolge der Christen ähnelt, kann, z. B., dazu führen, daß man die tatsächlichen Unterschiede übersieht, die zwischen der Bedeutung Krishnas für seine Jünger und derjenigen Christi für die seinen besteht. Im Religionsgespräch lernt man mit der Zeit, daß wir über die Unterschiede reden müssen, ohne sie irgendwie abzutun, jedoch in dem Bemühen um die Erkenntnis, daß der Inhalt der Lehre – das, was der Jünger von seinem Meister lernt – nicht einfach zweitrangig ist.

Man möge mir gestatten, an einem Beispiel zu zeigen, wie eine strukturale Analyse sowohl Einsichten vermitteln als auch irreführen kann. Vor einigen Jahren haben während meiner Lehrtätigkeit in West Virginia meine Studenten und ich einen Ausflug zu dem berühmten Krishna-Tempel in Moundsville gemacht und sofort einige überraschende Ähnlichkeiten zwischen dem festgestellt, was man als „appalachische Volksreligionen", wie etwa das Pfingstlertum, und als Krishna-Bewußtsein bezeichnen könnte. Beide Glaubensrichtungen legen großen Wert auf eine vom Gefühl getragene Gottesverehrung, auf den Lobpreis des Gottesnamens durch Gesang und Instrumentalmusik. Beide bestehen sie nachdrücklich auf puritanischen Tugenden und üben sie bestimmte Formen der Entsagung, wie etwa der dem Alkohol, dem Tabak, dem außerehelichen Geschlechtsverkehr oder dem

Glücksspiel gegenüber. Keiner von beiden ist die Verwandlung der gegenwärtigen Welt in eine religiöse Ideal-Welt, wie etwa das Gottesreich, ein besonderes Anliegen, und beide Religionen haben ein Verhältnis zur Schrift, das ein liberaler Theologe als einigermaßen unkritisch ansehen würde, und beide sperren sich gegen die Anwendung historisch-kritischer Methoden zum Verständnis ihrer heiligen Texte. Aber heißt das, daß der Herr Krishna, der juwelengeschmückte, draufgängerische Gott aus Nord-Indien, unter zungenredenden West Virginiern eine Heimstatt finden könnte? Nein, so leicht nicht. Obgleich die beiden Religionen einander struktural in mancherlei Hinsicht zu entsprechen scheinen, haben uns die Gespräche, die wir mit Krishna-Anhängern und mit appalachischen Pfingstlern geführt haben, bald davon überzeugt, daß die innere Bedeutung ihrer äußerlich ähnlichen Observanzen in Wirklichkeit ganz verschieden ist. Diese Beobachtungen haben uns gelehrt, daß man strukturalen Analysen gegenüber, so nützlich sie auch oft sind, Vorsicht walten lassen sollte. Sie können uns dazu führen, vermeintliche Ähnlichkeiten zu entdecken, wo tatsächlich keine bestehen, und die Unterschiede zwischen den Wahrheitsansprüchen der Religionen aus dem Blick zu verlieren.

Indes heißt das nicht, daß Hindus Christen nichts beibringen könnten. Ich habe mich tatsächlich nach meiner Rückkehr aus Indien zu fragen begonnen, ob der Vaiṣṇava-Hinduismus etwas zur Förderung des Christentums beitragen könnte. Hier haben meine Gedanken eine unvorhergesehene Richtung eingeschlagen. Meine Entdeckung der geheimnisvollen Macht des *sakti*, zumal wie es sich in der Beziehung zwischen Krishna und seiner Gefährtin Radha darstellt, hat zwangsläufig in mir die Frage nach dem Platz aufsteigen lassen, der der Erotik im menschlichen Leben gebührt. Das ist ein Bereich, der im Christentum nicht nur weithin ausgeklammert bleibt, sondern auch oft unterdrückt und unter Verbot gestellt worden ist. Meine Begegnung mit Krishna und Radha hat mich fragen lassen: Warum?

Es gibt Gelehrte, die glauben, die Evangelien, die wir jetzt im biblischen Kanon haben, seien dorthin geraten auf Kosten der kürzlich entdeckten gnostischen Evangelien, in denen Gottes Weiblichkeit und das Verhältnis Jesu zu Maria Magdalena ausführlicher dargestellt gewesen seien. Wie Elaine Pagels in ihrem glänzenden Buch „Versuchung durch Erkenntnis – die gnostischen Evangelien" gezeigt hat, hat uns die Ausmerzung nur im Besitz eines purgierten Neuen Testamentes belassen. Obgleich das Thema der sinnlichen Liebe in der hebräischen Bibel – zum Beispiel im Hohenlied – mehr als nur anklingt, scheint es in der Entstehungszeit des Neuen Testamentes ein Tabu geworden zu sein. Es ist natürlich nie ganz verschwunden, und wir finden im Mittelalter bei christlichen Mystikerinnen und in einigen geläufigen geistlichen Liedern und frommen Schriften mitunter ziemlich deutliche erotische Vorstellungen. Die flämische Begine Hadewijch hat in ihrer Schilderung vom Nahekommen Christi im Gebet auch den Satz: „Er ist selbst zu mir gekommen, hat mich in seine Arme geschlossen und fest an sich gedrückt." Hierhin gehört auch John Wesleys berühmtes Kirchenlied: „Jesus Lover of my Soul – Jesus, Buhle meiner Seele", mit der Zeile: „Laß mich an die Brust dir fliegen". Aber in der christlichen Frömmigkeit wird die Erotik meist verhüllt und sublimiert. Infolgedessen ist das ganze Gebiet der Geschlechtlichkeit als ein Bereich, in dem das Heilige anwesend ist und aus dem wir Bilder für unser Verhältnis zu Gott entlehnen, fast völlig aus dem christlichen Denken im engeren Sinne ausgeschlossen worden. Christen definieren Gottes Liebe normalerweise als agápe; Vaiṣṇava-Hindus können uns vielleicht etwas über Gottes Gegenwart im Eros lehren. Sie sehen in der Liebe zwischen Radha und Krishna das Hauptmodell für Gottes Liebe zu den Menschen und für deren Liebe zu Gott. Sie sehen in agápe und Eros keine Gegensätze, sondern Teile eines Ganzen.

Der Vaiṣṇava-Hinduismus ist vielleicht auch in der Lage, einen Beitrag zugunsten eines anderen Bereiches zu leisten, der in unseren biblischen Quellen verkümmert ist: das Weibliche im Wesen Gottes. Die neuere Exegese hat gezeigt, daß unsere gängigen Übersetzungen uns hinsichtlich des Geschlechtes dessen, was vom Alleinheiligen ausgesagt wird, schlimm in die Irre geführt haben, und daß in der Bibel weibliche Vorstellungen nicht annähernd so selten sind, wie wir einmal angenommen haben. Die heilige Weisheit Gottes, z. B., die Hagia Sophia, ist weiblich, und man könnte noch etliche andere Beispiele anführen. Indes behauptet sich mit Macht ein unerbittlich männliches Gottesbild, und Jesus war ein Mann, er war kein Zwitterwesen. Doch die Anhänger des Vaiṣṇava glauben, daß Sri Caitanya die Doppelinkarnation sowohl Radhas wie auch Krishnas gewesen ist. Er war männlich und weiblich zugleich. In ihm hat Krishna sich in Radha verwandelt, um sozusagen seine eigene Liebe zu verspüren. Die Grenzen zwischen den Geschlechtern scheinen weniger unverwischbar zu sein.

Das kann faszinierende Folgen zeitigen. So ist mir, als ich nach Vrndavana kam, von meinen Gastgebern gesagt worden, daß sich – symbolisch – in der Stadt keine Männer aufhalten dürften. Alle Einwohner und Gäste müßten Radha werden, um dort, und sei es auch nur für kurze Zeit, Wohnung zu nehmen, damit sie Krishna lieben und verehren könnten. Anfangs habe ich bei diesem Gedanken nur gelächelt. Doch im Laufe der Tage begann ich tatsächlich Geschmack an der Vorstellung zu finden, wie man sich wohl als *gopi*, als Verehrerin fühle. Diese Entdeckung hat zu einer gewissen Lockerung des Griffes geführt, mit dem ich mich an die etablierten Geschlechterrollen klammerte, in die die meisten von uns von der Gesellschaft so gründlich eingewiesen werden. Hier und da begann ich, ein wenig wie eine Frau zu denken und zu empfinden oder wenigstens so, wie eine Frau nach meiner Vorstellung wohl empfinden würde. Das war lustig, aber es war mir dabei auch nicht ganz geheuer. Vielleicht geht der Vaiṣṇava-Hinduismus mit einer wichtigen theologischen Einsicht zusammen, besonders wenn wir feststellen, wie willkürlich und ausbeuterisch die strenge Reglementierung nach Geschlechtern sein kann. Ich hoffe, diese Einsicht wird im künftigen Dialog zwischen Christen und Vaiṣṇava-Hindus eine wichtige Rolle spielen.

Drei Jahre nach meinem Besuch in Vrndavana erhielt ich an einem schönen Herbsttag einen Anruf von einem der Hindu-Theologen, die ich während meines Besuches dort kennengelernt hatte. Er war nach Amerika gekommen, um, wie er sagte, an einer Universität in Kalifornien eine Gastvorlesung zu halten, hatte aber seine Reise kurz unterbrochen, um Cambridge kennenzulernen. Könnten wir uns einmal unterhalten?

Mir war es ein Vergnügen, ihn begrüßen zu können und zu versuchen, die Gastfreundschaft zu erwidern, die die Weisen von Vrndavana mir erwiesen hatten. Ich habe ihn zu einem vegetarischen Festmahl in das beste indische Restaurant der Stadt – das „Gandhi" – geführt. Als wir Chapatis mit Curry knabberten, habe ich ihm eine Frage gestellt, die mich seit meiner Rückkehr immer wieder beschäftigt hatte. Glaubte er wohl, daß der Hinduismus in Amerika und besonders seine eigene Vaiṣṇava-Schule jemals den Punkt erreichen würde, an dem man hier regelrecht ins Gespräch kommen könnte, so daß Amerikaner dazu nicht mehr nach Indien zu reisen brauchten? Oder wäre das zuviel verlangt von einer Bewegung, die noch in den Kinderschuhen steckt, noch im Aufbau begriffen ist und von Spaltungen im Innern und Anfeindung von außen geplagt wird? Ich habe ihm gesagt, ich hoffte, daß ein geistig hochstehender, doch geistlich echter Ableger seiner Religionsgemeinschaft im Westen Fuß fasse, da das für Christen, die immer noch den Hinduismus irrtümlich für etwas Exotisches in weiter Ferne hielten, eine akute Herausforderung zum Dialog würde. Was er davon hielte?

Mein Gast hat meine Begeisterung zunächst etwas gedämpft mit dem höflichen Hinweis, seine Religionsgemeinschaft sei nicht dazu da, den Anstoß zu einer Wiederbelebung des Christentums zu geben. Er hat mir auch gesagt, viele Inder – denen er sich auch zurechnete – gerieten über die Zukunftsaussichten eines amerikanisierten Hinduismus nicht gerade in Begeisterung.

„Warum?" fragte ich in aller Unschuld, denn ich konnte mir nicht vorstellen, daß ein vernünftig denkender Anhänger gleich welcher Religion beim Gedanken an solch eine Entwicklung nicht in hellste Begeisterung geraten könnte.

„Weil es", sagte er, „wenn es wirklich Hinduismus ist, nichts Amerikanisches sein wird, und wenn es wirklich amerikanisch ist, kein Hinduismus sein wird." Er wandte sich wieder seinem Curry zu. Offenbar war er der Ansicht, mehr brauche man dazu wohl nicht zu sagen.

Aber ich ließ nicht locker. Seit vielen Jahren hat mich die Frage gereizt, wie eine Religion, die in einer Kultur ihren Ursprung hat, in eine andere hinüberwechseln kann, ohne ihre Kernidentität zu verlieren. Historisch betrachtet, haben sowohl der Buddhismus, der aus Indien stammt, wie auch das Christentum, das in Palästina seinen Anfang genommen hat, solche Übergänge erfolgreich bewältigt. So sehr sogar, daß diese Religionen sich außerhalb ihrer Ursprungsländer am kräftigsten entwickeln. Müßte es nicht seine Begeisterung wecken, fragte ich meinen Gast, zu sehen, daß jetzt seine eigene Religion diesen Schritt tat, und diesmal in eine moderne westliche Gesellschaft?

Meine Begeisterung hat er nicht geteilt. Er machte mich darauf aufmerksam, zum indischen Denken gehöre auf dem Gebiet des geistlichen Wissens immer schon von Natur aus ein starkes Mißtrauen gegenüber jeder Umdeutung gleich welcher Art. Dieser Argwohn gilt sowohl dem Versuch, den überkommenen Hindu-Glauben im heutigen Indien mit seiner städtischen Zivilisation zu „reformieren", wie auch dem, ihn dem Westen zu „deuten". Er hat seinen Grund in dem Glauben des Hindus, alles geistliche Wissen sei ewig und nicht einmal teilweise eine Frucht der Geschichte oder der Kultur. Das heißt, daß man es weder den sich ändernden Zeiten in Indien noch anderen Kulturen sonstwo in der Welt angleichen sollte. „Veränderung ist immer auch Verfall", sagte er, als er mit dem Löffel Safran-Reis in sein Chapati füllte.

Da war ich denn ratlos. Ich war mir nicht mehr sicher, ob mein Lunch-Gast nur seine konservativeren Kollegen zitierte oder seine eigene Ansicht vorbrachte. Ich habe ihm gesagt, ich glaubte, die ernsten Risiken zu verstehen, die wir auf uns nehmen, wenn wir unsere Überlieferungen interpretieren, und daß dies für Christen und für Hindus gleichermaßen gelte. Aber wir sollten auch nicht vergessen, daß eine ungeheure Gefahr darin liegt, sie nicht zu interpretieren. Natürlich, so räumte ich ein, könne man sich bei Deutungen in Irrtümer verstricken, sei es innerhalb der eigenen Kultur, sei es in einer fremden, aber die Gefahr des Nicht-Deutens könne man an den versteinerten Überresten von Religionen demonstrieren, die sich Deutungsversuchen verschlossen hätten. Ich spürte, wie sich mir die Zunge löste. Ich habe ihm von der bangen Ahnung berichtet, die mich während meines Aufenthalts in Vrndavana befallen hatte, ich könnte vielleicht das Todesröcheln einer historischen Religion vor mir haben, einer Religion, die in den Fluten des modernen, städtisch geprägten Indien unterging. Werden die Vaiṣṇava-Hinduweisen den Versuch unternehmen, zu dieser neuen Kultur zu sprechen? Könnte die Erfahrung ihrer neuen Mit-Hindus in Amerika, die auf der Lower East Side von Manhattan einen Anfang gesetzt haben, ihnen irgendwie zeigen, wie man das macht? Ironischerweise ist es schon zu einer gewissen Rückwirkung gekommen. Es gibt in Bombay und Calcutta schon indische Städter, die sich, nachdem sie religionslos gewesen waren, auf Grund ihrer Kontakte mit amerikanischen Vaiṣṇava-Anhängern dem Vaiṣṇava-Hinduismus angeschlossen haben. Welche Bedeutung hat die amerikanische Variante des Hinduismus, in der man einige Reformen und Ausdeutungen vorgenommen hat – wie die Gewährung gewisser Zugeständnisse an Frauen – für die Zukunft des Hinduismus bei der Modernisierung Indiens?

Ich wurde lebhafter und ließ mich hinreißen, mit erhobenem Finger darauf zu bestehen, daß eine Religion, die sich nicht neu deutet – anderen Kulturen und den aufeinanderfolgenden Zeitaltern gegenüber – im Endeffekt zu einer toten Religion wird.

Mein Gast schien den Inhalt seiner Teetasse einer Prüfung zu unterziehen. Mein Redefluß schien mich nicht vom Fleck zu bringen. Plötzlich sah ich – fast wie einem Zen-Adepten blitzartig die Erleuchtung kommt –, was ich da tat, und warum unser Tischgespräch sich festgefahren hatte. Während unserer ganzen Unterhaltung war ich von einer stillschweigenden Voraussetzung ausgegangen, die, mag sie Christen auch ganz selbstverständlich vorkommen, für Hindus unverständlich ist, daß nämlich Veränderung nicht nur etwas Wirkliches, sondern auch etwas Gutes ist. Außerdem beruhte auf dieser Voraussetzung mein Glaube, daß man Gottes Botschaft jeder neuen Generation und den sich ändernden Zeiten und Epochen deuten und immer wieder neu deuten kann und muß. Für den Hindu oder wenigstens für viele Hindus besagt Veränderung normalerweise den Abstieg aus einem vollkommeneren Zustand und ist in jedem Fall weithin illusorisch. Gott ändert sich nie. Wir ändern uns. War ich etwa unvermerkt dabei, aus diesem arglosen Hindu einen Christen machen zu wollen?

Vielleicht; aber es kam mir auch der Gedanke, daß es ebenso, wie Christen manches von Hindus lernen müssen, etwas geben könnte, was sie von uns lernen könnten. Es ist nämlich tatsächlich so, daß viele Hindu Denker unserer Zeit, mögen sie es auch nur ungern zugeben, jetzt einräumen, daß Veränderung, wenn auch unerwünscht, so doch in einem gewissen Ausmaß wenigstens wirklich ist. Davon ist nicht einmal Vrndavana ausgenommen, wo es jetzt Autos, Telefon und Fernsehen gibt. Und Indien ist nicht mehr, wenn es das überhaupt je war, vom Rest der Welt abgeschnitten. Könnten die Christen den Hindus helfen, interpretieren zu lernen?

Natürlich stecken in jeder interpretativen Theologie Gefahren. Aber die Christen glauben, daß Gottes Botschaft, wenn Gott Gott ist, nicht verlorengeht oder – wenigstens nicht für immer – von Menschen verfälscht werden kann. Wenn Gott sein Wort an alle Menschen aller Zeiten und Kulturen richten will, dann wird Gott dieses Wort auch unversehrt bewahren. Das heißt, daß wir uns in das mächtige Dickicht von Interpretation und Dialog – die sich ja immer gegenseitig bedingen – hineinbegeben können und sogar müssen, vielleicht mit Furcht und Zittern, aber wenn wir keine

Angst haben, werden wir alles verlieren. Für die Christen beruht diese Bereitschaft zum Wagnis auf der festen Überzeugung, daß Gottes „Wort" endgültig die Gestalt eines Menschen annimmt, der sowohl in allen Zeitaltern und Kulturen zu Hause als auch ein Fremdling für sie ist. In Indien hat Jesus wenigstens seit dem dritten Jahrhundert n. Chr. seine Gefolgschaft gehabt, so daß Jesus in Indien schon lange, bevor Krishna nach Washington Square Park kam, zu Hause war. Die indischen Christen haben den Glauben interpretiert und sogar indisch gemacht, aber niemand beschuldigt sie, ihn zu verdünnen.

Nach einer Weile habe ich zu reden aufgehört, und wir haben still gegessen und getrunken. Es wurde mir etwas peinlich, daß ich die Grenzen des Dialogs verletzt haben könnte. Aber mein Gast hat die Lage gerettet. Er fragte, was ich dächte. Könnten Hindus jemals, selbst wenn sie es wollten, in diesem Land, das keine ferne Vergangenheit besitzt, wirklich bodenständig werden? Könnten sie das mit ausreichender religiöser Tiefe und Substanz, so daß sie für die amerikanischen Christen zu echten Gesprächspartnern würden?

Er hatte unsere Unterhaltung mit Geschick vor dem Scheitern bewahrt, so daß ich meine Worte sehr sorgfältig abwägte. Vieles am augenblicklich starken amerikanischen Interesse an östlicher Spiritualität ist Modeströmung, vieles ist künstlich und oberflächlich, sagte ich. In fernöstlichen Ländern hört man böse Geschichten über sogenannte „Reis-Christen", Menschen, die zur Missionsstation gekommen sind, weil es dort kostenlos Reis gab, und die, wenn der Reis ausging, prompt wieder zum Buddhismus oder Hinduismus zurückgekehrt sind. Im Westen haben wir ein Gegenstück dazu. Doch was bei den asiatischen Amerikamissionen verteilt wird, ist kein Reis – es ist kostenlose – oder manchmal auch nicht so kostenlose – Therapie. Und dann passiert dasselbe: solange es psychologische Leckerbissen in Hülle und Fülle gibt, kommen auch die Jünger. Solange ihr Anschluß an einen bestimmten Guru oder eine bestimmte Gruppe ihnen eine „interessante Erfahrung" vermittelt oder ihr Bedürfnis nach Anders-Sein stillt oder ihnen eine Zapfstelle für geistliche Wonnen bietet, bleiben sie. Aber wenn die Befriedigung dieser Bedürfnisse nicht mehr im vollen Umfang gewährleistet zu sein scheint, oder die entsetzliche Mühsal des neuen Weges sich herausstellt, treiben sie dahin. Jede amerikanische Großstadt hat ihre Quote ruheloser und ständig unzufriedener Spiritualitätsverbraucher, die von einem zum anderen Lotussitz-Meister gesaust sind und ihm zu Füßen gesessen, ewige Treue geschworen haben und dann abgezogen sind, wenn der Psycho-Reis zur Neige ging.

Mein Gast meinte, aus meinen Worten sollte vielleicht ein wenig mehr Mitgefühl für die Menschen klingen, die durch diese Hintertür zu einer Religionsgemeinschaft kommen. Wenn man verhungert, braucht man Reis, und man geht dorthin, wo es ihn gibt. Umgekehrt sind die Menschen, die sich hier in Amerika aus Beweggründen, die tatsächlich psychologischer Art sein können, nach Formen asiatischer Spiritualität umschauen, nicht von Natur aus schlecht und unersättlich. Man bringt ihnen seitens einer gewinn- und marktorientierten Zivilisation bei, daß Verbrauchsgüter menschliche Erfüllung bieten. Sie sind von einer Krankheit angesteckt, die der tibetische Meister Chogyam Trungpa, ein Buddhist, als „geistlichen Materialismus" bezeichnet.

Damit war ich einverstanden, und ich habe ihm gesagt, daß sich infolgedessen viele asiatischen Religionen zuwenden wie unschlüssige Kunden, die ihren Einkaufswagen von einer Regalstraße zur anderen schieben, ohne ihre geistliche Unersättlichkeit stillen zu können.

Er nickte. Er sagte, genau das lasse ihn bezweifeln, ob eine asiatische Religion auf die Dauer in Amerika durchhalten könne.

Aber dabei wollte ich es nicht belassen. Wir müssen aber auch konstatieren, sagte ich, daß es eine, wie man es nennen könnte, „geistliche Aufgeschlossenheit" des Westens für die Botschaft des Vaiṣṇava-Hinduismus gibt. Vielleicht, weil die Amerikaner jetzt die Exzesse des Konsum-Kapitalismus leid werden. Uns wird bewußt, daß unsere Persönlichkeitswerte, unser sittliches Empfinden und unsere Sinnvorstellungen samt und sonders durch das

Ethos der Konsumgesellschaft verkümmern, und daß unsere eigentlichsten Kräfte – die Furcht, die Liebe und die Hoffnung – für Waren verschwendet werden, die angeblich den inneren Hunger stillen. Die Werbeindustrie gaukelt uns einen unmittelbaren Zusammenhang zwischen unseren Grundbedürfnissen und den Dingen vor, die diese Bedürfnisse stillen sollen. Natürlich tun sie das nicht. So werden die Menschen von einem sinnentleerten Wertsystem aufgesogen. Das Endergebnis davon ist ein Rest von ungestilltem Verlangen und unbehobenen Ängsten, der zu Zorn gerinnt. Ich habe ihm gesagt, daß meiner Meinung nach die Gewalttätigkeit in unserer Gesellschaft wenigstens zum Teil eine Folge dieses frustrierten geistlichen Hungers ist. Die Menschen bringen es nicht zu dem Erfolg, zu dem sie es, wie man sie glauben macht, eigentlich bringen müßten, und lassen dann ihre Frustration an anderen aus.

Wieder nickte er, fragte aber, was diese Enttäuschung mit der „geistlichen Aufgeschlossenheit" zu tun habe, von der ich gesprochen hatte.

Diese Frustration, sagte ich, hat auch ihre positive Seite. Die Konsumgesellschaft ruft auch so etwas wie Widerstand hervor, besonders bei jungen Leuten, die gerade ihr Elternhaus verlassen und daher nicht mehr völlig durch die Erwartungen ihrer Familie festgelegt sind, die sich aber noch nicht an eine Laufbahn und an Hypotheken gefesselt haben. An diesem Wendepunkt in ihrem Leben neigen viele „Sucher" dazu, in alternativen Systemen ihren Lebenssinn zu sehen. „Jugendkult"-Gegner behaupten, diese jungen Leute seien Opfer: einsame, wehrlose Kinder, die man auf der Straße auflìest und einer Gehirnwäsche unterzieht. Doch in Wirklichkeit sind sie potentielle Erwachsene, die man noch nicht in die Wertordnung einer Erwerbsgesellschaft hinein sozialisiert hat und die daher für andere Lebensentwürfe noch offen sind. Aus diesem Grund findet sich in Amerika eine gewisse geistliche Aufgeschlossenheit für andere religiöse Strömungen, einschließlich hinduistischer.

Jetzt erstaunte mich mein Gast. Wenn das der Fall ist, fragte er, warum sollte diese geistliche Aufgeschlossenheit nicht auch eine Aufgeschlossenheit für Christus sein? Schließlich, so fuhr er fort, hat Jesus sich auch nicht dem Karrieremuster und den vorherrschenden Werten seiner Zeit angepaßt. Wenn die Christenheit ihm folgte, würde das nicht auch eine Alternative zu den entarteten Werten schaffen, die das Ethos der Konsumgesellschaft mit sich bringt?

Das wurde ja ein seltsames Gespräch. Verfocht er meine Sache? Leider, so versicherte ich ihm, ist die überwiegende Mehrheit derer, die sich hier in Amerika Christen nennen, ebenfalls dem Konsumgeist verfallen. Indes, so sagte ich ihm, pflichtete ich ihm bei, daß die Bereitschaft zur Wendung nach Osten, die wir bei vielen Amerikanern wahrnehmen, auch eine echte Chance für ein Christentum darstellt, das den Lebensstil Jesu ernst nimmt.

Wieder setzte mein Gast mich in Erstaunen, obgleich ich bei allem, was ich selbst damals schon über seine Religion wußte, nicht hätte erstaunt sein sollen. Er sagte, er hoffe, wir Christen würden diese neue Chance nutzen. Die Förderung des Hinduismus, sagte er, oder irgendeiner anderen Religion sei ihm kein spezielles Anliegen. Er möchte nur, daß diese jungen Menschen Gott fänden. Wenn sie ihn durch Christus fänden, um so besser.

Ich habe noch lange, nachdem er abgereist war, über mein seltsames Zwiegespräch mit dem Gast aus Vrndavana nachgedacht. Er hatte mir, gegen seinen Willen und auf für mich ungeahnte Weise demonstriert, daß ein in Amerika fest verwurzelter Hinduismus für unser bisweilen lethargisches amerikanisches Christentum heilsam sein wird. Die Ironie der Situation hatte darin gelegen, daß er dabei nicht etwa eine Lanze für den Hinduismus gebrochen, sondern mir im voraus das Feld überlassen hatte.

Ich glaube, wir stehen erst ganz am Anfang eines echten hinduchristlichen Dialogs. Die Begegnung in die USA zu verlegen, kann nur hilfreich sein. Wenn eine religiöse Bewegung in einen neuen Kulturkreis kommt, ist die Intensität ihres Frömmigkeitslebens augenfälliger und attraktiver – zum Teil, weil Menschen, die eine lange Reise in einen anderen Erdteil unternehmen, wie Swami

Prabhupada und Matteo Ricci, einen überdurchschnittlichen Grad von Engagement mitbringen müssen. Auch wird der „einheimische" Nachwuchs der Bewegung, wie Novizen es immer tun, eine Begeisterung an den Tag legen, die sogar noch augenfälliger wird, weil sie gegen ein selbstzufriedenes kulturelles Milieu ausgespielt wird. Wenn eine Religion schon zehn, zwanzig oder dreißig Generationen ansässig gewesen ist, macht sie nicht nur bedeutende Zugeständnisse an die guten Aspekte einer Kultur, sondern auch an die schlimmen. Mag sie sogar von Zeit zu Zeit innere Revitalisierungsprozesse auslösen, die dauernde kulturelle Anpassung schwächt die Kraft ihrer Kritik. Das ist einer der Gründe, warum einige fernöstliche Religionen – wenigstens einstweilen – im Westen Erfolge verzeichnen.

Aber das wirkt sich auch in umgekehrter Richtung aus. Jesus übt immer noch auf viele Menschen in asiatischen Ländern große Anziehungskraft aus. Millionen indischer Hindus sind Christen geworden, zum Teil auch, weil sie – zumal wenn sie aus den unteren Kasten kamen – eine Alternative gesucht haben. Die Jesuiten, die im sechzehnten Jahrhundert nach China gereist sind, haben bei den Chinesen als erlauchte Personifikationen der Weisheit und der Frömmigkeit in hohem Ansehen gestanden. Sie wurden sofort kaiserliche Räte. Vielleicht wären viel mehr Chinesen zum Christentum gekommen, wenn der Papst nicht befürchtet hätte, die Jesuiten übernähmen durch das Tragen von Mandarin-Gewändern und die Einbeziehung der chinesischen Philosophie in die christliche Theologie zuviel von der chinesischen Kultur.

Überall kann die einheimische Religion auf verschiedene Weise reagieren, wenn solch eine Herausforderung von außen kommt. Sie kann eine Abwehrhaltung einnehmen und die Neuen mit Gegenpropaganda bekämpfen. Sie kann sie verfolgen und hinauswerfen. Oder sie kann den Neuankömmling als eine Quelle der Anregung, der Erneuerung und sogar der Gnade ansehen. In Indien hat die Brahma-Samaj-Bewegung im neunzehnten Jahrhundert den letzteren Weg eingeschlagen und ist dadurch Antwort an das westliche Christentum und zugleich dringend notwendige Reformbewegung innerhalb des Hinduismus geworden. Gandhi ist ein besonders eindringliches Beispiel für eine indische Antwort auf das Christentum. Es ist praktisch unmöglich, die ungeheure Kraft seiner Spiritualität zu verstehen, ohne ihn als einen Menschen zu sehen, der sich als treuer Hindu auch zu Jesus und zur Bergpredigt hingezogen fühlte. Umgekehrt hat Martin Luther King jr. als Christ sehr stark unter dem Einfluß des Hindus Gandhi gestanden. Ohne mich einem gedankenlosen Synkretismus zu überlassen, kann der Kontakt mit einer anderen Religion mir helfen, neue Seiten an meiner eigenen zu entdecken.

Es ist nun schon einige Jahre her, daß ich mit Krishna auf dem Wagen die Fifth Avenue hinuntergefahren bin. Seither ist die Hare-Krishna-Bewegung in Schwierigkeiten geraten, und das nicht nur durch den Verlust ihres Gründers und die erbitterten Richtungskämpfe, die sich daraus ergaben, sondern auch infolge der dauernden Belästigungen durch die Polizei, denen ihre Mitglieder ausgesetzt waren. Ich stelle diesen Niedergang mit Bedauern fest, denn er verzögert das weltweite, wechselseitige Zusammenwirken der Religionen, das das Wagenfest einmal so eindringlich vor aller Augen demonstriert hat. Mag ich vielleicht auch in vielen Punkten beim Hinduismus meine Zweifel haben, so vermute ich doch, daß Gott eine Absicht verfolgt, wenn er die neuen Gelegenheiten zum Dialog schafft, den unser zusammengeschrumpfter Erdball ermöglicht und verlangt. Ich freue mich auf das Gespräch. Ich habe – auch von Shrivatsa Goswami und seinen Kollegen in Vrndavana – gelernt, fest darauf zu vertrauen, daß Gottes Wahrheit die Wahrheit, die irgendeine Einzelreligion verkünden kann, bei weitem übertrifft, und daß es Gottes Wahrheit ist, die sich letztlich durchsetzen wird.

4

Buddhisten und Christen

In meinem Traum begann die Glocke zu läuten, ein liebliches, verhaltenes Glockenspiel, weit weg und melodiös. Aber als der Traum wich, wußte ich, daß die Glocke genau vor meinem Fenster läutete, daß Bruder Richard in seiner Plaid-Jacke und Jeans-Hosen am Seil zog, und daß die Mönche sich in zehn Minuten, um 4.30 Uhr, zum Frühchor versammeln würden:

Singet dem Herrn ein neues Lied,
singt dem Herrn, alle Länder der Erde!
Singt dem Herrn und preist seinen Namen,
verkündet sein Heil von Tag zu Tag!

Ich überlegte nicht erst, ob ich aufstehen wollte oder nicht, rollte aus dem Bett, sprengte mir kaltes Wasser aus der Waschschüssel ins Gesicht und zog mich an. Meine Gastzelle in Weston Priory war, genau nach den Anweisungen der Regel des heiligen Benedikt, karg, aber zweckmäßig ausgestattet mit Feldbett, Stuhl, Tisch, Lampe, Spind, Ausguß und Kruzifix – wenig Grund zur Ablenkung. Es war Februar in Vermont und kalt. Ich zog dicke Socken und einen Wollpullover an und lenkte meine Schritte hinunter in den einfachen Gemeinschaftsraum, wo man die früheste Tagzeit singen würde.

Als ich eintrat, waren die sechzehn Mönche des Klein-Klosters schon zum größten Teil versammelt und saßen still im Halbrund auf Kissen in der Nähe des riesigen Aussichtsfensters. Der Kamm der im Dunkel liegenden Höhen auf der anderen Talseite begann sich eben im Morgengrauen des neuen Tages abzuzeichnen. Da schlug ein Mönch einen Gitarren-Akkord an. Alle zusammen haben dann zu einer modernen Weise in wohlklingenden Harmonien gesungen:

Still ist die Nacht, Herr,
da wir dein harren.
Es lachen alle Sterne
über unser Staunen.

Für einen Augenblick fühlte ich mich völlig zu Hause – bei mir selbst, bei den Mönchen und im All. Seit anderthalb Jahrtausenden begrüßen die Benediktiner den Morgen mit Lobgesängen. Hier ist ein uralter Ritus anscheinend ohne Stilbruch um eine Gitarre mit Stahlsaiten, Zen-Kissen und eine Melodie, die nach Judy Collins klingt, erweitert worden. Nach dem Chorgebet mit seinen Psalmen haben wir uns für eine Zeit privaten Betens wieder auf unsere Zellen begeben, dann unter Schweigen gemeinsam gefrühstückt und anschließend mit dem Tagewerk begonnen. Bei 28 Grad Kälte knirschte der Schnee unter den Füßen.

Ich war Gast in einem Benediktinerkloster, weil, wie es bei vielen Menschen der Fall ist, meine Begegnung mit der Spiritualität des Ostens mein Interesse für einen Teil meiner eigenen Glaubenswelt geweckt hatte, den ich bisher übersehen hatte. Es war seltsam, bei Buddhisten im Kloster gewesen zu sein, bevor ich auch nur ein christliches Kloster besucht hatte. Aber nachdem ich es drei Jahre lang wiederholt mit dem Klosterleben im tibetischen Buddhismus versucht hatte, wurde mir klar, daß das wohl nichts für mich war. Ich habe daher meinen buddhistischen Meister um Rat gebeten, und er hat mir vorgeschlagen, es mit einem christlichen Kloster zu versuchen. Gesagt, getan. Aber es war kein Zufall, daß ich mir gerade solch ein christliches Kloster ausgesucht hatte. Die tibetischen Mönche sind gewissermaßen buddhistische Benediktiner. Obgleich sie es mit ihrem Mönchsleben ernst nehmen, sind die Tibeter nicht so von der Welt abgerückt wie viele Theravada-Buddhisten und gewisse Trappisten und Kartäuser. Ihre Klöster haben in Tibet dieselbe zivilisatorische Funktion ausgeübt, die die Benediktiner in Europa unter den Barbaren ausgeübt haben. Obgleich sowohl die tibetischen (Vajrayana-) Buddhisten als auch die Benediktiner einräumen, daß nicht jeder Mann Mönch sein kann oder sein sollte, ist ihre Klosterregel das Modell für ein Gemeinschaftsleben in der Welt und keine Anleitung zur Weltflucht. So war ich denn hier, ein Baptist, der auf den Rat eines tibetischen Lamas hin in einem Benediktinerkloster auf einem Zen-Kissen saß.

Zu den Gründen, die heutzutage die Menschen zur Wendung nach Osten bewegen, zählt auch ihre Suche nach Freundschaft, nach meditativer Erfahrung und nach einem Lehrer und einer Lehre, die durch Echtheit überzeugen. Buddhistisch ausgedrückt, suchen sie nach einer *Saṃgha* – einer Gruppe wirklich Gleichgesinnter –, einem Guru – einem Lehrer – und einem Dharma – einer verbindlichen Lehre. Die Frage, die sich meinen Überlegungen bei der Rückkehr aus Naropa unausweichlich gestellt hat, war die, ob man das eine oder andere davon oder gar alles auch im Christentum finden könne. Während meines damaligen Aufenthaltes bei den Mönchen in Vermont habe ich viel über *Saṃgha,* Guru und Dharma nachgedacht – und überlegt, was ihnen wohl in meiner eigenen Glaubenswelt entspräche.

Auf den ersten Blick scheinen die Parallelen nur zu klar zu sein. Die *Saṃgha*-Suche erinnert an die biblische Vorstellung vom Bundesvolk, von der Gemeinde oder der Ecclesia. Dharma legt einen Vergleich mit dem Evangelium nahe. Und die Stellung Jesu scheint zunächst der eines Guru zu ähneln. Allerdings bleibt offen, ob die Ähnlichkeit auch unter der Oberfläche tatsächlich vorhanden ist.

Saṃgha und Freundschaft

Der Glaube der Bibel weiß um das allgemein menschliche Bedürfnis nach Freundschaft. Im Bericht der Genesis erschafft Gott Männer und Frauen, damit sie in Freundschaft und Gegenseitigkeit ihr Leben führen und nicht isoliert für sich allein. Doch Furcht und Anspruchsdenken führen zu Verrat, Brudermord und Verbannung. Die Adam-und-Eva- und Kain-und-Abel-Paare in einem jeden von uns zerstören die Gegenseitigkeit durch Eifersucht und Machtgier: die Folge davon sind Einsamkeit und Argwohn. Aber damit ist die Geschichte noch nicht zu Ende. Im Epos der Bibel ist „Gott" die namenlose Macht, die einzelne Menschen ihrer Einsamkeit und Knechtung entreißt und zu einer neuen Form menschlicher Solidarität vereint. Gott wird in erster Linie als derjenige gezeigt, der aus verstreuten Stämmen ein Volk erschafft, einen Bund – berith – mit ihnen schließt und verheißt, daß der Bund einmal alle Völker der Erde umfassen wird.

Der bedeutsamste Wesenszug der neuen Gemeinschaft, die Gott unter den getrennten Stämmen stiftet, liegt darin, daß sie nicht nur Menschen aneinander bindet, sondern sie gleichzeitig auch an Gott bindet. Wie wichtig dieser Bundesgedanke ist, sollte man nicht schon deshalb aus dem Blick verlieren, weil er in mythologische Sprache gekleidet ist. „Bund" besagt seinem inneren Sinn nach, daß die Kraft, auf der letztlich die ganze Schöpfung beruht, selbst Ursprung und Teilhaberin menschlicher Freundschaft ist. Freundschaft brauchen die Menschen nicht selbst der Wildnis abzugewinnen. Zur Freundschaft gehören auch die Gestirne, die Weltmeere und der Ursprung, dem sie alle entstammen. Berith ist kein bloßer Gesellschaftsvertrag. Gott schließt Freundschaft mit der Welt und mit der Menschheit. Der Bund ist, was Gott betrifft, kein beiläufiger Aspekt. Er drückt Gottes Wesen aus. Gott ist das, was im menschlichen Leben die Freundschaft ermöglicht.

Der Begriff berith macht die Freundschaft in der biblischen Religion zu einem Gedanken, der sogar den der Saṃgha an Bedeutung übertrifft. Da das innerste Geheimnis der Schöpfung sowohl der Urheber des Bundes wie auch Bundespartner ist, wird die göttliche Gegenwart in jedem Menschen zur Grundlage für die Freundschaft. Sie ist eine Gemeinschaft, die nicht einfach auf Konsens oder gleichem Streben beruht. Auch ist sie nicht hierarchisch. Da alle menschliche Würde und Stellung vor Gott zur Bedeutungslosigkeit zusammenschrumpft, sind alle Bundespartner ihrem Wesen nach gleich. Führung und Befehlsgewalt haben nur die Aufgabe, der Gemeinschaft zu dienen. Außerdem wirkt sich der berith-Charakter auf die Grundlage der menschlichen Beteiligung an der Gemeinschaft aus. Menschen können sie frei akzeptieren und in ihr leben, da sie nicht ihr eigenes Werk ist. Sie ist keine schwerfällige Einrichtung, die man ständig flicken oder wieder aufpumpen muß. In einer Gemeinschaft mit solchen Grundlagen können die Menschen einander gewähren lassen. Da jeder in der Gemeinschaft denselben Status hat, sind alle in einer Weise frei, die in keinem Interessenverband möglich ist.

Theologisch klingt das alles gut, aber es beantwortet nicht die Frage, warum Menschen aus der westlichen Welt nach Freundschaft in orientalischer Gestalt suchen. Was ist mit der Bundesgemeinschaft im Westen passiert? Wie jede Erscheinungsform der Freundschaft ist auch die Bundeswirklichkeit von den Säuren der modernen Industriegesellschaft angefressen worden. Diese Korrosion wird sicher auch einmal von den neu-orientalischen Saṃghas ihren Zoll fordern. Aber der Bund hat in seinen Auswirkungen schon Schwächen gezeigt, bevor ihm die Lebensnormen der Industriegesellschaft zusetzten. In der Praxis hat die Bundesgemeinschaft trotz ihrer kosmischen Ausrichtung ihre ethnischen Fesseln nie ganz abwerfen können. Obgleich in der jüdischen Theologie hier und da der Gedanke einer alle Menschen umfassenden Gemeinschaft zum Ausdruck kommt, erscheint er normalerweise als Zukunftsvision oder Utopie. In Wirklichkeit war der Bund meist den Israeliten vorbehalten.

Mit der Ankunft des Christentums war das Problem nicht gelöst. Zunächst hat das Christentum den Bund wenigstens theoretisch ins Universale ausgeweitet. In der großen Auseinandersetzung auf dem Konzil von Jerusalem hat man entschieden, daß auch die unbeschnittenen Heiden Vollmitglieder der Ecclesia, der neuen Gemeinschaft, sein könnten, die Christus gegründet hatte, und die sich an jedermann wenden sollte ohne Rücksicht auf die

Abstammung. Ursprünglich war das Christentum eine Bewegung mit Hunderten von ganz kleinen Jüngergemeinden, die sich rings um das Mittelmeer gebildet hatten und zunächst nur durch Wanderkatecheten und den Austausch von Briefen und Liebesgaben miteinander in Verbindung standen. Aber es ist bald hierarchisch und exklusiv geworden. Als dann schließlich Kaiser Konstantin den neuen Glauben zur Staatsideologie machte und ganze Westgotenstämme geschlossen getauft wurden, war Christsein gleichbedeutend mit dem Anschluß an eine Organisation und der Übernahme eines verordneten Glaubensbekenntnisses. Die Jüngergemeinden sind praktisch bald von der Bildfläche verschwunden.

Die ersten Benediktiner waren so etwas wie eine Antwort auf dieses Verschwinden. Es heißt oft, im Westen habe sich das Mönchtum gebildet, weil Tausende sich von der Hörigkeit der Kirche dem Kaiserreich gegenüber und von der weitverbreiteten Korruption, die mit ihrer Etablierung durch das Gesetz einherging, abgestoßen fühlten. Man könnte dem allerdings entgegenhalten, daß die Menschen sich von der Reichsreligion abgesetzt und in klösterlichen Siedlungen niedergelassen haben, um wieder einigermaßen Gemeinde herzustellen. Sie sind nicht in die Wüste geflohen, um der Gefährdung ihres Glaubens zu entgehen, sondern um sich vor der Zerstörung der Jüngergemeinden und ihrer Ablösung durch ein hierarchisch organisiertes Reich in Sicherheit zu bringen. Das Christentum scheint mit dem Traum von einem zu einem weltweiten Bund zusammengeschlossenen Netz von Ortsgemeinden aufgetreten zu sein, nur um ihn fast auf der Stelle in Vergessenheit geraten zu lassen.

Aber der Gedanke an eine Bundesgemeinde ist nie ganz verlorengegangen. Parallel zur Geschichte der Amtskirche verläuft seit der konstantinischen Zeit noch eine Geschichte unermüdlichen Suchens nach einer lebensfähigen Gemeinschaftsform, in der die Freundschaft blühen könnte. Immer wieder sind Zusammenschlüsse von Einsiedlern, Gruppen von Wandermönchen, häretische Bewegungen und Orden aufgetreten. In fast allen von ihnen hat der Gedanke der geistlichen Freundschaft und der Gemeinsamkeit eine Hauptrolle gespielt. Er war das Herzstück der Botschaft des heiligen Benedikt, der zu Beginn des sechsten Jahrhunderts gelebt hat. In den fünfhundert Jahren von 1200 bis 1700 n. Chr., in denen sich die Ereignisse zugetragen haben, die wir als Reformation bezeichnen, hat man Tausende von meist nur kurzlebigen Versuchen unternommen, die Ecclesia wieder mehr von der Gemeinde als von der Hierarchie her neuzuordnen. Es wäre verlockend, die stürmische Geschichte des Christentums einmal nicht so sehr auf die Lehrstreitigkeiten hin durchzusehen als auf die ständigen Versuche, wirklich Gemeinde zu schaffen. Aus den Etiketten, deren sich die verschiedenen Parteien im Reformationszeitalter bedient haben, kann man ersehen, worum es ging: „Papist", „Congregationalist" und „Presbyterianer" beziehen sich auf unterschiedliche Vorstellungen davon, wie man eine Gemeinschaft am besten organisiert, betreut und leitet. Auch die Christen haben große Mühe auf die Suche nach der Saṃgha verwandt.

Nach 1600 hat die Wildnis in Amerika Tausende von Siedlern aufgenommen, die in der Absicht über das Meer gekommen waren, geistliche Gemeinschaften zu gründen, in denen das brüderliche und schwesterliche Zusammenleben blühen sollte. Oft sind sie gescheitert, aber während des ganzen neunzehnten Jahrhunderts waren die Vereinigten Staaten übersät von religiösen Gemeinwesen und geistlichen Utopien, so in Ephrata, Oneida, New Harmony und den „Shaker"-Siedlungen, um nur einige der bekannteren Beispiele zu nennen. Ich glaube, man darf in der jetzigen Suche nach der Saṃgha, die die Amerikaner zu Tausenden bei den neu-orientalischen Gruppen hat anklopfen lassen, immer noch den Ausdruck einer Suche sehen, die vor Jahrtausenden begonnen und in Amerika eine besonders bewegte Geschichte gehabt hat.

Dharma und Evangelium

Was den Dharma oder die Heilslehre angeht, scheint eins klar zu sein: Viele von denen, die „sich nach Osten wenden", suchen eine Methode, die sie befähigen soll, dem Leben sowohl in religiöser wie auch in weltlicher Hinsicht mit einer Unmittelbarkeit zu begegnen, die weder von der Abstraktion ausgehöhlt, noch von der Analyse getrübt ist. Ihre Suche ist ein Zeichen für den Aufstand des Herzens gegen den Intellekt, wie ihn ja auch diejenigen kennen, die sich mit der Erweckungsbewegung im Christentum befassen. Es ist jedoch wichtig, noch einmal festzustellen, daß es für viele, die sich so auf die Suche nach Unmittelbarkeit begeben, nicht nur um die Gotteserfahrung geht. Die Suche gilt einer ungekünstelten und ehrlichen Begegnung mit allem, worauf man trifft: mit der Natur, mit anderen Menschen und mit sich selbst. Während einige östliche Strömungen behaupten, die Techniken, die sie lehren, könnten eine direkte Beziehung zum Heiligen herstellen, verneinen andere ausdrücklich, so etwas zu können. Was solche Methoden vielen bieten können, ist eine Möglichkeit, mit Menschen und Dingen in Kontakt zu kommen, ohne sie durch eine trübe zerebrale Filterschicht sehen zu müssen.

Woher rührt der Filter? Hier gehen die christliche und die orientalische Antwort auseinander. Vor einiger Zeit habe ich Ram Dass, den zum Guru gewordenen Psychologen, vor einer großen Zuhörerschaft begeisterter Anhänger eine typisch orientalische Antwort formulieren hören. Wie vielc andere neu-orientalische Meister hat Ram Dass den entstellenden Filter im Phänomen der Sprache angesiedelt. Er berichtete von der Schwierigkeit, die er beim Pizza-Essen hatte, einem Tun, das ganz bestimmt die Brücke zu seinem jugendlichen Publikum schlagen würde. Ram Dass führte aus, daß er früher, wenn er gerade in eine große Zwiebel-, Pilz- oder Käsepizza beißen wollte, oft eine innere Stimme sagen hörte: „Pizza essen." Die Stimme hat kein Urteil abgegeben oder sich lustig gemacht, sie hat nur festgestellt. Doch das Erleben des

Pizza-Essens in Worte zu fassen, während es im Gange war, hat vom puren Genuß der herzhaft würzigen Zutaten abgelenkt.

Bis hierhin kann ich mich der Diagnose ganz und gar anschließen. Wir alle scheinen diesen geschwätzigen, kleinen, inneren Kommentator, Leitartikler und Beobachter ständig bei uns zu haben. Sein laufendes Geplapper lenkt uns dauernd vom unverfälschten Geschmack, Geruch und Gefühl dessen ab, womit wir gerade beschäftigt sind. Die Wirklichkeit wird immer mehr von ihren Etiketten verdeckt. Geplauder kann ablenkend sein; deshalb nehmen die Benediktiner ihre Mahlzeiten schweigend ein und sind die Trappisten gegen jedes müßige Schwatzen. Wie können wir über die Etiketten hinaus vorstoßen?

Im buddhistischen Denken wird das Wort dharmakaya manchmal zur Bezeichnung der unreflektierten Seinserfahrung benutzt. Es besagt das pure Anwesenheit der Wirklichkeit, das, was da ist, bevor wir es benennen oder einordnen. Es ist der Bissen Pizza in dem Augenblick, in dem Zunge, Speichel, Zwiebel und heiße Tomatensauce ein und dasselbe zu sein scheinen. Das Dharmakaya könnte man auch als die Berührungs- und Sehweise beschreiben, für die die Meditationsübung im Sitzen charakteristisch ist. Wenn man einfach nur auf seinen Atem achtet, braucht man weder Worte noch Begriffe. Aber nicht alles Erleben ist so angenehm wie der Pizzagenuß; man sollte daher die Meditation nicht als eine Technik hinstellen, die das Leben glücklicher macht. Nur eine mit Saccharin versüßte Form der Meditation würde ausschließlich erfreuliche Ergebnisse zeitigen. Jemand, der Pizza unmittelbar verkosten kann, wird es unweigerlich auch dazu bringen, Zorn, Angst und Schmerz noch akuter zu empfinden. Deshalb muß man die Dharmakaya-Erfahrung in eine umfassendere Weltsicht integrieren. Sie setzt sowohl die Unterstützung durch eine Gemeinschaft voraus, die in einigen Formen des Buddhismus durch die Saṃgha gewährt wird, als auch einen ethischen Rahmen, den der Mahayana-Buddhismus für viele Menschen im Ideal des Bodhisattva liefert, das besagt, daß man für sich persönlich die vollendete Befreiung des Menschen (aus dem Bedingten) nicht annimmt, solange nicht alle empfindenden Wesen daran teilhaben.

Will man verstehen, wie sich die Botschaft Jesu zur Idee des Dharmakaya verhält, so muß man mit der Feststellung beginnen, daß das Evangelium überhaupt keine „Botschaft" im landläufigen Sinne ist. Jesus selbst ist die Botschaft. Das Evangelium ist einerseits kein Dogma, das ihn zum Gegenstand hat, anderseits aber auch nicht einmal eine Zusammenstellung seiner Lehren. Daß es im Jesus-Dharma in erster Linie um das Leben einer konkreten, geschichtlichen Persönlichkeit und nicht so sehr um eine Sammlung ihrer mündlich vorgetragenen Lehren geht, hängt mit einer Erkenntnis zusammen, die dem Dharmakaya-Begriff gar nicht so unähnlich ist. Der Grund dafür reicht auf die alte jüdische Anschauung zurück, daß niemand Gott oder Menschen in Wort oder Bild adäquat darstellen kann. Dem zweiten Gebot zufolge darf man sich niemals ein Gottesbild oder eine Darstellung von Menschen oder Tieren machen, und nach altem jüdischen Brauch darf der Gottesname nie über Menschenlippen kommen. All diese Verbote sind, da Gott nicht einfach ein transzendentes Wesen, sondern das wesentliche Element jeglichen Seins ist, ein Ausdruck der Überzeugung, daß es in jedem Menschen und in jedem Ding etwas gibt, was sich der Etikettierung entzieht. Wir irren uns gewaltig, betont diese Lehre, wenn wir glauben, man könne das, was in der Welt rings um uns wirklich ist, durch Worte oder Begriffe erfassen. Das Gebot heißt uns nicht etwa deshalb, keine Bilder zu machen, weil das gegen die Ehrfurcht verstieße, sondern weil kein Abbild, wie getreu es auch immer hergestellt wäre, dem je gerecht werden könnte, was es darstellen soll. All solche Machwerke erwecken unweigerlich einen falschen Eindruck und entstellen die Wirklichkeit.

Es bestehen jedoch Unterschiede zwischen der buddhistischen Dharmakaya-Vorstellung mit ihrem Argwohn den Worten gegenüber und der biblischen Heiligkeitsvorstellung mit ihrem Argwohn jeglichem Versuch gegenüber, Gott oder Menschen irgendwie bildlich darzustellen. Während es in den meisten Richtungen des Buddhismus die Worte selbst sind, die entstellen, sind es zum Unterschied im biblischen Glauben nicht die Worte, sondern unsere menschliche Neigung, uns der Worte zu bedienen, um die Wirklichkeit zu unseren Gunsten zu verdrehen. Worte an sich und selbst Bilder sind in den Augen der Bibel nicht von Natur aus böse oder irreführend. Aber weil wir als Menschen in einer Welt leben, die von Gier und Mißgunst infiziert ist, neigen wir unweigerlich dazu, selbst mit den kostbarsten Gaben Schaden anzurichten. Nicht die Sprache oder Begriffe als solche sind das Problem, sondern vielmehr der Mißbrauch, den wir mit ihnen treiben. Adam und Eva haben in paradiesischer Unschuld miteinander gesprochen. Wir büßen unsere Fähigkeit zum Dharmakaya oder zur Direkterfahrung, deren Symbol das Paradies ist, nicht deshalb ein, weil wir Begriffe und Sprache verwenden, sondern weil wir versuchen, Macht und Herrschaft auszuüben und unsere Hand gierig nach Besitz auszustrecken. Nicht die Verwendung von Worten ist es, die unsere Wechselbeziehung zum Leben vergiftet; vielmehr ist es der Umstand, daß wir zuerst das Leben vergiftet haben, der dann seinerseits unsere Worte und Begriffe vergiftet.

Da die Infektion in buddhistischer und biblischer Sicht unterschiedlich lokalisiert wird, unterscheiden sich natürlich auch die Mittel, die beiden Seiten zur Behebung des Übels verschreiben. In biblischer Sicht besteht das Grundübel in unserer gestörten Beziehung zu den Menschen und Dingen unserer Umgebung. Daher wird nur die Wiederherstellung dieser Beziehungen uns anfangen lassen, mit unserem Wort Menschen in ihrem Sein zu bestätigen statt sie zu manipulieren. Die biblische Religion lehrt uns, daß es diese heilende und wiederherstellende Kraft gibt, und daß unser Denken und Reden weniger rücksichtslos werden, wenn wir von ihr berührt werden. Buddhisten glauben, man lerne mit der Zeit einzusehen, daß alle Worte und Kategorien, deren wir uns bedienen, illusorische Gebilde sind, und diese Einsicht ist schon erlösend. In buddhistischer Sicht lernen wir, sparsam mit Worten umzugehen, weil Worte nicht umhin können, zu verzerren:

„Worte sind Lügner." In biblischer Sicht lassen wir uns unser Bedürfnis, unsere Umgebung in den Griff zu bekommen, abgewöhnen, und wir stellen dann fest, daß uns das weniger verzerrt sehen und reden läßt – sogar sagen läßt: „Ich liebe dich", ohne jemand in den Griff bekommen zu wollen, sondern weil es stimmt.

Sowohl der Buddhismus als auch die biblische Religion erkennt die Berechtigung des menschlichen Verlangens nach einer unmittelbaren Begegnung mit der eigentlichen Lebenswirklichkeit an. Der Buddhismus sieht den Grund unserer Wirklichkeitsentfremdung in Unwissenheit, Wunschdenken, Abstraktion und Begriffshörigkeit. Er hat eine ganze Reihe von ausgeklügelten Techniken und Lehren entwickelt, die den Menschen helfen sollen, diese Unwissenheit zu überwinden und der Wirklichkeit zu begegnen, wie sie ist. Die Religion der Bibel macht für unser Dilemma nicht Unwissenheit, sondern Angst und Lieblosigkeit und unser ruheloses Verlangen verantwortlich, die Menschen unserer Umgebung zu beherrschen oder sie sicher auf Distanz zu halten. Daher betont die buddhistische Methode die Überwindung der Unwissenheit und konzentriert sich das Vorgehen der Bibel auf die Wiederherstellung der Gegenseitigkeit.

Diese beiden Deutungen eines allgemeinen Übels laufen sowohl in ihren Gemeinsamkeiten wie auch in ihren Unterschieden auf die Übung der Meditation hinaus. Einige Buddhisten behaupten, sie würden um so sicherer, daß Beziehungen Illusion seien, je mehr sie meditierten. Nach meiner eigenen Erfahrung mit der Meditation passiert genau das Gegenteil: Mir wird immer deutlicher bewußt, daß Beziehungen mein Leben ausmachen, und daß die Gesamtheit dieser Beziehungen zum großen Teil von dem Ausmaß abhängt, in dem ich darauf verfalle, meine Umgebung beherrschen zu wollen oder mich von ihr beherrschen zu lassen. Wenn ich mich immer wieder auf mein Ausatmen konzentriere, so ist das, als rückte ich einen Schritt von dem Verlangen, zu herrschen oder beherrscht zu werden, ab und käme der Gegenseitigkeit einen Schritt näher, die möglich ist, wo man den befreienden Faktoren einer Beziehung den ersten Platz einräumt.

Beim Aufstehen von meinem Kissen habe ich anderen gegenüber das Gefühl größerer Unabhängigkeit, aber auch größerer Interdependenz, engerer Vertrautheit, die aber nicht erdrückt, und tieferer Zugehörigkeit, die aber weniger einengt.

Ich stimme der buddhistischen Auffassung zu, daß die Meditation den Menschen helfen kann, auf das einzugehen, was „wirklich da ist". Aber das, was wirklich da ist, enthält auch etwas, was von anderen her auf mich zukommt, eine Kraft, die die Menschen befähigt, den Schritt über ihre Durchtriebenheit hinaus auf die persönliche Begegnung hin zu tun. Diese Kraft entspringt nicht schon einfach im Menschen, sondern ihre Quelle ist irgendwie in die Struktur des Kosmos eingebettet. Wenn ich ihr einen Namen geben müßte, würde ich sie „Gnade" nennen. Es ist das Geheimnis der Gnade, das unsere Herzen erweichen, unsere Ängste stillen und uns wieder miteinander aussöhnen kann. Wenn das in Gang kommt, sinkt der Giftspiegel in unserer Sprache, beginnen Begriffe als Brücken und nicht als Mauern zu wirken, und kann man Menschen so annehmen, wie Gott sie annimmt – nicht auf Grund dessen, was sie für uns tun können oder nicht, sondern auf Grund dessen, was sie sind. Es kommt zu einer Art Dharmakaya. Dann kann es uns schließlich gelingen, in eine Pizza zu beißen, ohne daß uns ein lästiger, kleiner innerer Kommentator etwas ins Ohr raunt.

Im Christentum ist das Evangelium eine Art Dharma, eine Heilslehre. Allerdings besagt sie, daß eine unmittelbare Begegnung, ein Dharmakaya, nicht nur mit Gott, sondern auch mit unseren Mit-Erdenbewohnern, mit der Natur und mit dem, was zutiefst wir selbst sind, tatsächlich möglich ist. Doch kommt diese „Botschaft" nicht in Gestalt eines Rates oder einer Exhorte daher, sie kommt in der einzigen Gestalt daher, die glaubhaft ist, in Menschengestalt, in der Person Jesu, der all das verwirklicht hat und uns an andere Menschen verweist als den unentbehrlichen Schlüssel zur Entdeckung des täglichen Dharmakaya mitten unter uns.

Jesus und das Guruwesen

Jesus selbst ist das Herzstück des christlichen Dharma. War er also auch ein Guru? Schon seit seinem ersten Auftreten als Prediger und Heiler weit hinten in der galiläischen Provinz haben die Menschen versucht, für Jesus das rechte Wort zu finden, das glaubhaft erfassen könnte, worum es ihm ging. Allein auf den Seiten des Neuen Testaments finden sich dutzendweise die Versuche, ihn zu benennen und einzuordnen. Eine Gruppe seiner Anhänger, die in leidenschaftlicher Glut die Befreiung Judäas vom römischen Joch herbeisehnte, wünschte ihn sich als König der Juden oder als „Sohn Davids", als den, der die ruhmreiche Herrschaft König Davids wiederherstellen würde. Andere erwarteten in ihrem Eifer, daß er den Juden die reine Religion wiederbrächte und das Volk reinigte, läuterte und heiligte. Für diese geistlichen Erneuerer schien Jesus von Gott ganz ähnlich gesalbt zu sein, wie es die großen Propheten und Johannes der Täufer gewesen waren. Wieder andere hofften, dieser unwahrscheinliche Galiläer würde wirklich der legendäre Menschensohn werden, von dem damals im frommen Volk allenthalben die Rede ging, ein kosmischer Heroe, der das augenblickliche Weltzeitalter mit einem dröhnenden Schlag beenden und eine Weltzeit der Gerechtigkeit und des Friedens einleiten würde mit Bestrafung der Bösen und Belohnung der Guten.

Jesus hat sie alle enttäuscht. Gelegentlich schien er für die freiheitsbegeisterten Patrioten ein Hoffnungsschimmer zu sein. Sie müssen vor Erwartung elektrisiert gewesen sein, als er, z.B., in einer Art von Karikatur der großartigen römischen Triumphzüge auf einem Fohlen in Jerusalem einritt und die Menschenmengen ihm Zweige auf den Weg streuten. Indes trat er nicht zum Angriff auf die Besatzungsmacht an und hielt seine Anhänger vom Waffentragen ab. Obgleich er schließlich auf eine Art hingerichtet wurde, die eindeutig Rebellen vorbehalten war, ist das geschehen, weil die örtliche jüdische Führungsclique sich offensichtlich über seine Anwesenheit aufgeregt und den Römern mit Erfolg eingeredet hat, er sei eine Gefahr.

Aber Jesus hat auch die Hoffnungen der anderen Gruppen zerstört. Diejenigen, die nach einer großen Erneuerung und einer Wiederherstellung der reinen Religion ausschauten, waren aufgebracht, weil er gegen rituelle Tabus verstieß. Er hielt sich nicht an die übliche zeremonielle Handwaschung, und er heilte am Sabbat Kranke, was die strengeren Verfechter der Sabbatheiligung in Wut versetzte, wenn andere Rabbis seiner Zeit es auch durchgehen ließen. Als ob das noch nicht genügte, hat er die Hoffnungen der religiösen Erneuerungspartei völlig zerstört, da er mit den kultisch Unreinen verkehrte – den Aussätzigen und den Heiden – und darauf bestand, derartige Parias würden noch vor den Gerechten in das Gottesreich gelangen. Besonders verwirrt und enttäuscht hat er die Menschen, die den Titel „Menschensohn" auf ihn anwenden wollten, einen Namen, den man mit dem Helden verband, dessen Ankunft der fromme Volksglaube seiner Zeit erwartete. Daran war schuld, daß er zunächst den Titel annahm und sich dann überwältigen, verdemütigen und umbringen ließ, ganz im Gegensatz zum Menschensohn-Szenario.

Jesus schien sich in den Kopf gesetzt zu haben, jede Erwartung, jedes Etikett und jeden Titel, mit dem man ihn abzustempeln versuchte, zunichte zu machen. Manche Erwartungen hat er schon durch die Ablehnung des Titels zerstört, andere durch die Annahme des Titels – Messias, Menschensohn, vielleicht gar König der Juden – gefolgt von einem Verhalten, das die Vorstellungen derer, die sich des Titels bedienten, platzen ließ.

Jesus wollte weder sein, was er nach dem Willen der Leute hätte sein, noch tun, was er nach ihrem Willen hätte tun sollen. Obgleich er die Leute hin und wieder geheilt, unterwiesen und sogar gespeist hat, war er eigentlich kein Heiler oder Lehrer im üblichen Sinne. Wenn er Menschen heilte, so geschah das, um die heilenden Kräfte der neuen Zeit zu demonstrieren, deren Anbruch er verkündete. Wenn er lehrte, so geschah das nicht, um eine Religion zu predigen oder irgendwelche Weisheit weiterzugeben. Jesus hat nicht so sehr im herkömmlichen Sinne des Wortes gelehrt als vielmehr etwas verkündet. Er hat die Menschen auf die geistliche Wirklichkeit hingewiesen, die er als Reich Gottes bezeichnete, das, wie er betonte, jetzt jedermann zugänglich sei und das man nicht erst für eine nahe oder ferne Zukunft zu erwarten oder vorauszusehen brauchte.

Jesus hat eine Spur von zerbrochenen Illusionen und zerstörten Erwartungen hinterlassen. Wenn wir heute sagen, Jesus sei gewissermaßen ein Schlüssel zur Wesenserkenntnis Gottes, dann läßt sein Leben, insofern es alle Erwartungen zunichte machte, ahnen, was mit dieser Behauptung gesagt sein soll. Der Gott, den Jesus offenbart, wird nicht der Gott sein, den irgend jemand sich wünscht. Dieser Gott wird nicht einfach in der Verlängerung der Linie menschlichen Planens und Wünschens liegen. Gottes „Transzendenz" hat daher nichts mit räumlicher Distanz oder mystischem Dämmer zu tun. Sie besagt, daß der Heilige immer die Macht hat, sich über Begriffe, Lehren, Anschauungen und Sitte hinwegzusetzen. Gerade deshalb offenbart Jesus Gott, weil er ganz und gar nicht das war, was man erwartet oder gewünscht hatte. Er ließ sich nicht einordnen und zwang die Menschen stets dazu, sich mit ihm unmittelbar einzulassen, nicht aber mit ihren Vorstellungen von ihm. Dadurch hat Jesus in seinem Leben ein Beispiel für etwas gesetzt, was buddhistische Weise immer wieder betonen – daß die Wirklichkeit immer noch anders ist als die besten Worte und Gedanken, die wir ihr widmen können.

Die Menschen haben sich auch nach Jesu Tod weiter bemüht, ihm eine Rolle zuzuweisen, die ihren eigenen Absichten entspräche. Nicht einmal die Seiten des Neuen Testaments sind ganz frei von diesen Retuschen des Jesubildes. Schon nach ein paar Jahren hat man ihn als einen sterbenden und wieder auferstehenden Naturgott im Stil des Mithras dargestellt. Später wurde er zum stirnrunzelnden, allmächtigen byzantinischen Kaiser, dem Pantokrator, und noch später zum gütigen Lehrer der Tugend und der Nächstenliebe, wie die Liberalen ihn im neunzehnten Jahrhundert gesehen haben. Es ist verständlich, daß die Menschen im

Laufe der Jahrhunderte immer wieder versucht haben, die Bedeutung Jesu in Kategorien zu fassen, die ihnen vertraut waren. Da man Jesus nicht restlos durch die Zuweisung einer einzigen Rolle definieren kann, wird das auch immer so weitergehen. Jeder Versuch hat seine Stärken, aber auch seine Gefahren. So finden wir denn heute Jesus dargestellt als Zirkus-Clown, als rebellischen Befreiungshelden, als Lehrer mystischer Weisheit, als Prediger des Feminismus, als impulsiven Superstar oder, wie Kazantzakis ihn zeichnet, als heißblütigen Liebhaber. Da aber der Geist Christi immer noch lebendig ist, läßt er sich auch heute noch nicht in ein bestimmtes Fach einordnen. Keins dieser Kostüme sitzt je ganz richtig. Immer noch zerstört Jesus die Erwartungen und verwischt er die Bilder, die man von ihm malt.

Heute, da die Wendung nach Osten in Schwang gekommen ist, sind es zwei aus der östlichen Gedankenwelt entlehnte Titel, die einige mit aller Gewalt Jesus aufzwingen möchten. Beide sind von der östlichen Metaphysik und Theologie her stark befrachtet, aber auch hier paßt keiner von ihnen dem so recht, dem man sie beilegen möchte. Der eine dieser Titel ist „Avatar", der andere „Guru".

Ein Avatar – der Begriff stammt aus dem Hinduismus – ist eine von vielen Verkörperungen des Höchsten. Die Vorstellungen von dem, was ein Avatar ist, gehen weit auseinander, aber eine gängige Theorie besagt, daß es in jedem Zeitalter irgendwo auf Erden einen Avatar gibt – daß Konfuzius, Mose, Jesus, der Buddha, der heilige Franz, Mohammed, Lao-tẓû und viele andere solche Verkörperungen des Göttlichen waren. Nach diesen bekannten Namen beginnt die Kandidatenliste zu variieren, je nachdem, wer sie aufstellt, aber der Grundgedanke ist klar: immer schreitet irgendwo auf dieser Erde eine Verkörperung des Göttlichen einher, und wenn wir richtig darauf eingestimmt sind, können wir ihn oder sie orten.

Obgleich Jesus wohl nicht mit der Avatar-Theorie in dieser Form vertraut war, hat er sie paradoxerweise zugleich sowohl abgeschafft als auch akzeptiert. Er hat den Avatar-Gedanken ironischerweise abgeschafft, als er ihn so radikal und universal akzeptierte, daß er seinen Zweck nicht mehr erfüllte. Das hat er dadurch erreicht, daß er sich Christus – oder Messias, was wörtlich dasselbe ist – nennen ließ. Damals besagte dieser Titel einen von Gott Gesalbten, einen besonderen Vertreter Gottes unter anderen Menschen – eine Vorstellung, die der eines Avatars nicht unähnlich ist. Jesus ist jedoch noch weiter gegangen und hat nachdrücklich darauf bestanden, daß man Gott von nun an nicht mehr einzig in Propheten, Weisen oder heiligen Lehrern finden könne, sondern in allen Menschen. Daß ausnahmslos „alle" gemeint waren, hat er noch unterstrichen und die Armen, die Gefangenen, die Kranken und Verrufenen, die kultisch Unreinen und die Fremdstämmigen als diejenigen besonders hervorgehoben, in denen der Heilige nun seine Wohnstatt aufgeschlagen hatte. Jesus war der Avatar, der mit allen Avataren Schluß machen sollte. Wenn wir die Botschaft seines Lebens ernst nehmen, brauchen wir uns mit der Frage, wer von den derzeitigen Kandidaten ein Avatar des Göttlichen ist, nicht den Kopf zu zerbrechen. Alle sind es, und keiner ist es. Der Avatar, den wir suchen, ist schon mitten unter uns, in uns und in denen, die uns am nächsten und am fernsten stehen.

Wenn Jesus für die klassische Rolle eines Avatars schon nicht ganz in Frage kommt, kann man in ihm dann einen Guru sehen? Auch in der Auffassung des Ausdrucks „Guru" ist man sich nicht völlig einig. Nach dem aufschlußreichen Abschnitt über das Guru-Jünger-Verhältnis in Herbert V. Guenthers und Chogyam Trungpas „The Dawn of Tantra" „ist der Ausdruck Guru ein indisches Wort, das mittlerweile fast zum Bestandteil des Englischen geworden ist. Wenn man ihn korrekt verwendet, bezieht sich dieser Ausdruck nicht so sehr auf eine menschliche Person als auf das Objekt einer Akzentverschiebung weg vom menschlichen Lehrer auf die Lehre selbst. Die menschliche Person könnte man zutreffend mit Kalyanamitra oder geistlichen Freund bezeichnen ..., jemand, der geistliche Weisung erteilen kann, weil er diesen Vorgang auch selbst durchgemacht hat."

Wenn man auch in einer gewissen Phase der Unterweisung den Guru mit dem Kalyamanitra gleichsetzen könne, so führen die Autoren weiter aus, sollte das doch nicht zum Personenkult führen. Im Endeffekt läßt die Lehre den Lehrer in den Schatten treten. Schließlich wird die Welt, die sich von Augenblick zu Augenblick entfaltet, selbst zum Guru.

Können wir in Jesus einen Guru oder einen Kalyanamitra erblicken? Bald nach dem Tod Jesu ist im ersten Jahrhundert unter den griechischsprachigen Anhängern des jungen Christentums eine Richtung entstanden, die ihn als einen, wie die Wissenschaftler heute sagen, theios anér, einen göttlichen Mann, aufgefaßt hat. Diese frühen hellenistischen Christen haben Jesus als eine übermenschliche Gestalt gesehen, die mit fast magischen Kräften begabt war und so etwas wie übernatürliches Wissen besaß, das sie ausschnittweise ihren Auserwählten als göttliche Offenbarung mitteilt. Die Mehrzahl der frühen Christen hat aber die theios-anér-Theologie abgelehnt. Wahrscheinlich war es bei der Abfassung seines Berichtes über das Leben Jesu, des ältesten Evangeliums, das wir besitzen, eine der Hauptabsichten des heiligen Markus, diesem Versuch des ersten Jahrhunderts zu begegnen, Jesus zum Äquivalent eines Guru in unserem modernen, landläufigen Sinne zu machen.

Nach Markus und den Autoren der anderen synoptischen Evangelien ist Jesus durchaus kein Lehrer göttlicher Weisheit gewesen, der einer auserwählten esoterischen Minderheit ausschnittweise eine Geheimlehre mitgeteilt hat. Er hat Kranke geheilt und, wie es hieß, noch andere Wunder gewirkt. Aber in keinem Fall war dieses Tun auf Effekthascherei angelegt. Statt mit seinen Gaben Aufsehen zu erregen, hat Jesus im Gegenteil die Leute oft davor gewarnt, die Heilungen als solche zu hoch anzuschlagen. Vor allem hat Jesus keine Geheimlehre verbreitet. Wenn er sprach, hat er auf freiem Feld oder in den Synagogen zur Menge geredet. Sein ganzes Leben hat er darauf verwandt, die Menschen vor Lehren zu warnen, die dem kleinen Kreis der Auserwählten vorbehalten wären oder zu ihrem Verständnis eine seltene geistliche Begabung voraussetzten. Er hat behauptet, sogar die verachteten Steuereinnehmer der Römer könnten ihn verstehen, und es schien ihm ein besonderes Anliegen zu sein, mit denen zu verkehren, die er als „Arme im Geist" bezeichnet hat, den religiös Unbegabten und sittlich Behinderten. Wenn wir an den Guru-Titel denken, nicht in der erhabenen Bedeutung, in der Guenther und Trungpa ihn definieren, sondern in der Bedeutung, die der heutige, volkstümliche Sprachgebrauch ihm beilegt, der darunter eine im höchsten Maße heilige Persönlichkeit versteht, die vielleicht zu erstaunlichen Wunderdingen fähig ist und insgeheim einen erlesenen Kreis in höchste Weisheit einweiht, dann war Jesus kein Guru.

Aber können wir Jesus als Guru in dem höheren Sinn oder vielleicht als Kalyanamitra, einen erfahrenen geistlichen Freund, auffassen? Wenn der Ausdruck „Guru" eine Akzentverschiebung von der Persönlichkeit weg auf die Lehre einschließt, trifft er sicher nicht auf Jesus zu. Jesus hat in einer Haltung, die vielen heute noch als offene Anmaßung erscheint, betont, daß er selber die Bezeugung seiner Lehre sei, daß man beides nicht voneinander trennen könne. Es lief darauf hinaus, daß die Menschen sich mit ihm einlassen mußten, nicht mit dem, was er sagte oder was man über ihn sagte.

Ist das Anmaßung? Ich glaube nicht. Es ist einfach Jesu Methode, uns zu zwingen, uns unmittelbar mit den Menschen einzulassen statt mit Ideen oder Abstraktionen. Deshalb hat das Christentum recht, wenn es betont, daß das Evangelium auf eine Person, nicht aber auf ein Gedankensystem oder ein Sittengesetz ausgerichtet ist. Jesus ist nur insofern ein „geistlicher Freund", als er tut, was nur ein sehr enger Freund tun kann: er gestattet uns nicht, uns hinter ihm zu verschanzen, um noch mehr unseren Gewohnheiten und unserer Neigung zu frönen, die Verantwortung für unser Leben auf andere abzuschieben. Er hat es sich selbst nicht gestattet, Anlaß zu falschen Hoffnungen oder zu Schuldzuweisungen zu geben. Er hat den römerfeindlichen Freischärlern gezeigt, daß sie sich täuschten, wenn sie glaubten, Gott würde das Joch der Römer zerbrechen. Sie würden den Tyrannen selbst stürzen müssen. Es war nicht Jesu Art, die religiösen Hoffnungen derer zu nähren, die sich nach einer geistlichen Wiedergeburt sehnten. Er duldete es auch nicht, daß jemand ihm mit Gemeinplätzen oder allgemein üblichen Verfahrensweisen kam. Jesus war ein einzigartiger Mensch und befähigt uns als solcher, alle Menschen in ihrer Einzigartigkeit zu sehen.

Jesus ist die Person schlechthin. Bei ihm treffen wir an, was sich dann für alle Menschen ebenso bewahrheitet: sie sind einmalige und unwiederholbare Kreativitäts- und Entscheidungszentren. Sie sind nicht nur Anlaß, unsere eigenen Machenschaften zu verewigen, oder eine Illustration unserer Ideen oder eine Gelegenheit, unsere Programme voranzutreiben. Die christliche Theologie hat zu Recht darauf bestanden, Jesus sei sowohl „wahrer Gott als auch wahrer Mensch" gewesen, nicht aber eine gut geratene Mischung aus beiden. Er ist ganz Gott und ganz Mensch gewesen. Aber die Theologie hat bei ihrer einseitigen Wiederholung der „wahrer Gott"-Komponente dieses Satzes oft zu sagen versäumt, daß Jesus uns auch zeigt, was ein wahrer Mensch ist. Diese Seite ist nicht nur gleich wichtig, sie ist ein wesentlicher Bestandteil der „wahrer Gott"-Komponente. Niemand weiß, was die „wahrer Gott"-Seite besagt, wenn er nicht weiß, was die „wahrer Mensch"-Seite besagt. Jesus ist göttlich, weil er ganz Mensch war, und das, was in einem jedem am menschlichsten ist, ist zugleich die imago Dei, das, was am göttlichsten ist.

Zur letzten Konfrontation Jesu mit dem Bemühen seiner Zeitgenossen, ihn zum Guru oder Kalyanamitra abzustempeln, kam es durch seinen Entschluß, sich als Gott zu erkennen zu geben – und dann kreuzigen zu lassen. Radikaler konnte man Dogmen und Erwartungen nicht umstoßen. Was Götter auch sonst noch tun mögen, sie lassen sich nicht in die Ecke treiben, einlochen, verhöhnen und umbringen. Jesus hatte die Wahl. Er hätte den Gottestitel ablehnen können; dann wäre seine Kreuzigung für niemand ein Ärgernis gewesen. Rebellen und Aufrührer haben zu seinen Lebzeiten oft solch ein Ende genommen. Oder Jesus hätte den Titel annehmen und dann tun können, was jedermann von Gott erwartete: die Unterdrücker zu vernichten, das Volk zu läutern und ein Zeitalter der Liebe und des Wohlwollens anbrechen zu lassen. Den einen wie den anderen Weg hätten seine Zeitgenossen verstehen können.

Anstatt dessen hat Jesus einen dritten Weg eingeschlagen. Er hat den Gottestitel angenommen und sich festnehmen, vor Gericht stellen und hinrichten lassen. So kam es zur endgültigen Zerstörung der religiösen Lieblingsvorstellungen aller Beteiligten: Gott am Kreuz. Mit dieser Lösung hat Jesus jeder Gottesvorstellung ein Ende gesetzt, die ihn als den großen Guru hoch im Himmel, den zaubernden deus ex machina oder den allmächtigen Großen Bruder sieht. Wie Dietrich Bonhoeffer es in einer seiner beredtesten Passagen zum Ausdruck bringt: „Der einzige Gott, der uns helfen kann, ist der ohnmächtige Gott."*

Nach fast zweitausend Jahren ist die Wahrheit über Jesus immer noch nicht so recht eingesunken. Gleich nach seinem Tod kamen schon Gerüchte in Umlauf, er sei dem Galgen entronnen, man habe einen Doppelgänger untergeschoben, während der Kreuzigung habe er kichernd auf einem Berg in der Nähe gestanden. Seither haben andere den Versuch unternommen, mittels der Erscheinungen des auferstandenen Jesus die Vorstellung vom „lieben Gottvater" wieder zu Ehren zu bringen, der unsere Aufgaben für uns macht und uns in einem ewigen Schulentlaßalter hält. Die Auferstehungsgeschichten schildern aber einen Gekreuzigten, der immer noch die Wundmale an sich trägt, hungrig wird und essen muß. Zwar sind einige moderne Theologen mit dieser Deutung nicht einverstanden und vertreten den Standpunkt, ein gekreuzigter Gott könne den Unterdrückten und Entrechteten keine Hoffnung bringen. Nur ein allmächtiger Gott, sagen sie, könne die Ohnmächtigen mit Zuversicht erfüllen. Aber Jesus hat das besser gewußt. Sein Leben war eine unmißverständliche Bot-

* Hier frei zitiert; vgl. D. Bonhoeffer, Widerstand und Ergebung, München 1970, 394.

schaft an die besitzlosen Tagelöhner seiner Zeit: Gott hilft nicht den Reichen und Mächtigen, aber er greift auch nicht mit Zauberpfeilen oder wohlgezielten Blitzschlägen ein, um einen Tyrannen aus dem Palast zu entfernen. Gott befreit die Unterdrückten, indem er sie zur Selbstbefreiung befähigt. Das ist, meines Erachtens, die einzig glaubwürdige „Befreiungstheologie". Alles andere nährt nur Millenniums-Träume, wie sie die Armen jahrhundertelang in Knechtschaft gehalten haben.

War Jesus ein Guru? Ist er ein Guru? Die Antwort lautet: Nach welchem Guru man auch Ausschau hält, er ist der, der Jesus nicht sein will. Jesus ist eine Gestalt, die sich dem Zugriff entzieht, die Klischeevorstellungen zunichte macht, ein echter Kalyanamitra, der uns geschickt zum nächsten Zug zwingt. Er ist nicht der Guru, den wir uns wünschen, aber er ist, ob wir es wissen oder nicht, der Guru, den wir brauchen.

Die Mönche in Weston Priory gehen früh zu Bett. Da ihr Tag um 4.30 Uhr, wozu Bruder Richard am Glockenseil zieht, beginnt, müssen sie das. Auch sind die Februarnächte in Vermont dunkel und kalt. Trotz der arktischen Kälte habe ich am Abend vor meiner Abreise einen Spaziergang gemacht. Die zu Reif gefrierende Luft brannte mir in den Nasenlöchern, und sogar die Sterne schienen zu zittern. Die Klosterhunde schlugen kurz an, als ich vorüberknirschte, verkrochen sich aber schnell wieder in ihre Hütten. Mir war kalt, aber wohlig zumute. Ich war weder Buddhist noch Benediktiner. Aber es begann mir zu dämmern, warum mein tibetischer Meister mich hierhin geschickt hatte. Es war mir gelungen, durch die kombinierte Optik des Lebens dieser beiden Mönchsarten einen Blick auf etwas zu werfen, das ich auch besaß, etwas, das auf seine Art das Bedürfnis nach Saṃgha, Dharma und einem Guru stillen konnte, ein Bedürfnis, das ich nicht nur bei anderen festgestellt habe, sondern auch bei mir selbst. Mir war ersichtlich geworden, daß der christliche Glaube wenigstens für mich trotz aller Verzerrungen, die ihn entstellt haben, immer noch das allgemein menschliche Sehnen nach Freundschaft, echter Erfahrung und verläßlicher Weisung stillen kann. Der schlaue tibetische Lama, der einen suchenden Baptisten in ein Benediktinerkloster geschickt hatte, hatte anscheinend genau gewußt, was er tat. Am nächsten Morgen habe ich denn auch beim Läuten der Frühglocke tatsächlich, bevor ich die Augen auftat, in einem entschwindenden Traum meinen buddhistischen Meister zu sehen geglaubt. Und er trug wie so viele Buddha-Statuen, die ich gesehen habe, ein Lächeln auf seinen Zügen.

5

Rabbi Yeshua ben Joseph

Passiert ist es auf einer langen Fahrt in einem arg zerbeulten, orange-farbenen Kleinbus von Jerusalem hinauf nach Galiläa: Ich entdeckte, daß der Dialog zwischen Juden und Christen in eine ganz neue Phase getreten war. Es war meine erste Israelreise, und ich war allein und unangemeldet gekommen. Nachdem ich über das Land, das man mich „das Heilige Land" zu nennen gelehrt hatte, jahrelang gelesen und Geschichten und Lieder gehört hatte, habe ich mich schließlich aufgerafft, es selbst einmal zu besuchen, nicht zu einem Studienaufenthalt oder als Gastprofessor, sondern als Pilger. Ich habe nur so in Anonymität geschwelgt. Niemand hat mich am Flughafen abgeholt. Niemand in der Bruchbude von einem alten Hotel, in dem ich in der Altstadt Quartier bezogen hatte, wußte oder wollte wissen, wer ich war. Drei Tage lang habe ich Alt-Jerusalem und Umgebung zu Fuß durchstreift. Ich habe auf dem Ölberg gestanden und versucht, nicht auf die Gassenkinder zu achten, die mir Talmi und Souvenirs andrehen wollten. Ich habe langsamen Schrittes die Mauern der Altstadt in ihrer ganzen Länge umrundet. Ich habe, zunächst belustigt und dann angewidert, beobachtet, wie die klerikalen Hüter des Heiligen Grabes, die rivalisierende christliche Richtungen vertreten, sich in die Haare gerieten. Ich habe still an der Klagemauer gestanden, als eine Familie, die aus New York eingeflogen war, an der Stelle, an der sich Salomos Tempel befunden hatte, jetzt nur ein paar Schritte vom Felsendom und der Al-Aqsa-Moschee entfernt, die Bar-Mitzwa-Feier ihres Sohnes beging.

Doch in Jerusalem herrscht gespannte Nervosität, und es dauert nicht lange, bis der Besucher entdeckt, daß die übliche Deutung des Stadtnamens als „Stadt des Friedens" sowohl faktisch wie etymologisch falsch ist. (In Wirklichkeit bedeutet er „Stätte Shalems", der vor-israelitischen Ortsgottheit.) Jerusalem ist aber nicht friedlich. Israelis, Araber und ausländische Touristen drängeln sich in seinen engen Gassen, vermeiden aber oft den Blickkontakt. Es ist eine vielschichtige Stadt, mit Schichten, die noch vor das Altertum zurückreichen, und voller Ablagerungen aus biblischer Zeit, aus dem Römerreich, dem Kalifat der Moslems, dem Kreuzfahrer-Königreich, dem türkischen Reich, der britischen Mandatszeit und dem neuen jüdischen Staat Israel. Aber trotz der verwirrenden Vielfalt und der billigen Aufdringlichkeit der heutigen Zeit, die einen oft unversehens aus einem Kino-Plakat oder einem dröhnenden Transistorgerät anfällt, kann nichts die Stadt völlig um ihre Aura bringen. Ich weiß, daß die Moslems sie auch als ihre drittheiligste Stadt verehren, und ich harre dem Tag entgegen, da der Zugang zu ihr für die Kinder aller drei Abrahams-Religionen ein für allemal geregelt wird. Für mich allerdings ist Jerusalem die Stadt Davids, Salomos, der Propheten und Esras. Und natürlich ist es die Stadt, in die Jesus zur Pascha-Feier kam, wo er gelehrt hat, verraten wurde und sein irdisches Ende gefunden hat. Offenbar war es damals auch keine besonders friedliche Stadt.

Es hat zu der gespannten Atmosphäre gepaßt, daß mein Besuch in Jerusalem auch nicht völlig ungestört verlief. Wenn überhaupt friedliche Stille möglich gewesen wäre, wurde sie am dritten Abend jäh zerrissen, als ich in einem Laden, in dem ich mir noch Filme kaufen wollte, auf einen anderen amerikanischen Besucher stieß. Er trug eine gelbe Sportjacke, Hosen mit scharfer Bügelfalte und eine spiegelnd polarisierte Sonnenbrille. Und als er mich mit dem Ladeninhaber englisch reden hörte, stellte er sich mir als „unabhängiger" christlicher Evangelist vor. Er war, wie er sagte, nach Jerusalem gekommen, um Verbindung mit den Israelis aufzunehmen, die den Wiederaufbau des Tempels und die Wiedereinführung der Schlachtopfer erhofften, die mit der Zerstörung des herodianischen Tempels durch die Römer im Jahre 70 n. Chr. ein Ende genommen hatten.

Zunächst habe ich meinen Ohren nicht getraut und ganz unschuldig gefragt, warum denn jemand etwas so Verrücktes tun wollte. Da war es an ihm, seinen Ohren nicht zu trauen. Ich wüßte doch sicher, sagte er mit gerunzelter Stirn, daß sowohl das Buch Daniel wie auch die Offenbarung des Johannes unmißverständlich den Wiederaufbau des Tempels als eins der untrüglichen Zeichen für den Anbruch der letzten Tage der Menschheit voraussagten. Nach dem Wiederaufbau – versicherte er mir in Tönen, die verschwörerisches Flüstern und ein vorwurfsvolles „Dassollte-doch-jedem-bekannt-sein" zugleich waren – würden die Schlachtopfer von Kälbern, Schafen und Tauben wieder aufgenommen. Gäbe es doch Juden aus altem priesterlichen Geschlecht, die sich selbst heute noch, so sagte er, in der fast vergessenen Schlachtopfertechnik vervollkommneten. Nach all diesen Vorstufen, so fuhr er fort und rasselte ein Kunterbunt von Schriftstellen aus den prophetischen und apokalyptischen Teilen der Bibel herunter, würde eine böse Weltmacht Israel angreifen, das dann von all seinen früheren, aber feigen Verbündeten im Stich gelassen würde. Dann würde, wenn alles am finstersten und hoffnungslosesten aussähe, in Harmagedon eine gewaltige Schlacht geschlagen, und Gott würde zugunsten Israels eingreifen und Christus selbst an der Spitze der Heerscharen der Gerechtigkeit senden. Christus würde natürlich siegen, worauf alle Juden auf der ganzen Welt erkennen würden, daß der Messias, auf den sie so lange gewartet haben, niemand anders als Jesus Christus selbst sei. Die Juden würden sich insgesamt bekehren und zu Tausenden als wortgewaltige Evangelisten um die Erde ziehen und die Verlorenen für Christus gewinnen.

Ich war entsetzt. Bei mir regte sich ein seltsamer Drang, die Hand auszustrecken und meinen neuen, unerwünschten Bekannten zu erdrosseln, legte sich dann aber wieder. Dann wollte ich mit ihm diskutieren. Ich wollte versuchen, ihm so schlagend wie möglich zu beweisen, daß die Bibelstellen, die er so raffiniert aus ihrem Zusammenhang gerissen zitierte und in seine endzeitliche Phantasmagorie einbaute, Ereignisse beträfen, die schon vor Jahrtausenden stattgefunden hätten, daß sie keine Voraussagen für unsere Zeit wären. Ähnliche Schriftauslegungen hatte ich früher schon gehört, und ich wußte, daß sie das Resultat des unglaublichen Gemischs aus buchstabengetreuem Biblizismus, Heiligkeits-Perfektionismus und der esoterischen Strömung waren, die wir jetzt als „Heilsordnungs-Fundamentalismus" bezeichnen. Ich konnte mich noch erinnern, daß die „Scofield Reference Bible", die man mir in jungen Jahren als Prämie für treuen Sonntagsschulbesuch überreicht hatte, in ausführlichen Fußnoten und Untertiteln solch eine Auffassung vertrat. Ich wußte sogar, daß diese fatalistische Geschichtstheologie vor einem Jahrzehnt durch Hal Lindseys Bestseller „The Late Great Planet Earth – etwa: Der große Planet Erde sel. Angedenkens" in Amerika weite Verbreitung gefunden hatte. Lindsey schreibt ohne viel Umschweife: „Es steht nur noch ein Ereignis aus, dann sind alle Bedingungen für den Auftritt Israels im letzten Akt des Dramas seiner Geschichte erfüllt: der Wiederaufbau des alten Kult-Tempels auf seinem ursprünglichen Platz. Nach dem mosaischen Gesetz darf man diesen Tempel nur an einem einzigen Ort errichten: auf dem Berge Morija. Dort sind auch die beiden früheren Tempel gebaut worden." Das sind Lindseys Worte, und sie waren mir sogar im Druck auf den Seiten eines Taschenbuches grotesk vorgekommen – grotesk, aber nicht bedrohlich. Das war hier aber nicht so. Hier hatte ich einen leibhaftigen Apostel einer Harmagedon-Theologie vor mir, der seine Phantasterei lautstark im Angesicht des Tempelberges verkündete.

Das verschlug mir einfach die Sprache. Ich sah mich nicht in der Lage zu einer Diskussion oder auch nur zu einer Fortsetzung des Gesprächs. Ich wollte meinen selbsternannten Eschatologie-Dozenten nur so schnell wie möglich abschütteln, erfand eine Ausrede und machte mich aus dem Staub. Aber aus meiner kurzen Begegnung mit ihm hatte ich etwas gelernt: ob mir das paßte oder nicht, ein ganz bestimmter jüdisch-christlicher Dialog war schon im Gange. Und wie verzweifelt wünschte ich, er wäre es nicht. Ich habe still gebetet, dieser Scharlatan möchte nicht mit zu vielen Israelis oder Juden in Berührung oder ins Gespräch kommen, aber ich wußte, daß es noch viele von seiner Sorte gab. Die Hochstimmung, die mich beim Gedanken, in der Heiligen Stadt zu sein, erfüllt hatte, war dahin, und so entschloß ich mich, zu meiner Aufmunterung eine dreitägige Busreise nach Galiläa zu buchen.

Am nächsten Morgen war ich früh am Bus-Bahnhof. Die Aussichten waren schon freundlicher. Ich hatte mich jetzt in der Stadt, in der Jesus vor Pilatus gestanden hatte, ein wenig umgeschaut und wollte nun die Gegend sehen, in der er aufgewachsen war und seine Verkündigungstätigkeit begonnen hatte. Meine Mitreisenden im Minibus waren eine interessante Gesellschaft. Insgesamt waren wir zu neunt, und als wir uns miteinander bekanntmachten, stellte sich heraus, daß meine Gefährten samt und sonders jüdische Touristen aus der ganzen Welt waren, einschließlich Englands, der Vereinigten Staaten, Brasiliens und Südafrikas. Ich war erleichtert, als ich feststellte, daß keine vom Weltende besessenen unabhängigen Evangelisten unter ihnen waren. Wir hatten alle viel Spaß auf der Reise, besonders bei einer Übernachtung in einem Kibbuz, wo man uns am Abend eine köstliche Fischmahlzeit serviert hat und wir mit einigen Kibbuz-Angehörigen eine robuste Partie touch-football – ohne Handgreiflichkeiten – gespielt haben. Am folgenden Tag haben wir eine unserer ersten Pausen am Jordan an der Stelle gemacht, an der – wie die Fremdenführer den Touristen erzählen – Jesus von Johannes dem Täufer getauft worden ist.

Man hatte mich natürlich darauf vorbereitet, daß – mag auch niemand nur die geringste Ahnung von der genauen Stelle haben, an der das geschehen ist – nichtsdestoweniger jeder Fremdenführer seinen Lieblingsparkplatz am Fluß hat, wo er oder sie die Geschichte von der Taufe Jesu durch Johannes erzählen kann und die Busreisenden sich die Beine vertreten und einen Blick auf den

Fluß werfen können. Ich wußte daher, daß es wohl nicht genau die Stelle war, an der nach Aussage der Evangelien der Geist Gottes in Gestalt einer Taube herabgestiegen war und das Werk gesegnet hatte, das Jesus bald in Angriff nehmen würde. Aber es hat mich doch gepackt. Schließlich könnte es die Stelle sein. Irgendwo hier in der Nähe ist das geschehen. Ich fühlte mich daher gedrängt, mehr zu tun als nur den üblichen Schnappschuß von dem trüb-braunen Strom zu machen, der schleppend vorüberzog. Ich wollte hineinwaten. Als Dreizehnjähriger war ich schon einmal hineingestiegen. Ich war getauft worden und dabei, wie unser Pfarrer uns sagte, dem Beispiel Jesu gefolgt. Er hatte das damals „den Zug durch den Jordan" genannt. Ich konnte einfach nicht reglos zuschauen, wie eben das Gewässer, in dem Jesus – mochten inzwischen auch gut neunzehnhundert Jahre vergangen sein – getauft worden war, vorüberbrandete und -gluckerte. Ich zog also Schuhe und Socken aus, rollte die Hosen hoch und schritt hinein, zuerst knöcheltief, dann knietief und schließlich, bis über den Hosensaum hinauf, oberschenkeltief.

Meine Reisegefährten haben zuerst gelächelt und scherzhafte Bemerkungen gemacht. Dann wurden sie auf einmal still vor Betroffenheit. Zweien von ihnen hatte ich bei der Ankündigung unseres Fahrers, wir würden an dieser Taufstelle halten, erzählt, ich sei durch Untertauchen getauft worden, und sie fragten sich wahrscheinlich, ob ich das alles vor ihren Augen noch einmal wiederholen würde. Das habe ich nicht getan. Für ein paar Augenblicke blieb ich im Jordan stehen, während meine Zehen den Sand und die Kieselsteine streichelten und die Feuchtigkeit durch die Kapillarwirkung in Richtung auf meine Taschen zu steigen begann. Dann wandte ich mich um und planschte ans Ufer zurück. Die anderen Busreisenden stießen einen Seufzer der Erleichterung aus. Sie haben mich beinahe so an Land gehievt, wie mir vor etwa fünfundvierzig Jahren die wohlbetagten Diakonissen in meiner Heimatstadt aus dem Taufbecken der kleine Baptistenkirche geholfen hatten. Als wir wieder in den Bus stiegen und nach

Norden weiterfuhren, wandte sich unser Gespräch allerdings einem ganz anderen Thema zu. Wir sprachen über Jesus.

Es fing damit an, daß der englische Rechtsanwalt mich fragte, was ich darunter verstünde, „ihm nachzufolgen". Als ich beim Anziehen meiner Socken die Frage zu beantworten versuchte, fielen sie alle mit ein. Glaubte ich wirklich, er sei Gott auf Erden? Daß er über das Wasser gewandelt sei und all die anderen Wunder gewirkt habe? Warum hatten die Christen so viele Jahrhunderte lang den Juden zum Vorwurf gemacht, was Jesus widerfahren war? Als ich die Hosenbeine wieder hinunterrollte und wieder in die Schuhe schlüpfte, wurde unser Gespräch sogar noch ernster. Einige der Busfahrgäste begannen mir ihre Gedanken über Jesus mitzuteilen. Ihre Bemerkungen waren offen und weitgespannt. Einer gestand, es gäbe niemand in der Weltgeschichte, den er mehr bewundere. Ein anderer sagte, Jesu Behauptung, er sei der Messias, sei entweder Betrug gewesen oder von den frühen Christen erfunden worden. Eine junge Frau aus den Vereinigten Staaten erzählte mir, sie habe nach einer Aufführung des Musicals „Jesus Christ Superstar" geweint, weil sie ihn mit ihren fünfzehn Jahren so attraktiv gefunden habe, daß sie sich aber, als sie ihren Eltern davon erzählte, auf deren Mahnung hin, ihr Schwärmen sei ungehörig, auf Paul Newman verlegt habe. Der Besucher aus Südafrika hat ausführlich von seiner Bewunderung für den jüdischen Maler Marc Chagall berichtet und begeistert bis in die Einzelheiten hinein beschrieben, wie Chagall versucht habe, die Gestalt Jesu wieder in die lange Leidens- und Verfolgungsgeschichte der Juden heimzuholen, als er eine Gestalt gemalt habe, die einen Gebets-Schal und Phylakterien trug und mitten in Pogromen und Vertreibungen ans Kreuz geschlagen worden war. Ein Tourist aus den Vereinigten Staaten, ein fröhlicher alter Herr mit ganz dicken Brillengläsern, schien ein Erfolgserlebnis zu haben, als ihm eine Wendung wieder einfiel, die ein Rabbi ihm vor vielen Jahren im Unterricht beigebracht hatte, daß „die Juden sich über den Glauben *Jesu* freuen können, nicht aber über den Glauben *an* Jesus".

So ging es immer weiter. Als der Bus in den Einbruch der galiläischen Abenddämmerung hineinschaukelte und mit gellendem Hupen die Autos anherrschte, die nicht schnell genug auswichen, staunte ich über die Offenheit, mit der das Gespräch geführt wurde. Hier waren in der Heimat Jesu, wie es vielleicht sonst nirgendwo geschehen konnte, Juden und Christen – wenigstens ein Christ – im Gespräch über den Menschen, der seit Jahrhunderten sowohl Bindeglied wie auch Trennschranke zwischen diesen beiden Religionsgemeinschaften gewesen ist, und irgendwie schien es wirklicher zu sein als die so akademischen Diskussionen, denen ich in gelehrten theologischen Seminarübungen beigewohnt hatte.

Die Christen haben sich jahrhundertelang damit auseinandersetzen müssen, daß der Stifter des Christentums Jude war und es sein Leben lang geblieben ist. Sie müssen immer wieder zugeben, daß er keine andere Bibel außer der hatte, die wir das Alte Testament nennen, und daß er, sollte er heute auf den Planeten Erde zurückkehren und ein ihm vertrautes Gotteshaus suchen, um dort zu beten, sich zweifellos eine Synagoge, nicht aber eine Kirche suchen würde. Die Juden mußten ihrerseits auf der Hut sein, als man ihre heiligen Bücher, ohne ihre Erlaubnis einzuholen, der Heiligen Schrift einer anderen Religion einverleibte und einen ihrer Propheten zu einer Art göttlicher Würde erhob, die den Juden Unbehagen verursacht. Jahrhundertelang haben die Juden sich überhaupt dagegen gesträubt, Jesus als einen Propheten anzusehen. Indes hat das Gespräch zwischen Juden und Christen seit dem Holocaust und der Geburt des Staates Israel im Jahre 1948 eine völlig neue Richtung eingeschlagen: die Gestalt Jesu hat auf einmal die Funktion eines Treffpunktes zu übernehmen begonnen statt der eines Tabus oder eines unüberwindlichen Hindernisses. Die Christen entdecken, wie es auch schon in Gesprächen mit Hindus, Buddhisten und Moslems der Fall war, daß der gutgemeinte Rat, den früher so viele ängstliche Seelen erteilten, man solle bei Gesprächen mit Mitgliedern anderer Religionen die Person Jesu diskret behandeln, sich als unbegründet herausstellt.

Jesu Name ist Yeshua, eine späte Form des jüdischen Namens Yehoshua, der „Jahwe ist Heil" bedeutet. Der Titel „Messias" oder Christus, den die Christen Jesus beilegen, war natürlich ursprünglich kein Teil seines Vornamens, sondern ein christliches Glaubensbekenntnis. Den Christen bleibt nichts anderes übrig, als sich der „unausweichlichen und nicht aus der Welt zu schaffenden" Tatsache zu stellen, daß die zentrale Gestalt unseres Glaubens ein Jude ist. Am kürzesten könnte man uns Christen als die Heiden definieren, die sich bemühen, dem Gott der Juden zu dienen und ihn anzubeten. Aber was Christen am wenigsten in den Kopf will, ist die Tatsache, daß das Judentum nicht auf das Christentum angewiesen ist, obgleich wir auf das Judentum angewiesen sind. Die christliche Theologie besteht zum großen Teil aus einer Reihe von Auslegungen von Ereignissen der jüdischen Geschichte. Doch die jüdische Geschichte hatte schon Jahrhunderte durchlaufen, bevor das Christentum auftrat, und ist eigentlich nicht darauf angewiesen, die Ereignisse der christlichen Geschichte auszulegen. Das Verhältnis der beiden Religionen beruht nicht auf Gegenseitigkeit. Doch scheint jetzt in der langen und turbulenten Familienbeziehung zwischen Juden und Christen eine neue Phase begonnen zu haben, und man kann die Bedeutung des Staates Israels für das Zustandekommen dieses neuen Dialogs nicht hoch genug anschlagen.

Seit 1948 haben die Juden zum ersten Mal seit der Großen Zerstreuung und seit der Erhebung des Christentums zur Reichsreligion durch Kaiser Konstantin wieder eine Heimat, in der sie ihre Ansichten – auch zu den heißesten Eisen – äußern können, ohne von christlichen Prälaten und Fürsten Reaktionen befürchten zu müssen. Das war nicht der Fall in den Jahrhunderten, in denen die Juden unter christlichen Herrschern in einem oft feindseligen Milieu gelebt haben, in dem es wirklich verwegen gewesen wäre, aus jüdischer Sicht etwas über Jesus zu sagen. (Natürlich sollte man auch bedenken, daß viele Juden in moslemischen und anderen nicht-christlichen Ländern gelebt haben, die aber an diesem Thema wenig Interesse hatten.) Doch ist in den letzten vierzig

Jahren seit der Gründung von Israel die jüdische Jesus-Literatur, die früher nur ein Rinnsal war, sowohl auf fachwissenschaftlicher wie auch auf allgemein-publizistischer Ebene zum reißenden Strom angeschwollen. Nachdem sie das Thema Jesus bis auf ein paar ganz bedeutsame Ausnahmen jahrhundertelang gemieden hatten, scheuen sich die Juden jetzt nicht mehr, über ihn zu sprechen, und sie scheinen es sogar zu wünschen, wie meine Gefährten auf der Busreise durch Galiläa in aller Deutlichkeit bewiesen haben.

Bevor solch ein Dialog in Gang kommen kann, muß man allerdings auf christlicher Seite viel schlimme Geschichte in Ordnung bringen oder sie wenigstens sorgfältig und sachgemäß erforschen. Wir haben uns als Christen auf dem Gebiet der religiösen Bildung so viele Schnitzer geleistet, daß wir unserer eigenen Unwissenheit zum Opfer gefallen sind. Das muß schon bei der Erkenntnis beginnen, daß Jesus das Judentum nicht abgelehnt und daß das Christentum als eine winzig kleine Bewegung *innerhalb* der Religion begonnen hat, die Jesus von seinen Vorfahren ererbt hatte. Wir müssen uns darauf besinnen, daß unsere Kirche zunächst einmal als eine Kirche aus Juden entstanden ist, daß ihr bald sowohl Juden wie auch Heiden angehörten und daß sie sich erst später zu einer Kirche vornehmlich aus Heiden weiterentwickelt hat.

Wir haben uns auch von schlechten Metaphern täuschen lassen. Man hat das Christentum häufig als „Tochter" des Judentums bezeichnet. Diese Analogie hat den Haken, daß in ihr die Vorstellung steckt, die Mutter habe ihr Kind zur Welt gebracht, altere schließlich und sterbe, während die Tochter lebe und in das Erwachsenenalter gelange. Infolgedessen leistet sie dem vernichtenden Gedanken Vorschub, das Christentum „löse" irgendwie das Judentum „ab", und das Fortbestehen des Judentums sei daher, wie sogar der große Arnold Toynbee einmal geschrieben hat, sozusagen eine Anomalie.

Kürzlich hat Alan Segal in seinem hervorragenden Buch „Rebecca's Children: Judaism and Christianity in the Roman World – Rebekkas Kinder: Judentum und Christentum in der römischen

Welt" eine viel fruchtbarere Metapher vorgeschlagen. Er beweist überzeugend, daß die Jahrhunderte, die unmittelbar auf das Leben Jesu gefolgt sind, den Beginn nicht nur einer, sondern zweier großer Religionen in der westlichen Welt darstellen, des Christentums und des rabbinischen Judentums. Er argumentiert stichhaltig, daß die richtige Ausdrucksweise daher von „Rebekkas Kindern" sprechen müßte. Das Christentum und das rabbinische Judentum entstammen derselben Wurzel – dem alten Judentum. Sie gleichen eher Jakob und Esau, die im Mutterschoß miteinander gekämpft haben, zusammen geboren wurden und lernen mußten, als Kinder ein und desselben Vaters miteinander auszukommen. Segal zeigt auch, daß sowohl das rabbinische Judentum als auch das Christentum entscheidende Schritte in Richtung auf ein breiteres Religionsverständnis unternommen haben. So hat das Rabbinertum, das seine Wurzeln bis in die Zeit vor der Zerstörung des Tempels im Jahre 70 n. Chr. zurückverfolgt, auf dieses traumatische Geschehen einfallsreich reagiert, indem es die jüdische Religion „beweglicher" machte. Den Bemühungen der Rabbis war es zu verdanken, daß das Judentum nicht mehr an einen bestimmten geographischen Ort oder an die Opferriten im Tempel gebunden war, sondern sich überallhin begeben konnte, was es auch getan hat. Das Christentum hat seinerseits während eben dieser Zeit auch zu einer universalistischeren Auffassung gefunden, als es den Unterschied zwischen Juden und Heiden abschaffte und verkündete, durch Jesus als den Christus sei der Bund erweitert worden und umfasse auch die Heiden, die ihm beitreten wollten. Vor der Zerstörung des Tempels war das Christentum nur eine apokalyptische Sekte innerhalb des Judentums gewesen. Das Judentum war so etwas wie eine „Staatsreligion" gewesen, die auf dem Tempel und dem Land selbst beruhte. Aus den Trümmern des Tempels aber sind Segal zufolge zwei geschwisterlich verwandte Religionen hervorgegangen, die durch ihren gemeinsamen Ursprung für immer miteinander verbunden sind, aber den erwähnten Universalismus unterschiedlich auffassen.

Ich finde Segals Metapher besonders fruchtbar, obgleich mir

klar ist, daß sie christlichen Fundamentalisten nicht zusagen wird, die – wie meine nichtgesuchte Jerusalemer Bekanntschaft – darauf bestehen, daß die Juden sich zu Jesus als dem Christus bekehren müssen, wenn sie gerettet werden sollen. Ich bezweifle, daß sie den jüdischen „Fundamentalisten" zusagen wird, die überlegen, wie man den Tempel wiederaufbauen und die Schlachtopfer wieder einführen soll. Ironischerweise haben diese beiden Parteien Gemeinsamkeiten entdeckt. Es gibt sogar Hinweise dafür, daß einige christliche Fundamentalisten in Amerika der jüdischen religiösen Rechten in Israel finanzielle und andere Unterstützung gewährt haben. Das tun die Christen, weil der Wiederaufbau des Tempels uns in ihrer Planung auf dem Weg zu den Letzten Tagen, der großen Schlacht von Harmagedon und der Wiederkunft des Messias einen Schritt voranbringt. Ironischerweise glauben sie auch, daß die Juden bei der Ankunft des Messias zur Rettung des jüdischen Volkes erkennen werden, daß Christus der Messias ist, und sich zu ihm bekehren. Die jüdischen Fundamentalisten akzeptieren natürlich diesen Schlußakt im apokalyptischen Drehbuch nicht, scheinen aber für Unterstützung und Zuspruch während der Anfangsphasen durchaus empfänglich zu sein. Die beiden bilden wirklich ein seltsames Paar, aber ihr merkwürdiges gegenseitiges Schmarotzertum legt nahe, daß der neue Dialog zwischen Christen und Juden auf verschiedenen Ebenen in Gang kommen kann, die zum Teil nichts Gutes ahnen lassen.

Der schlechte Geschichtsunterricht, den wir genossen haben, beschränkt sich aber nicht auf die Anfänge der christlichen und jüdisch-rabbinischen Geschichte. Er reicht noch weiter. Sehr früh ist zwischen diesen beiden Kindern Rebekkas eine ernste Fehde ausgebrochen. Die christliche Judengegnerschaft trat so schnell auf den Plan, daß sie sich sogar in der Heiligen Schrift der Christen niedergeschlagen hat. Man braucht, z. B., nur der Fassung des Passionsberichtes im Johannes-Evangelium zu lauschen, um die anti-jüdische Polemik herauszuhören, die für seine Abfassung charakteristisch ist. Einige Darstellungen des Judentums, die im Matthäus-Evangelium vorkommen, sind ebenfalls ungenau und scheelsüchtig. Natürlich hat es auch eine jüdische Christengegnerschaft gegeben. Die Hauptsorge der Juden waren indes nicht die Heidenchristen, sondern die Juden, die meinten, sie brauchten, wenn sie Christen würden, das Gesetz nicht mehr zu beobachten. Die Absicht, solche Juden, nicht schon Christen schlechthin, zu verhaften, hatte Saulus zu seiner Reise nach Damaskus bewogen, auf der er seine Vision erlebte, seinen Kurs änderte und zum Apostel Paulus wurde.

Als die Christen zur Kaisermacht aufstiegen, hat die Lage sich verschlechtert. Die Juden mußten nun nicht mehr neben einer anderen verfolgten Sekte leben, sondern unter christlichen Herrschern, die der jüdischen Gemeinde gewogen sein mochten oder auch nicht. Während der ersten Jahrhunderte des christlichen Kaiserreiches ging es den Juden gar nicht so schlecht. Heidnische Tempel haben die christlichen Kaiser geschlossen, Synagogen aber nicht. Was das geistige Leben der jüdischen Religionsgemeinschaft anging, so lagen hier ihre besonderen Stärken. Die jüdischen Weisheitslehrer haben das richtungweisende Judentum geschaffen, das alles in sich aufgenommen hat, was gewesen war, und die Grundlage für alles gebildet hat, was noch kommen sollte.

Im siebten Jahrhundert n. Chr. kam dann der Islam, der über Afrika hinweggestürmt und dann nordwärts über die Iberische Halbinsel bis nach Südfrankreich gelangt ist. Wenn das Judentum fortbestanden und hier und da sogar geblüht hat, während das Christentum aus vielen Bereichen der moslemischen Welt fast ganz verschwunden ist, so beweist das deutlich, wie sehr es geistlich erstarkt war. Tatsächlich haben die Juden unter islamischer Herrschaft ein freieres und ungestörteres Leben geführt als unter christlichen Fürsten. Während des Mittelalters ist das Bild nicht völlig trostlos. Manchenorts hat ziemlich viel Zusammenarbeit und Gegenseitigkeit bestanden. Jahrhundertelang waren doch Christen, Juden und Moslems auf der Iberischen Halbinsel engste Nachbarn, manchmal in gespannten Verhältnissen, oft aber auch mit einem beachtlichen Maß von Achtung füreinander und von

Gegenseitigkeit. Es gibt heute Theologen, die glauben, daß der heilige Johannes vom Kreuz seine kühnsten Gedanken vielleicht moslemischen Mystikern verdankt.

Indes haben die Kreuzzüge die Atmosphäre bös vergiftet. Enttäuschte christliche Streiter haben oft festgestellt, daß es leichter war, in ein nahe gelegenes jüdisches Dorf zu ziehen und sich an ihm durch Vergewaltigung und Plünderung auszulassen, als den mühsamen Zug nach Palästina zu unternehmen, um die Ungläubigen von den heiligen Stätten zu vertreiben. Diese Umfunktionierung der Kreuzzüge auf heimatlicher Erde ist häufig von fanatischen Predigern angeheizt worden, die den Kreuzfahrern einredeten, die Christusmörder sollte man ebensowenig dem Schwert entrinnen lassen wie die Ungläubigen. Gegen Ende des Mittelalters haben die Regime damit begonnen, die Juden aus den westeuropäischen Ländern zu vertreiben. England hat sie im Jahre 1290 vertrieben und Frankreich im Jahre 1394. In Rußland und in Osteuropa durften Juden nur in bestimmten Bezirken wohnen und sind häufig Vertreibungen und Pogromen zum Opfer gefallen. Die Iberische Halbinsel, die aber später auf Grund religiöser Unduldsamkeit in schlechten Ruf geraten ist, hat wenigstens eine Zeitlang im allgemeinen europäischen Antisemitismus eine Ausnahme gebildet. Schließlich wurden aber auch dort die Juden zur Bekehrung oder zur Auswanderung gezwungen, und die Moslems wurden mit Waffengewalt niedergeworden. Die letzte islamische Festung, Granada, ist im Jahre 1492, dem Jahr, in dem die Juden aus Spanien vertrieben wurden, an Ferdinand und Isabella gefallen. Spanien hat sich schnell zu einem der intolerantesten christlichen Königreiche entwickelt.

Die schlimme Geschichte der Verachtung der Christen für die Juden hat, leider, in der Reformationszeit keine Korrektur erfahren. In seinem Buch „Wurzeln des Antisemitismus, Christenangst und Judenplage im Zeitalter von Humanismus und Reformation" belegt Heiko Oberman nicht nur die antijüdische Haltung Luthers, dessen Gehässigkeit allbekannt ist, sondern auch die des angeblich aufgeklärten Erasmus. Luther hat die Juden samt den Türken und dem Papst als Feinde des Evangeliums in einen Topf geworfen. In einer seiner hysterischen Schriften mit dem Titel „Über die Juden" versteigt er sich sogar zu dem Vorschlag, man solle, da die Juden so gefährlich geworden seien, ihre Synagogen niederbrennen und ihre Häuser zerstören. Er fordert, man solle die Juden in Ställe einsperren und ihren Rabbis die Lehrtätigkeit streng verbieten. Man erstarrt bei der Entdeckung, daß fast alles, was Luther verlangt hat, wenn es ihm auch nicht gelungen ist, sein antijüdisches Programm in die Tat umzusetzen, schließlich in den dreißiger und vierziger Jahren unseres Jahrhunderts vom nationalsozialistischen Regime in Deutschland zur offiziellen Staatspolitik erhoben worden ist. Die Historiker weisen natürlich darauf hin, daß die Nazis auch antichristlich waren und für eine Rückkehr zur germanischen Mythologie eingetreten sind. Aber man kann nicht leugnen, daß sie auch auf eine lange christlich-antisemitische Tradition zurückgegriffen haben, für die Luthers Ausbrüche nur ein kleines Beispiel sind.

Angesichts dieses historischen Beitrags der Christen zu einer Entwicklung, deren Endstation Auschwitz war, widerstrebt es mir sehr, theologische Aussagen über den Holocaust zu machen oder einen christlichen Sinn in ihn hineinzulesen. Fast alles, was Christen zu diesem Thema gesagt haben, klingt grämlich und falsch. „Ein guter Christ gibt", wie Emil Fackenheim es uns so erschütternd vorgehalten hat, „zu bedenken, daß Gott durch Auschwitz vielleicht an das Leiden Christi erinnern wollte. Sollte er nicht lieber fragen, ob sein Meister selbst, wenn er in Auschwitz dabei gewesen wäre, sich der Schändung und Entmenschlichung widersetzt hätte? Was sind die Kreuzesqualen im Vergleich zu denen einer Mutter, deren Kind unter Gelächter oder zu den Klängen eines Wiener Walzers hingeschlachtet wird? Für Christenohren mag diese Frage gotteslästerlich klingen. Doch dürfen wir ihr nicht ausweichen; denn wir – Christen so gut wie Juden – müssen fragen: Hat in Auschwitz schließlich doch das Grab den Sieg errungen, oder hat, schlimmer als das Grab, der Teufel selbst gesiegt?" Wenn das Gespräch auf den Holocaust kommt, besteht die passendste christliche Antwort vielleicht in bußfertigem Schweigen und dem festen Vorsatz, es nie mehr dazu kommen zu lassen.

Aber wenn man sich einzig und allein mit der schlimmen Geschichte der Vergangenheit beschäftigt, tut man den beachtlichen Veränderungen, die in den letzten Jahren in den jüdisch-christlichen Beziehungen eingetreten sind, einen schlechten Dienst. Wie meine muntere Busfahrt nach Galiläa mir bewies, hat die Gründung des Staates Israel ein Milieu geschaffen, in dem Juden sich unbedenklich mit Fragen beschäftigen konnten, die sie unter gefährlicheren Verhältnissen wohlweislich vermieden hatten. Aber es hat sich auch noch mehr ereignet. 1965 hat das Zweite Vatikanische Konzil offiziell die negativen Erwähnungen der Juden aus der Liturgie getilgt (wenn man sich auch schwer tut bei der Überlegung, wie man solche negativen Darstellungen aus den Texten der Heiligen Schrift selbst tilgen kann). In der gelehrten Welt hat sich ebenfalls Bedeutsames getan. Selbst in der christlichen Theologie ist die Rückführung der Ursprünge des Christentums nicht nur einfach auf das Alte Testament, sondern auch auf das Judentum des ersten Jahrhunderts zu einem gewichtigen Forschungsthema geworden, zumal nach der Entdeckung der Schriftrollen vom Toten Meer. Das christliche Interesse am rabbinischen Judentum von biblischer Zeit bis heute hat auch gewaltig zugenommen. Allerdings ist dazu zu sagen, daß die wachsende Aufmerksamkeit, die man dieser religiösen Überlieferung widmet, zum großen Teil das Ergebnis der Bemühungen der – hauptsächlich jüdischen – Judaisten ist, die die jüdischen Studien an Universitäten und Hochschulen in der ganzen westlichen Welt eingeführt haben.

Man darf die begründete Hoffnung hegen, daß die Unkenntnis, die Christen und Juden voneinander getrennt und Irrtümer verewigt hat, weitgehend abzunehmen beginnt. An der theologischen Fakultät, an der ich Professor bin, haben wir z. B. vor kurzem einen ordentlichen Lehrstuhl für jüdische Theologie errichtet, den Albert-A.-List-Lehrstuhl für jüdische Studien. Die Errichtung dieses Lehrstuhls ist ein deutliches Zeichen dafür, daß unsere Fakultät das Judentum nicht für so etwas wie eine antiquierte Anomalie hält, sondern für einen dauernden und kraftvollen Partner in einer pluralistischen Welt der Religionen.

Auch unter jüdischen Gelehrten ist es zu einer Parallelentwicklung gekommen. Juden zeigen mehr Interesse sowohl für die Zeit des Neuen Testaments als auch für Jesus. Dieses Interesse entspringt zum großen Teil der „schöpferischen Besessenheit" der Juden „vom Reichtum ihrer eigenen Geschichte", wie Rabbi Alan Mittleman es nennt. Er drückt das so aus:

„In den Publikationen jüdischer Theologen, Historiker, Exegeten, Schriftsteller und Schriftstellerinnen ist Jesus – wenigstens versuchsweise – in das Haus seiner Väter zurückgekehrt. Seit 200 Jahren, angefangen bei Moses Mendelssohn und seinen Zeitgenossen, sind jüdische Autoren dabei, das mittelalterlich-jüdische Zerrbild Jesu umzustürzen und in ihm einen geistesverwandten Juden zu entdecken. Wenn auch keine Symmetrie, so besteht doch eine gewisse Ähnlichkeit mit der Neubewertung des Judentums durch die christliche Theologie. Es liegt einfach daran, daß die jüdische Wiederentdeckung Jesu – wie die christliche Neubewertung des Judentums – in einem neuen Sinn für die jüdische Geschichte wurzelt ... Die ‚Heimkehr Jesu' ist daher ein Aspekt des Vorgangs der geschichtlich orientierten Selbstentdeckung oder Selbstwiederfindung. In ihr äußert sich das Verlangen des Juden von heute, sein Wesen zu artikulieren."

Die Unterhaltung mit meinen Reisegefährten in dem flinken kleinen Bus hat die „Heimkehr Jesu", von der Rabbi Mittleman spricht, aufklingen lassen, aber sie hat mich auch daran erinnert, daß das erneute Erwachen des jüdischen Interesses für Jesus auf geistigen Voraussetzungen beruht, die schon lange vorhanden waren.

Die Jesusfrage, die die jüdischen Denker beschäftigt hat, kann man auf einen sehr einfachen Nenner bringen. Kann Jesus für Juden ethisch oder gar religiös von Bedeutung sein? Man ist sich schon lange darüber einig, daß der Prophet aus Nazaret für Juden *kulturell* etwas bedeuten kann, aber die Frage, die ich angeführt habe, verlagert das Problem der Bedeutung Jesu für die Juden auf eine viel wesentlichere Ebene. Diese Diskussion ist schon alt. Max Nordau, ein Mitarbeiter Theodor Herzls bei der Gründung des modernen Zionismus, hat zu Beginn des Jahrhunderts geschrieben: „Jesus ist die Seele unserer Seele und das Fleisch unseres Fleisches. Wer würde ihn also aus dem jüdischen Volk ausschließen wollen?" Es geht allerdings hier nicht um den Ausschluß Jesu aus dem jüdischen Volk. Es geht darum, ob man Jesus als Angehörigen dieses Volkes religiös nicht eher eine positive als eine negative Bedeutung zuerkennen kann. Schalom ben-Chorin beantwortet diese Frage, wie folgt: „Jesus ist eine Hauptfigur in der Geschichte und in der Geschichte des jüdischen Glaubens. Er gehört nicht nur unserer Vergangenheit und Gegenwart an, sondern auch unserer Zukunft, und das nicht weniger als die Propheten der hebräischen Bibel, die wir auch nicht nur im Licht der Vergangenheit sehen dürfen."

Wenn man diesen vielsagenden Satz liest, steht man vor einem Rätsel, aber man muß sich auch fragen, worin Jesu Rolle bestehen soll. Ben-Chorin öffnet die Tür zum Gespräch, aber er setzt auch eine der Grenzen, innerhalb derer sich die jüdische Anerkennung der religiösen Bedeutung Jesu bewegt: „Ich spüre", so sagt er, „seine Bruderhand, die die meine ergreift, damit ich ihm folgen kann ..., aber es ist *nicht* die Hand des Messias. Diese zernarbte Hand. Sie ist keine *göttliche,* sondern eine *menschliche* Hand, in deren Linien das tiefste Leid eingraviert ist." Dann fährt Ben-Chorin mit der Feststellung fort, die der Rabbi meines Reisegefährten damals vielleicht vorgelesen hatte, und packt eine Menge in ein paar Worte: „Der Glaube Jesu", schreibt er und unterstreicht den Genitiv, „eint uns, aber der Glaube *an* Jesus trennt uns."

Im Verlauf unserer Unterhaltung im Bus habe ich den freundlichen Herrn mit der dicken Brille darauf hingewiesen, daß einige moderne christliche Theologen, besonders in Lateinamerika, sogar glauben, daß Jesu Glaube der springende Punkt ist. Jon Sobrino z.B. vertritt in seiner „Christology at the Crossroads – Christologie am Scheideweg" den Standpunkt, daß weder Jesus noch Gott, sondern Jesu eigener Glaube an das Kommen des Gottesreiches der Brennpunkt des christlichen Glaubens sein sollte. Wir glauben an Jesus, weil er das Kommen des Gottesreiches bewirkt und verkündet.

Es scheint für einen Außenstehenden unangebracht zu sein, sehr viel zu der Frage der Bedeutung Jesu für sein eigenes Volk zu sagen. Man muß es den Juden überlassen, sich mit diesem Thema zu befassen, wenn und wann sie wollen. Allerdings habe ich als einer der „Außenstehenden", an die Jesus auch sein Wort gerichtet hat, keinen Autor gefunden, der dabei die Sprachgewalt Martin Bubers erreicht hätte. Buber, der darüber nachdenkt, was der Mann aus Nazaret für seine eigenen Stammesverwandten bedeuten könnte, stellt fest, daß Jesus geistliche Bedeutung besitzt, unterstreicht dabei aber auch, daß die Juden das Wesen dieser Bedeutung immer auf ihre eigene Weise verstehen werden. In einem berühmten Brief an Franz Werfel aus dem Jahre 1917 hat Buber Werfels Frage nach seiner Ansicht über Jesus damit beantwortet, daß er den Vorrang des menschlichen Eingehens auf Gott vor der Initiative Gottes betonte. Der Brief verdient es, daß man ihn ausführlich zitiert.

„Nicht ich warte, Gott wartet, daß er zu mir, zu Ihnen, zu jedem EINZIGEN Menschen sagen könne, was nach dem Bericht des Hebräerevangeliums der Geist zu Jesus sprach, als er ihn in der Taufe zur Sohnschaft erhob: Fili mi, in omnibus prophetis exspectabam te, ut venires et requiescerem in te. Tu enim es requies mea [Mein Sohn, in allen Propheten habe ich Dich erwartet, daß Du kommest und ich Ruhe fände in Dir. Du bist nämlich meine Ruhe].

Nein, lieber Freund, auferlegt ist uns von Gott gar nichts, erwartet wird alles. Und Sie sagen mit Recht: Es steht uns frei, ob wir das wahre Leben leben wollen: um ihn in unserer Einzigkeit zu vollenden. Aber nach der christlichen Lehre, die Jesu Sinn und Grund verkehrt hat, steht es uns nicht frei, sondern es hängt davon ab, ob wir erwählt sind. Unsere Lehre aber ist: es gilt nicht, ob Er mich erwählt hat, sondern daß ich Ihn erwähle. Denn es ist wahrhaftig nicht seine Sache, zu erwählen und zu verwerfen. Jene Lehre aber, die sich die christliche nennt, hindert den Menschen, indem sie ihn auf die Gnade verweist, an die Entscheidung, die Jesus verkündete METANOEITE. Darum will und werde ich für Jesus und gegen das Christentum kämpfen."*

Ein paar Zeilen weiter bringt Buber eine Beschreibung des Gottesreiches, die derjenigen gleicht, die wir in der Befreiungstheologie antreffen:

„Was Jesus das Reich nennet – ganz gleich, wie sehr da Untertöne vom Ende der Welt und einer wunderbaren Verwandlung mitschwingen –, ist kein jenseitiger Trost, keine nicht näher bestimmte Himmelsseligkeit. Auch ist es keine kirchliche oder gottesdienstliche Versammlung, eine Kirche. Es ist das vollkommene Leben von Mensch zu Mensch, echte Gemeinschaft, und als solche Gottes unmittelbare Herrschaft, Gottes basileia, Gottes Reich auf Erden."**

Daß Juden sich so nach dem Menschen ausstrecken, dessen Name so lange Jahre als Vorwand zu ihrer Unterdrückung gedient hat, ist bemerkenswert, ist aber auch offenbar mit enormen Gefahren verbunden. Christen müssen sehr behutsam sein, wenn sie darauf eingehen. Wie Karl Plank – in „Night and White Crucifixion – Nacht und die weiße Kreuzigung" – von Marc Chagall geschrieben hat, „mußte man sich, wenn man nach dem Krieg den Juden am Kreuz malen wollte, einem noch größeren Tabu stellen, denn um das zu tun, mußte das Opfer auf die Geisteswelt des Unterdrückers zurückgreifen. Und die Chance, daß man mißverstanden würde, wäre riesengroß: seitens der Mit-Opfer, die darin Apostasie und Verrat statt Solidarität sehen, seitens der Unterdrücker, die daraus tröstliche Vergebung statt Schuldspruch hören würden." Das neuerliche jüdische Interesse erfordert seitens

---

* Martin Buber, Briefwechsel aus sieben Jahrzehnten I: 1897–1918 (Heidelberg 1972) S. 483f.

** Diese Fortsetzung des Zitats ist in der oben angegebenen Ausgabe nicht enthalten.

der Christen eine wenigstens ebenso kräftige Anstrengung, unsere Meinung von den Juden dahingehend zu revidieren, daß man sie nicht mehr zu Objekten der Hetze macht oder sie als seltsame Überbleibsel aus einem vergangenen Zeitalter der Geschichte ansieht.

Man hat zu Recht darauf hingewiesen, daß ein Weg zu dieser Revision mit der Stelle über das Verhältnis zwischen Christen und Juden im elften Kapitel des Römerbriefes des heiligen Paulus beginnen muß. Ein sorgfältiges Studium dieses berühmten Textes ergibt, daß für Paulus der Bund, den Gott mit Israel geschlossen hat, in Kraft bleibt, wie er auch mit Noach, Abraham und Mose in Kraft geblieben ist. Paulus spricht unmißverständlich. Er vergleicht die Heiden mit einem „wilden Ölzweig, der dem Baum aufgepfropft wird, dem Ölbaum Israels". Er fährt dann fort und weist darauf hin, daß wir, die wir so aufgepfropft worden sind, uns nicht rühmen sollten, da Gott durchaus in der Lage ist, andere Zweige zu erwählen. Paulus betont, daß Gottes Gnadengaben und Ruf nie zurückgenommen werden. Das Evangelium Jesu setzt die Berufung des Volkes Israel durch Gott nicht außer Kraft oder kündigt den mit ihm geschlossenen Bund nicht auf. Es ist dazu bestimmt, die Heiden zu berufen, damit auch sie Anteil an Gottes Segen erhalten.

Ein sorgfältiges Studium dieser ganz wichtigen Stelle kann uns einiges über den Dialog zwischen Juden und Christen lehren. Erstens: der Gott, von dem Paulus spricht, ist nicht irgendein Gott der Religiosität oder eines nicht näher bestimmten Monotheismus. Dieser Gott ist der Gott Abrahams und Saras, der Gott des Bundes. Deshalb hat die Frage, die Paulus bewegt, gar nichts mit der Beziehung zwischen Juden und Christen zu tun, sondern mit der Beziehung zwischen Israel – denn die Juden bleiben auch weiterhin Gottes Volk – einerseits und den „Heidenvölkern" anderseits. Paulus verwendet in dieser Erörterung nicht einmal das Wort „Christ", obgleich er den Ausdruck, der damals schon geläufig war, zweifellos gekannt hat. Es hilft uns heute, den sogenannten christlich-jüdischen Dialog zu verstehen, wenn wir sehen, daß er für Paulus nichts mit einem Gespräch zwischen zwei Religionen zu tun hatte, sondern mit der Frage, wie alle anderen Völker der Erde dem einen Bund des einen Gottes beitreten könnten.

Was Paulus auf dem Weg nach Damaskus erlebt hat, war keine „Konversion", und man darf es nicht so verstehen, als sei er dadurch „Christ geworden". Paulus ist nicht Mitglied einer anderen Religionsgemeinschaft geworden. Was ihm in diesem blendenden Licht zuteil wurde, war vielmehr eine neue Überzeugung, die ihm sagte, wie er erfüllen sollte, wozu er als Jude berufen war. Er hat sich nicht bekehrt, sondern ist „berufen" worden zu einem prophetischen Auftrag sowohl an sein eigenes Volk wie auch an die Heiden. Sein Auftrag war es, wie er glaubte, die Frohbotschaft von der Erweiterung des Bundes sowohl für die, die schon darin waren – die Juden –, als auch für die, die bislang draußen gewesen waren – wir und alle anderen –, zu verkünden. Wie Paulus Heiden und Juden sieht, erscheint am deutlichsten im zweiten Kapitel des Epheserbriefes, der, wenn auch einige Exegeten glauben, er stamme nicht von Paulus selbst, sicher seine Ansicht zu diesem Thema zum Ausdruck bringt. Die Stelle lautet: „Erinnert euch, daß ihr, die Heiden im Fleisch, ... einst vom Christus getrennt, der Gemeinde Israels fremd und von dem Bund der Verheißung ausgeschlossen wart, keine Hoffnung hattet und ohne Gott in der Welt lebtet." „Jetzt aber", fährt der Autor fort, „seid ihr, die ihr einst in der Ferne wart, durch Christus Jesus in die Nähe gekommen."

Für Paulus, der sich als „Hebräer von Hebräern" bezeichnet, bedeutet Jesus, daß Gott, der die Welt erschaffen, der Sara und Abraham berufen, der der Menschheit am Sinai das Gesetz gegeben und durch die Propheten gesprochen hat, jetzt wieder einen entscheidenden Schritt getan hat. Diesmal lud derselbe Gott die Heiden in den Bund ein und söhnte so die Völker, die sich entfremdet hatten, miteinander aus. Wieder ist es wichtig, mit Nachdruck festzustellen, daß die Völker, die miteinander ausgesöhnt werden, nicht Christen und Juden, sondern Israel und die Heidenvölker sind.

Im Licht dieses historischen Textes zum Dialog muß man die oft mißverstandenen Vorhaltungen, die Paulus den Juden im Römerbrief macht, sehr aufmerksam lesen. Es sind nicht Vorwürfe eines Außenstehenden, der aus seiner Religionsgemeinschaft ausgetreten ist, um sich einer anderen anzuschließen. Es sind vielmehr die Worte eines Gruppenangehörigen, der – wie einst die Propheten – seine jüdischen Brüder zurechtweist, *weil* er Gruppenangehöriger ist. Paulus spricht hier wie Jesaja, Amos und Jeremia. Er setzt die Linie der Propheten fort, die ihr Volk aus Liebe unterwiesen haben. Das ist etwas ganz anderes, als aus dem Hinterhalt von außen auf diese Glaubensgemeinschaft zu schießen.

Als wir uns dem Hotel näherten, wo wir den Abend miteinander verbringen sollten, begannen meine Reisegefährten im Minibus einander einige sehr praktische Fragen zu stellen. Was würde es bedeuten, malten sie sich aus, wenn Christen und Juden den Argwohn und die Gereiztheit ablegen könnten, die unsere Beziehungen seit Jahrhunderten getrübt haben? Der Tourist aus Südafrika, der dem Freiheitskampf der Schwarzen große Sympathie entgegenbrachte, hat es so gut wie nur jemand dargestellt. Wenn, so sagte er, sowohl Juden wie auch Christen den Willen ein und desselben Gottes zu erfüllen versuchen, dann sollten wir versuchen, das Reich der Freiheit auszuweiten – weil Gott immer für die Armen eingetreten ist und darauf bestanden hat, daß alles davon abhängt, wie wir den Fremden in unserer Mitte behandeln. Ich sagte ihm, ich sähe in seiner Stellungnahme nichts, was meinen Widerspruch herausfordere. Doch kaum waren mir diese Worte über die Lippen gekommen, als der Bus plötzlich seine Fahrt zum Kriechtempo verlangsamte und wir uns – zur Bekräftigung dessen, was mein Freund soeben über die Fremden mitten unter uns gesagt hatte – auf einmal mühsam schrittweise durch ein Baukommando schoben, das mit Straßenreparaturen beschäftigt war. Plötzlich verstummte jegliche Unterhaltung. Alle schauten zum Fenster hinaus auf diese Schar lachender und schwitzender Männer, die, wie wir alle wußten, Palästinenser waren. Sie unterbrachen ihre Arbeit und starrten zurück. Niemand – ob drinnen oder draußen – hat gewinkt oder gelächelt. Zwei, vielleicht auch drei Minuten lang schob sich der Bus noch Zoll für Zoll voran. Dann blieb er stehen, während einer der Arbeiter zwei entgegenkommende Fahrzeuge durchwinkte. Im Bus blieb es still. Einen Augenblick später winkte der Mann unserem Fahrer, der uns langsam wieder auf die feste Fahrbahn steuerte, den zweiten und dann den Schnellgang einlegte und losfuhr, unserem Abendziel entgegen.

Gefährlich war die Situation für uns in keinem Augenblick gewesen. Doch selbst als der Bus wieder seine 80 Stundenkilometer Reisegeschwindigkeit erreicht hatte, sagte aus irgendeinem Grund niemand ein Wort. Ich fragte mich, warum. War es Verlegenheit? Hilflosigkeit? Oder waren wir uns vielleicht alle unausgesprochen darin einig, daß es längst nicht sicher ist, wer in wessen Land der Fremde ist, wenn man durch die, wie einige Israelis sie nennen, „besetzten Gebiete" oder, wie andere sagen, durch „Groß-Israel" fährt? Nichts im Nahen Osten ist jemals einfach, aber infolge der Verschärfung der jahrzehntelangen israelisch-palästinensischen Auseinandersetzungen ist die ohnehin schon schwierige Lage schlechthin unentwirrbar geworden. Sind Christen überhaupt berechtigt oder gar verpflichtet, da eine Rolle zu spielen?

Der deutsche katholische Theologe Johann Baptist Metz hat einmal einen bedeutsamen Artikel über die Mitschuld der Christen an der Ausrottung der Juden geschrieben. Darin heißt es: „Wir Christen können nie hinter Auschwitz zurückgehen: ganz allein über Auschwitz hinauszugehen, ist für uns bei nüchterner Betrachtung unmöglich. Es ist nur möglich in Gemeinschaft mit den Opfern von Auschwitz." Das ist in meinen Augen eine weise und hilfreiche Stellungnahme. Indes wirft sie, wie viele solcher Stellungnahmen, fast ebenso viele Fragen auf wie sie beantwortet. Was heißt es für Christen und Juden, ihren Weg gemeinsam zu ziehen, wenn der Machtkampf in Israel nicht nur das Leben der unmittelbar Beteiligten bedroht, sondern auch zum Pulverfaß für einen Konflikt geworden ist, der sich zu einem viel schlimmeren Krieg ausweiten könnte?

Marc Ellis, ein jüdischer Autor unserer Tage, hat Metz in Abwandlung seiner eigenen Worte so geantwortet: „Wir Juden können nie hinter die Machtergreifung zurückgehen: ganz allein über die Machtergreifung hinauszugehen, ist für uns bei nüchterner Betrachtung unmöglich. Es ist nur möglich zusammen mit den Opfern unserer Machtergreifung." Auch das ist eine scharfsinnige Beobachtung, aber auch sie beantwortet noch nicht die Frage, *was* die Christen angesichts der Zuspitzung der Lage in Israel tun können oder tun sollten.

Als das Gespräch im Minibus schließlich wieder auflebte, war es gedämpft und sporadisch. Und es drehte sich um andere Dinge: Foto-Apparate und Filme und wie man sich auf das gastliche Quartier freue. Es drehte sich nicht um Palästinenser oder Israelis oder um Juden, Christen oder Jesus. Ich saß still da und schaute zum Fenster hinaus in die Abenddämmerung. Es war mir klar geworden, daß diese Dialog-Reise, zu der einige Christen und einige Juden gemeinsam aufgebrochen waren, nicht einfach sein würde. Erschwert, aber auch noch dringlicher wird sie dadurch, daß sich unter den Christen, die am meisten zum Dialog benötigt werden, die palästinensischen befinden. Der Schmerz, der Zorn und die Schuld, die am Wegrand lauern, werden uns auf Schritt und Tritt versuchen, den Dialog zu etwas schön „Frommem" entarten zu lassen, einem Gespräch unter Theologen oder Historikern, das die eventuell strittigen Punkte sorgfältig ausklammert. Er könnte zu einem Dialog der Frommen werden, so vergeistigt, daß er niemand provoziert. Er könnte aufweichen zu einer weiteren Form der unaufhörlichen „geistlichen Suche", die so viele Sucher so weit ins Elysium lockt, daß sie die dornigen Fragen vergessen, mit denen Menschen, die für ihren Glauben einstehen, auf dem Boden der Tatsachen ringen müssen. Indes schien es mir auf dieser lehrreichen Busfahrt klarer denn je zu sein, daß ein wirklicher jüdisch-christlicher Dialog nicht in einem plombierten Fahrzeug stattfinden kann, während die anderen zum Fenster hereinstarren. Man muß ihn im Getümmel der Alltagswelt des Leides, der Hoffnung, der Enttäuschung und der Ausdauer führen, aber nicht in dem Bestreben, in den Genuß unvergeßlicher Gipfelstunden oder mystischer Entrückung zu gelangen. Wenn Christen auch leicht dazu neigen, sich solch schwärmerischer Euphorie zu überlassen, ist es doch gerade unsere Verbindung mit dem jüdischen Volk, die uns immer wieder dorthin zurückbringt, wo Gott wirklich in der Welt zugegen ist, und uns davor bewahrt, zu hoch in den Zenit zu entschweben.

Die Christen sind zweifellos auf die Juden angewiesen. Ohne sie in unserer Vergangenheit hätten wir keine Bibel, keinen Jesus und keine Gotteserkenntnis. Ohne sie in unserer Gegenwart können wir Gott, die Welt oder uns selbst nicht verstehen. Aber wir Christen müssen auch anerkennen, daß wir, obgleich die Juden für unseren Glauben von wesentlicher Bedeutung sind, für den ihren nicht wesentlich sind. Als Christen *müssen* wir über Jesus sprechen, und die Juden sind, wie meine Mitreisenden im Ausflugsbus mir gezeigt haben, bereit, auch über ihn zu sprechen. Doch was die Christen von den Juden trennt, besteht nicht darin, daß wir unterschiedliche Auffassungen von Jesus haben, was natürlich stimmt. Was uns trennt, ist, daß die Juden etwas haben, was wir nicht haben. Sie haben die Tora. Sie besitzen die Gottesgabe sowohl einer schriftlichen Offenbarung in der Heiligen Schrift, die wir bis zu einem bestimmten Punkt mit ihnen teilen können, und eine ebenso bindende mündliche Überlieferung, die die Rabbis in der Mishna und im Talmud niedergelegt haben, die wir nicht besitzen und nie besitzen können. Als der Tempel im Jahre 70 n. Chr. dem Erdboden gleichgemacht wurde, kamen die Christen zu dem Glauben, daß Jesus Christus an seine Stelle getreten sei. Für den Glauben der Juden hatte die Tora, eine lebendige und nie aufhörende Offenbarung mit ihrem Atem seine Stelle eingenommen. Jacob Neusner sagt das so:

„Die Tora ist ein vielschichtiges Symbol. Dazu gehört auch der bemerkenswerte Zug, daß, was immer dem jüngsten Rabbi unserer Zeit durch korrekte Exegese zu entdecken beschieden ist, ebenso sehr zur Tora, die dem Mose offenbart worden ist, gehört wie ein eigentliches Schriftwort. Es ist infolgedessen möglich, durch fachgerechtes, korrektes Gesetzesstudium sogar beim Gesetzgebungsvorgang mitzuwirken. Gott selbst, der im Gesetz forscht und nach dem Gesetz lebt, soll sich denselben korrekten Forschungsnormen unterworfen haben. Als ein irdisches Gericht einmal das durch Wunder erbrachte Zeugnis des Himmels verwarf, hat – wie die Weisen glaubten – Gott jubelnd ausgerufen: ‚Meine Söhne haben mich besiegt!' Kurz, wir haben es mit einem mythisch-religiösen System zu tun, in dem Himmel und Erde einander entsprechen und die Tora – anstatt des Tempels – das Modell für beide ist."

Grundsätzlich muß als Regel für jeden Dialog zwischen Christen und Juden gelten: es kann niemals in Frage kommen, daß Christen Juden zum Christentum zu bekehren versuchen. Schon der Gedanke ist widersprüchlich in sich. Sind es doch diejenigen von uns, die den Christennamen tragen, die, wie wir glauben, in den Bund, den Gott mit den Juden geschlossen hat, „adoptiert" werden, und nicht umgekehrt. Wir sind die Nachzügler, der wilde Zweig, der auf den schon vorhandenen Baum aufgepfropft worden ist. Als ich einem meiner Reisegefährten im Bus erzählte, der Neutestamentler Krister Stendahl habe die Christen einmal als „Juden ehrenhalber" bezeichnet, hat er gelacht. Er sagte mir, es sei sein Steckenpferd, fromme Sprüche auf Autoaufklebern zu sammeln, und ein Spruch, den er oft als Aufkleber bei enthusiastischen Christen sehe, laute: „Ich habe es gefunden", gewöhnlich auch noch mit einem Ausrufezeichen. Wie er mir sagte, fährt einer seiner Nachbarn, ein Unitarier, mit einem Aufkleber durch die Gegend, der unbeugsam darauf besteht: „Ich suche noch." Dann fuhr er fort, er habe sich mit dem Gedanken getragen, an seinem eigenen Auto einen Aufkleber anzubringen mit den Worten: „Wir haben es nie verloren."

Ich sagte ihm, er habe eine Eins mit Auszeichnung in Theologie verdient. Wir Heidenchristen sind es, die dem Apostel Paulus zufolge einmal die Verlorenen und „außerhalb des Bundes mit Israel" Umherirrenden waren. Wir sind es, die sich „bekehrt" haben und dem Bund als Neuankömmlinge beigetreten sind. Ich habe meinen Freund auch darauf hingewiesen, es sei bezeichnend, daß die anderen Autoaufkleber, die er erwähnt habe, mit „ich" begännen, während sein eigener mit „wir" begänne. Das sagt uns etwas Wichtiges über Israels Glauben: er ist nicht der Glaube von Individuen, sondern der Glaube eines Volkes.

Die Christen tun sich noch schwer damit, religiöse, kulturelle und sonstige „Andersartigkeit" nicht als Unzuträglichkeit zu werten, mit der wir uns irgendwie arrangieren müssen, sondern als Gabe Gottes und einen Hinweis auf unsere menschliche Begrenztheit und die unerforschliche Fülle des heiligen Gottes. Allerdings empfinde ich immer deutlicher, daß wir uns, so dringend das Gespräch mit Buddhisten oder Hindus auch sein mag, zuerst einmal mit den „anderen" verständigen müssen, die schon immer mitten unter uns gelebt haben. Dialog ist wichtig, wo immer es dazu kommt, aber manchmal scheint es, als könne alle Mühe um das Gespräch mit anderen Religionen so etwas wie eine Ausflucht sein, während wir der Andersartigkeit, die uns am nächsten steht, keine Beachtung schenken. Diejenigen, die nach wie vor Gottes eigentlich auserwähltes Volk sind, sind im Leben immer noch unsere Nachbarn und Freunde und sogar unsere Ehemänner und -frauen. In der Vergangenheit sind die Christen mit dieser engen Beziehung so schlecht wie möglich umgegangen. Vielleicht gibt Gott uns noch einmal eine Chance.

Wir können die Unterschiede zwischen Christen und Juden weder leugnen noch verharmlosen. Die Juden lehnen den entscheidenden Anspruch der Christen ab, in Jesus sei das Bundesvolk auch auf die Christen ausgedehnt worden. Das ist kein belangloser Unterschied und sollte nicht übersehen werden. Nichtsdestoweniger kommen wir Christen, wenn wir uns auch eigensinnig mit Händen und Füßen dagegen sperren, langsam zu der Erkenntnis, daß unser früheres Verhalten den Juden gegenüber – Bekehrung, Vertreibung, Vernichtung – immer entsetzlich falsch gewesen ist. Dürfen wir glauben, daß die Christen jetzt, nachdem sie dabei fast zwei Jahrtausende versagt haben, lernen, daß die beiden Kinder Rebekkas als Geschwister leben können?

Wenn ich darüber nachdenke, schöpfe ich aus der Erklärung über das Judentum, die die United Church of Christ kürzlich verabschiedet hat, große Zuversicht. Sie stellt mit packenden Worten fest, daß Gottes Bund mit dem jüdischen Volk gültig bleibt, und erinnert an die Taten, für die wir Christen Vergebung erhoffen. Wörtlich lautet sie:

„Wir in der United Church of Christ bekennen, daß die christliche Kirche im Lauf ihrer Geschichte den Fortbestand der Bundesbeziehung Gottes zum jüdischen Volk, die im jüdischen Glauben zum Ausdruck kommt, weithin geleugnet hat. Diese Leugnung hat oft zu direkter Ablehnung des jüdischen Volkes und zu Ausbrüchen von Gewalt geführt, die man weder theologisch noch menschlich billigen kann.

Angesichts dieser Geschichte, von der wir uns als Christen nicht lossagen können und dürfen, bitten wir um Gottes Vergebung durch unseren Herrn Jesus Christus. Wir beten um Gottes Gnade, die uns befähigen wird, uns entschiedener als je zuvor von diesem Weg der Ablehnung und Verfolgung abzuwenden und zu erklären, daß das Judentum durch das Christentum nicht abgeschafft worden ist; daß man im Christentum keine Nachfolgerin der jüdischen Religion sehen darf; daß Gottes Bund mit dem jüdischen Volk nicht aufgekündigt worden ist. Gott hat das jüdische Volk nicht verworfen; Gott steht treu zum Bund."

Das sagt viel. Aber es sagt es in Worten. Und die Juden haben zu diesem Thema schon viele packende Worte vernommen.

Als unser Bus das Hotel erreichte, liefen die meisten Mitreisenden um die Wette zu den Duschen, nur Alex, der englische Jurist, und ich gingen in die Bar, um etwas Kühles zu trinken. Anscheinend fühlte er sich, als die anderen außer Hörweite waren, frei, seine Bedenken anzumelden. Es wäre sicher schön, daß ich so dächte, wie ich dächte, sagte er, aber bestünde denn wirklich Hoffnung, daß die meisten Christen ihre Einstellung den Juden gegenüber zu ändern begännen? Oder wäre dieser Dialog-Betrieb nur wieder ein neuer Schachzug im alten Spiel, ein gerissenerer sanfter Reklametrick, der den Juden einen leisen Rippenstoß in Richtung Taufbrunnen versetzen sollte?

Zuerst fühlte ich mich von seiner Bemerkung ein wenig getroffen. Aber dann fiel mir mein sonnenbrillen-bewehrter Eschatologie-Lehrer mit seinem Hirngespinst von kosmischen Schlachten und der Massenbekehrung der Juden ein, und ich schüttelte den Kopf. Mein Reisegefährte wartete noch, aber ich wußte, ich hatte wenig vorzuweisen, womit ich ihn hätte beruhigen können. Es war eine lange, traurige Geschichte. Eins der ersten Dokumente, die christliche Theologiestudenten studieren, stammt aus dem zweiten nachchristlichen Jahrhundert. Sein Verfasser ist Justin der Martyrer und sein Titel „Dialog mit dem Juden Tryphon". Es ist aber kein Dialog, sondern eine polemische Spiegelfechterei, in der Justin, der Christ, Tryphon den kürzeren ziehen zu lassen und zu beweisen versucht, daß Christus das Judentum abgeschafft habe. Dieser Pseudo-Dialog, der schon so früh begonnen hat, hat zu lange gedauert. Alex wußte, und ich weiß, daß die Christen, da diese Fälschung hauptsächlich von Christen betrieben worden ist, das meiste tun müssen, um dem Dialog, der ganz zweifellos der allerwichtigste ist, wieder zur Glaubwürdigkeit zu verhelfen.

6

Die Suche nach einem Sowjet-Christus

In dem 1985 in erster Auflage erschienenen Roman „Der Richtplatz" des sowjetischen Schriftstellers Tschingis Aitmatow wird ein frommer, russisch-orthodoxer Seminarist, Abdias Kallistratow, der Sohn eines Popen, aus dem Seminar entlassen, weil er zu viele Fragen stellt. Da ihm sein ursprünglicher Beruf genommen ist, beginnt Kallistratow für eine Komsomol-Zeitung zu arbeiten. Nach etlichen Abenteuern wird er dann verhaftet – er hatte sich geweigert, eine Werbeaktion zur Ausrottung übermäßig fruchtbarer Antilopen zu unterstützen – und nach stalinistischem Muster als „Staatsfeind" vor Gericht gestellt. Schließlich wird er, dreiunddreißigjährig, hingerichtet. Während des ganzen Geschehens bewahrt Kallistratow so etwas wie sittliche Einfalt und Reinheit. Er verliert nie, wie der Autor es nennt, „seine innere Flamme".

Aitmatows Buch hat in der Sowjet-Union eine kleine Sensation ausgelöst, und die Debatte, die es in Gang gebracht hat, stellt die Glasnost bis an seine Grenzen auf die Probe. Einige Kritiker haben Abdias mit Fürst Myschkin in Dostojewskis Idioti, einer bekannten russischen Christusgestalt, verglichen, wenn auch diesmal als edle Traube sowjetischer Produktion, die erbarmungslos zwischen einer erstarrten Kirche und einem atheistischen Staat zerquetscht wird, Institutionen, die Aitmatow als Zwillings-„Mastodonten" charakterisiert. Andere nennen das Buch verworren und plagiatorisch. Die Verfechter eines harten Kurses sehen in ihm den Beweis dafür, daß die jetzige Schriftstellergeneration der Religion gegenüber weich geworden ist. Doch niemand bestreitet die Dringlichkeit der Frage, die dahinter steht. Ist die Vorstellung eines „Sowjet-Christus" schimärisch? Oder bildet sich eine neue Jesusgestalt heraus, wie es auch schon andernorts geschehen ist, eine Gestalt, die die klassischen Züge des russischen Christus der Ikonen der orthodoxen Kirche und Dostojewskis mit der in siebzig Jahren sowjetischer Geschichte gemachten Erfahrung verbindet?

Im Frühsommer 1987 hat es mich nach Moskau verschlagen, und ich hatte Zeit zur Verfügung und Aitmatows Frage im Sinn. Ich hatte meine Frau begleitet, deren Fach russische Geschichte ist und die im Rahmen eines wissenschaftlichen Austauschs gekommen war. Da ich selbst aber nur wenig zu tun hatte, verbrachte ich meine Zeit mit dem Besuch historischer Stätten, mit Übungen im Russischen, Spaziergängen durch die Straßen und über die Märkte und mit Fahrten zur Erkundung der endlos langen Strecken des U-Bahnnetzes. Im Zuge meiner Wanderungen habe ich mich eines Tages zu einem Bummel durch den inneren Bereich der Kreml-Anlagen – die für die Öffentlichkeit zugänglich sind – aufgemacht, um die dortigen herrlichen Kirchen zu besuchen, die jetzt Museen sind und weit in die Zarenzeit zurückreichen. Bis zum Roten Platz habe ich die U-Bahn genommen, bin dort ausgestiegen, durch das äußere Tor gegangen und stundenlang in der Uspenski-(Mariä Himmelfahrt)-Kathedrale, der Blagoweschenski-(Verkündigungs)-Kathedrale und der Erzengel-Kathedrale gewesen. Ich war sprachlos, überwältigt vom Eindruck einer wohl unterbrochenen, aber dennoch lebendigen Geschichte und von der tiefernsten Würde der Ikonen, zumal der strengen Christusdarstellungen. Ich war froh, daß ich mich keiner Führung angeschlossen hatte. Allein konnte ich vor jeder Ikone stehenbleiben, solange es nötig war, so daß meine Augen sich an die Dunkelheit gewöhnten und ich die stille Macht des russischen Christus – der nach den Worten der russischen Gläubigen immer noch und bis ans Ende der Zeiten für die ganze Menschheit leidet – auf mich wirken lassen konnte. Ich brauchte nicht auf das Geplapper der Intourist-Führer zu achten oder zur nächsten Sehenswürdigkeit zu hasten.

Nach ein paar Stunden trat ich wieder in den sonnenhellen Hof hinaus. Da sprach mich ein junger Russe, der etwa dreißig Jahre alt sein mochte, in ausgezeichnetem Englisch an. Er sagte mir, ihm sei aufgefallen, daß ich Ausländer, wahrscheinlich Amerikaner, sei und mich, statt an den „heiligen Ikonen", wie er sie nannte, vorbeizulaufen, anscheinend in sie versenkt habe. Wäre ich vielleicht sogar ein gläubiger Christ?

Im ersten Augenblick wußte ich nicht recht, was ich antworten sollte. Legte hier der KGB eine Schlinge aus? Wollte er mir meine Laufschuhe abkaufen? Ich zögerte. Aber etwas in seinem offenen Wesen und seinem ungeheuchelten Lächeln ließ mich meine Bedenken überwinden. Ich sagte ihm, ich sei tatsächlich gläubiger Christ, und die Ikonen hätten es mir angetan. Wir schlenderten im Gespräch zuerst am Lenin-Denkmal vorbei, dann zum Tor hinaus auf den Roten Platz. Immer noch im Gespräch gingen wir zum Arbat, dem malerischen alten Viertel von Moskau, hinüber. Als wir so dahingingen, stellte er sich vor. Er war Fernseh-Autor und im Zusammenhang mit einer Sendung, die eben in Vorbereitung war, in den Kreml gekommen. Da er bis zum nächsten Termin eine Stunde frei hatte, war er in die Uspenski-Kathedrale gegangen und hatte mich dort entdeckt. Nachdem wir eine Weile geplaudert hatten, wagte ich meine Frage. Ich frage ihn, was er über die „Rückkehr zur Religion" unter den russischen Intellektuellen wisse, von der allenthalben die Rede sei. War sie wirklich im Gange? War sie weit verbreitet? Was bedeutet sie?

Er blieb stehen, um zu antworten. „Ich vermute", sagte er, „daß man mich zu ihnen rechnen müßte." Ich sagte ihm, ich sei sehr interessiert, nicht nur von der Sache her, sondern ganz persönlich, und ich hätte den Wunsch, mit den Menschen zu sprechen, für die die Suche nach einer neuen Spiritualität irgendwie zur Suche nach der eigenen Identität geworden wäre. Könnte er mir da helfen? Mein neuer Bekannter, den ich „Juri" nennen will, sagte mir, er müsse jetzt wieder an die Arbeit gehen – er sei, bemerkte er, schon eine Stunde überfällig –, aber er verabredete sich mit mir für den nächsten Tag, einen Sonntag, zur Vesper im Nowa-Dewichy-Kloster. Da würde er mich, sagte er, bei einem seiner Freunde einführen, der ganz der richtige Mann wäre, um mir zu helfen. Wir tauschten unsere Telefonnummern aus, gaben uns die Hand und trennten uns auf dem Roten Platz genau vor der farbenprächtigen Kathedrale des heiligen Basilius.

Den Rest des Samstags und den größten Teil des Sonntags fragte ich mich, ob ich Juri je wiedersehen würde und ob überhaupt jemand ernstlich mit mir über die Fragen sprechen wollte, die mich beschäftigten. Ich bezweifelte, daß jemand dazu bereit wäre, und ich entschloß mich, wohl die Vesper im Nowa-Dewichy-Kloster zu besuchen, aber keine Hoffnung darauf zu setzen, Juri wirklich zu treffen.

Aber als ich aus meinem Taxi stieg, stand er da mit seinem nur wenig jüngeren Freund genau vor dem Klostertor. Er stellte mich Karol vor, und sofort begannen alle vielleicht noch verbliebenen Zweifel, ob jemand mit mir über dieses Thema sprechen wolle, zu schwinden. Ich habe während meiner restlichen Wochen in Moskau kaum noch etwas anderes getan.

Heutzutage sehen viele russische Intellektuelle im Gespräch noch mehr als das Vergnügen, das es schon immer gewesen ist – man denke nur an die endlosen Diskussionen, die sich Seite über Seite durch die großen russischen Romane ziehen. Seit es die *Glasnost* gibt, hat es etwas von einer heiligen Pflicht angenommen. Wie ein Schriftsteller mir später sagte, „müssen wir jeden Tag die Front ein wenig vorverlegen und mehr Freiraum schaffen, damit die ängstlichen Seelen sich trauen, aus ihren Löchern zu kommen“. Da religiöse Fragen wieder in Schwang gekommen sind und das Gespräch mit Ausländern – einst ein verbotener Zeitvertreib – eine der Segnungen der Glasnost ist, war es nicht schwer, Gesprächspartner zu finden.

Amtlichen Dolmetschern und Vertretern der Amtskirche bin ich aus dem Weg gegangen. Mir ging es weder um die offizielle Haltung der Regierung noch um die der Kirche. Obgleich mein

Russisch nicht viel taugt, haben die meist recht gebildeten Menschen, mit denen ich gesprochen habe, entweder einige Englischkenntnisse besessen oder Freunde gehabt, die übersetzen konnten. Als ich die Heimreise antrat, hatte ich Dichter, Verleger, Übersetzer, Drehbuchautoren und Musiker kennengelernt – eine Auswahl von Menschen, die reichhaltig genug war, mich davon zu überzeugen, daß die Suche nach einem Sowjet-Christus nicht einfach eine Modeerscheinung ist. Es gibt sie tatsächlich, wenn sie auch keine festen Umrisse besitzen, manchmal unsicher und noch sehr anfällig ist. Sie bedeutet auch in den Augen der einzelnen bald dies, bald jenes. Vielleicht vermittelt es den besten Gesamteindruck, einige der Sucher und Gläubigen vorzustellen, mit denen ich gesprochen habe. Ich habe ihre Namen geändert, nicht um sie vor Belästigung durch die Behörden zu schützen, mit der niemand von ihnen gerechnet hat, sondern um die Privatsphäre von Menschen zu respektieren, die bereit waren, offen über ein Thema zu sprechen, das schließlich eine ganz persönlich Angelegenheit ist.

Den Anfang habe ich mit Iwan gemacht, den ich durch Juris Freunde kennengelernt hatte. Bei unserem Treffen in Iwans Etagenwohnung, wohin er uns zu einem späten Abendessen geladen hatte, waren auch Iwans Frau, sein heranwachsender Sohn und seine achtjährige Tochter zugegen. Die Wohnung war geräumig, doch nicht behaglich, und befand sich an der Peripherie von Moskau in einer jener endlos langen Zeilen von Wohnhochhäusern inmitten von Parkanlagen und Grüngürteln. In allen Räumen waren die Wände voller Zettel, Erinnerungsstücke, Ansichtskarten und Bücher in verschiedenen Sprachen, wobei allerdings russische Titel überwogen. Iwan ist Fachübersetzer für Gedichte aus modernen europäischen Sprachen ins Russische. Ein stämmiger Mann von gefälligem Aussehen, etwa Mitte Vierzig, mit meliertem Schläfenhaar, hat er einen durchdringenden Blick, dabei aber ein warmes und ungezwungenes Lächeln. Er erzählte mir, er sei in einer völlig areligiösen Familie jüdischer Abkunft aufgewachsen. Seine Eltern hätten sich der Religion gegenüber weder zustimmend noch ablehnend verhalten. Sie interessierten sich einfach für andere Dinge. Als er sich selbst aus innerem Bedürfnis nach einer Religion umzusehen begann, fühlte er sich zur russischen Orthodoxie hingezogen, teils weil es sonst anscheinend kaum etwas gab, aber auch weil sie seinem ästhetischen Temperament entgegenkam.

Warum hatte sich Iwan, als er im Erwachsenenalter auf die Suche ging, nicht die sowjetischen Juden ausgesucht? Als ich ihm diese Frage stellte, schien sie ihn traurig zu stimmen. Was er mir antwortete, hatte ich auch schon von anderer Seite gehört, daß nämlich die jüdische Minderheit in Rußland wohl eine kulturelle und geistige Macht bleibe, die weit über ihre zahlenmäßige Größe hinausreiche, jahrelange Diskriminierung und die von der Notlage verursachte Auswanderung aber ihre religiöse Kraft geschwächt hätten. Hier und da sieht man Zeichen dafür, daß die phänomenale Lebendigkeit, die einmal diesem bedrängten Zweig des Weltjudentums eigen war, wiederkommen könnte. Doch die Zeichen sind spärlich und die Hindernisse zahlreich. Jedenfalls war er, wo religiöser Aufbruch zugleich auch Suche nach einem geistigen Erbe zu sein schien, für Iwan wohl keine echte Alternative.

Er hatte auch, wie er mir sagte, immer, und das schon als Kind, die Ikonen geliebt. Man konnte sehen, daß er sie immer noch liebte. In allen Räumen der Wohnung waren Ikonen an den Wänden, besonders gehäuft in der Wohnzimmerecke, wo wir uns, wie es in Moskauer Wohnungen oft geschieht, zum Abendtisch versammelten. Vor dem Essen bat mich Iwan, mich mit der ganzen Familie stehend den Ikonen zuzuwenden, wobei sie das Vaterunser russisch beteten und sich beim „Amen“ nach orthodoxem Ritus von rechts nach links bekreuzigten. Nach dem Mahl, das aus Suppe, Frikadellen, frischen Radieschen und schmackhaftem Schwarzbrot mit Butter und Quark bestand – Alkohol gab es nicht –, haben Iwan und ich uns über seine Gottsuche unterhalten.

Ich begann damit, ihn nach den Ikonen in der Zimmerecke zu

fragen. Wir gingen zu ihnen hin, und er zeigte mir eine Theotokos, die Gottesmutter in einer ihrer verbreitetsten russischen Darstellungen als Unsere Liebe Frau von Wladimir. Eine andere Ikone zeigte Jesus Christus als Pantokrator, den hohläugigen, leidenden Weltenherrscher. Auch der heilige Erzengel Michael und zwei mir nicht vertraute russische Heilige waren vertreten, die sich als ein unbekannter Bischof und ein Metropolit aus vergangenen Jahrhunderten erwiesen. Mochte Iwan auch die Ikonen noch lieben, so wurde mir im weiteren Verlauf unseres Gespräches klar, daß sein Glaube in einem tiefen Wesenszusammenhang mit einer umfassenderen Liebe zur „Tradition" stand, die für sein Empfinden ein unentbehrlicher Bestandteil eines wahrhaft menschlichen Lebens ist. Zum Beispiel fragte er mich, als wir auf die verschiedenen Konfessionen im Westen zu sprechen kamen, die ihm in etwa bekannt waren, mit einem ratlosen Gesichtsausdruck, ob man tatsächlich über die Priesterweihe für Frauen diskutiere. Als ich ihm sagte, das sei der Fall und einige Kirchen hätten sogar schon Frauen geweiht, schüttelte er den Kopf. Mit solchen „Abwegen" sei er nicht einverstanden, sagte er. Er stellte sich als einen Menschen dar, der in einem gewissen Lebensabschnitt das Neue sogar freudig begrüßt habe, die modernsten Richtungen in der Kunst, in der Musik und in der Literatur. Doch seit er sich der orthodoxen Kirche angeschlossen habe, sei er, wie er sagte, in all seinen Ansichten konservativer geworden, und sein Mißtrauen der Moderne gegenüber reiche bis zu den Werken der prominentesten zeitgenössischen sowjetischen Dichter, darunter Jewtuschenko und Wosnezenski. Er glaubt, sie seien zu sehr auf Wirkung und Erfolg bedacht und gar zu bereit, die sittliche Verantwortung des Dichters aufs Spiel zu setzen, um Anerkennung und Vorrangstellung zu erlangen. Dagegen liebt und schätzt er weiterhin die Heldin der jüngeren russischen Dichtkunst, Anna Nachmatowa, die in der Stalinzeit so verfolgt worden ist. Zwei unübersehbare Bilder der Nachmatowa, eins in jedem der beiden Haupträume des Hauses, bezeugten, wie sehr Iwan sie verehrte. Wenn ihre Fotografien auch ein paar Fuß von den Ikonen entfernt plaziert worden waren, hatte ich das Empfinden, daß sie in Iwans Pantheon eine Art Theotokos unter den berufenen Dichtern war.

Nachdem wir uns ein paar Minuten unterhalten hatten, begann ich bei Iwan eine gewisse Verlegenheit wahrzunehmen. Vielleicht merkte er, wie oft ein traditionstreuer Orthodoxer auf gläubige Christen anderer Richtungen intransigent und sogar herablassend wirken kann. Es entstand eine peinliche Pause. Dann wandte sich das Gespräch irgendwie dem amerikanischen Jazz zu, und Iwan ging auf. Er lehnte sich im Sessel zurück und berichtete voll sprudelnder Begeisterung, wie verliebt er früher in Duke Ellington und Charlie Parker gewesen sei und daß er immer noch mit Freunden amerikanische Big-Band-Musik höre. Er schilderte, wie versessen er während des Krieges als junger Mann auf den damaligen amerikanischen Soldaten-Sender gewesen sei und daß er auch heute noch Jazz-Sendungen der Stimme Amerikas höre. Er erzählte mir, daß er volles Verständnis dafür gehabt habe, als ihm vor einigen Jahren ein prominenter russischer Dichter bei der Rückkehr aus Amerika erzählte, der unvergeßliche Höhepunkt seiner Reise sei seine Begegnung mit Gerry Mulligan in einem New Yorker Nachtlokal gewesen. Mir kam bei seinen Worten der Gedanke, daß hier wenigstens ein Aspekt seines früheren Lebens vorliege, der sich durch seine Hinwendung zum Glauben nicht sehr geändert habe. Doch bezweifelte ich, daß er für die Jazz-Liturgien der letzten Zeit etwas übrig haben würde oder daß er um die Jazz-Liturgie wüßte, die sein verehrter Ellington persönlich noch kurz vor seinem Tod komponiert hatte. Ich entschloß mich, ihm nichts davon zu erzählen.

Nachdem das Thema Jazz abgehandelt war, fragte ich Iwan, ob die „Rückkehr" der sowjetischen Intellektuellen zur Religion seiner Ansicht nach echt wäre. Er sagte mir, zum Teil trüge sie wohl sicher die Kennzeichen einer Modeerscheinung, doch sei auch etwas Tieferes und Bleibenderes im Gange. Allerdings fügte er mit einem leichten Ton des Bedauerns hinzu, er sei ganz und gar nicht sicher, ob die russisch-orthodoxe Kirche überhaupt in der

Lage sei, diesem Interesse zu entsprechen. Ich hörte genau zu. Das war das erste Mal, daß er auch nur andeutungsweise Kritik an seiner Kirche hatte verlauten lassen. Vor ein paar Wochen, erzählte er mir, habe er seinen Pfarrer gefragt, warum es anscheinend in ihrer Kirche kein Bildungswerk gäbe. Er hätte gern gewußt, warum es außer der Liturgie und der Musik nichts gäbe, das dem Volk zusätzliche Unterweisung in der Geschichte und der Theologie der Orthodoxie böte. „Was der Pfarrer mir sagte", berichtete er, „war: ‚Die Ikonen lehren uns alle, was wir wissen müssen.'" Er betonte den Satz mit hoch erhobenen Händen, eine Geste, die entweder seinen Wunsch bedeutet haben könnte, der Pfarrer hätte mehr gesagt, oder die Meinung, der Ausspruch habe etwas vom Geheimnis und von der schöpferischen Kraft der Orthodoxie offenbart.

Als wir auf seine Übersetzertätigkeit und auf Literatur im allgemeinen zu sprechen kamen, sagte Iwan mir, zur Privatlektüre nehme er wieder die Klassiker, besonders Dostojewski, Tolstoi und Cervantes, und an moderner Literatur liege ihm nicht mehr annähernd so viel wie früher. „Nehmen wir Kafka", sagte er. „Früher habe ich für Kafka geschwärmt, aber jetzt glaube ich ..." Hier brach er ab und zuckte mit den Schultern. Er wollte nicht den Eindruck erwecken, als lehne er alle modernere Literatur ab, und beeilte sich mir zu sagen, daß er unter den amerikanischen Autoren Saul Bellow am meisten schätze. Er hielte „Mr. Sammler's Planet" für den besten neueren amerikanischen Roman. Es war schwer, einen Mann nicht gern zu haben, der sowohl für Saul Bellow als auch für Charlie Parker einen Sinn hatte. Ich spürte, daß Iwan ein Mensch war, den die Orthodoxie mit den geistigen Grundlagen für sein Leben und mit einer Weltsicht ausrüstete, und daß er sie lebte, ohne sich von persönlichen Vorlieben und Eigenheiten zu trennen. Sie half ihm, seine Auswahl zu treffen und Urteile zu fällen, war aber für ihn alles andere als ein geschlossenes System. Doch ging mir unwillkürlich seine Bemerkung über die in der orthodoxen Kirche fehlende Unterweisung nach. Er war ein Mensch, der der Gedankenwelt ebenso zugetan war wie den Ikonen. Er schien, wenn es ihm auch nicht ganz gelang, den althergebrachten Argwohn des Slawophilen, der Westen könne zu intellektualistisch sein, mit dem Verlangen zu verbinden, die theologischen Vorstellungen seiner neuentdeckten Glaubenswelt streng wissenschaftlich zu untersuchen. Als Iwan mich zum Taxistand brachte und mich beim Vorfahren des Taxis umarmte, wußte ich, daß ich mit einem Pilger gesprochen hatte, der noch unterwegs war.

Am Tag nach meiner Unterredung mit Iwan traf ich mich in einem Restaurant im Moskauer Geschäftsviertel mit „Elena", einer Bekannten, die er telefonisch für mich mobilisiert hatte. Sie hatte mich zu einem späten Lunch eingeladen. Eine hochgewachsene Frau, Anfang Fünfzig, trug sie ein Maßkostüm und eine weiße Bluse und hatte ihr rot-braunes meliertes Haar zu einem Pferdeschwanz gerafft. Man wies uns im Speisesaal, der ein hölzernes Deckengebälk besaß, einen schönen Tisch an, und Elena bestellte wohlüberlegt ein Menü, das sich als die beste Mahlzeit erwies, die ich in Moskau genossen habe: Borschtsch, Salat, Schweinekotelett mit Broccoli und Kartoffeln, einen guten Roséwein und Kaffee.

Die Unterhaltung war alles andere als platt alltäglich. Elena wollte über das philosophische und ethische Problem des „Verrats" sprechen. Sie erzählte mir, ihr selbst und vielen anderen Schriftstellern, die die Stalinzeit mitgemacht hatten, sei schmerzlich bewußt geworden, daß Tyrannei nur möglich ist, wenn Menschen bereit sind, einander zu denunzieren, manchmal im großen Stil, doch oft im kleinen. Gewaltherrschaft stützt sich auf solche Denunzianten. Sie sagte mir, sie könne nicht aufhören, über den Verrat nachzudenken, nicht über den, der nach ihren Worten unter Folter oder angesichts von Drohungen geschieht, sondern den, in den man unversehens hineinschlittere, selbst wenn man feierlich versprochen habe, es nie dazu kommen zu lassen. Aus diesem Grunde übte, wie sie sagte, die Geschichte von der Verleugnung Christi durch Petrus, über die sie jüngst noch ein kurzes Bühnenstück geschrieben hatte, immer wieder neue Anziehung auf sie aus. Sie paffte an ihrer Zigarette und lächelte: der Regisseur habe ihr, so berichtete sie, gesagt, „er sähe wohl, daß man sich der neuen Freiheit der Glasnost bedienen müsse, er sei aber nicht sicher, daß das Moskauer Theaterpublikum schon reif sei für ein Stück, dessen Stoff unmittelbar aus der Bibel genommen sei." Sie war sich noch nicht schlüssig, ob sie das Stück umarbeiten, ob sie auf seine Aufführung drängen oder ob sie abwarten solle, bis die Atmosphäre mehr dazu angetan zu sein scheine.

Als ich mit Elena sprach, hatte ich schon herausgefunden, daß Aitmatows Roman und seine Frage nach der Möglichkeit eines Sowjet-Christus bei meinen Unterredungen mit Moskauer Intellektuellen so ähnlich wie ein Rorschachtest wirkte. Jeder hatte den Roman gelesen, und jeder hatte sich seine feste Meinung darüber gebildet. Er schien es ihnen zu ermöglichen, gelassener über sich selbst und religiöse Fragen zu reden, da sie nicht so unmittelbar auf ihr eigenes Suchen hinzuweisen brauchten. Als ich bei Elena darauf zu sprechen kam, tat sie einen tiefen Zug an ihrer Marlboro, nahm einen Schluck Rosé, lehnte sich zurück und runzelte kaum merklich die Stirn. Dem Ton ihrer ersten Worte konnte ich anmerken, daß sie für den „Richtplatz" nicht viel übrig hatte, ihre Kritik aber maßvoll formulieren wollte. Was man an Aitmatow bemängeln müsse, sagte sie schließlich, sei, daß er schreibe, als hätte er erst vorige Woche die Bibel entdeckt und sei plötzlich auf den Einfall gekommen, sich ihrer für seinen Roman zu bedienen. Man könnte zu weit gehen, erklärte sie, und seine Geschichte als ein Beispiel ganz bewußter Lauterkeit lesen, aber anderseits könnte sie auch schlicht und einfach primitiv sein. Ihr Lächeln erlaubte kaum einen Zweifel an der Auslegung, zu der sie neigte.

Der Roman selbst bildet ein kompliziertes Gewebe aus drei Geschichten. Die erste handelt von einem kirgisischen Hirten mit dem seltsamen Namen „Boston" Ourkountschiew, einem Dissidenten, der schon deshalb dauernd auffällt und sich in Schwierigkeiten bringt, weil er die dummen Anweisungen kritisiert, die von den Partei- und Verwaltungsspitzen erlassen werden. Die zweite handelt von den Steppenwölfen, die Aitmatow als Opfer der menschlichen Raubtiere hinstellt, die die Wildnis ausplündern. Die dritte ist die Geschichte des Seminaristen Kallistratow. Nach seinem Ausschluß aus dem Seminar schleust sich Kallistratow, um zu einer Geschichte für die Komsomol-Zeitung zu kommen, für die er arbeitet, in eine Bande von Rauschgifthändlern ein und begleitet sie, als sie zur Marihuana-Ernte tief im Innern einer der asiatischen Republiken reisen. Als er zu dem Schluß kommt, das nicht durchführen zu können, und die Händler zum Aufgeben ihrer Geschäfte zu überreden versucht, verprügeln sie ihn und werfen ihn aus einem fahrenden Zug. Wie durch ein Wunder überlebt er und schreibt dann seinen Artikel für die Zeitung. Die Herausgeber lehnen es allerdings ab, ihn zu drucken, weil er angeblich dem Ruf des Landes schaden würde, und setzen ihn auf die Straße. Ohne einen Pfennig schließt er sich einer Bande an, die Antilopen um ihrer Felle willen abschießt. Als er sich auch da außerstande sieht, seinen Auftrag zu erfüllen, kommt er vor Gericht und wird vom Mob, dessen Anführer deutlich Stalin nachgebildet ist, zum Tode verurteilt. Die theologischen Dimensionen des Buches treten am deutlichsten zutage in den langen Zwiegesprächen zwischen Kallistratow und seinen beiden Hauptgegenspielern, dem Rektor des Seminars und dem Anführer der Drogenhändler, die einander verdächtig ähneln. Beide ergehen sich lang und breit über Gott und die Bedeutung der Macht.

Der „Richtplatz" enthält eine lange Rückblende auf das Verhör Jesu durch Pontius Pilatus, und ich habe Elena gefragt, ob es das wäre, was sie primitiv gefunden habe. Sie gab zu verstehen, dieser Zug sei kaum eine Erfindung des Autors. Schon Bulgakow hätte sich seiner in seinem berühmten Roman „Der Meister und Margarita" bedient. Sie hätte nichts gegen den Rückgriff auf klassische Themen. Bei russischen Romanautoren käme er immer wieder vor. Aber sie sei nicht sicher, ob Aitmatow wisse, was er tue. Ich hakte ein wenig nach und erzählte ihr, einige Gläubige hätten mir gesagt, sie seien darüber empört, daß Aitmatow sich der Bibel bediene, wo er sich doch dauernd als Atheisten bezeichne. Sie zuckte kurz mit den Schultern, schüttelte den Kopf und schien das Thema fallenzulassen. Trotzdem, so bemerkte sie noch nachträglich, gälte Aitmatows Roman für viele Russen als Beispiel für ein äußerliches und sogar schickes Aufgreifen des derzeit steigenden Interesses an der Theologie. Sie glaubte, man brauche etwas viel Ernsteres und Verbindlicheres, und wir könnten in Zukunft, vielleicht sogar bald, sicher damit rechnen.

Bei der zweiten Tasse Kaffee kam Elena auf einige Unterredungen mit ihrem Mann zu sprechen, den sie vor zwei Jahren verloren hat. Es sei für sie offensichtlich gewesen, sagte sie, daß ihn, als es mit ihm zu Ende ging, etwas am orthodoxen Glauben zutiefst beeindruckt habe. Er sei nicht in die Kirche gegangen, aber er habe stundenlang Tonbänder mit der orthodoxen Vesperliturgie laufen lassen. Nach seinem Tod sei sie neugierig geworden, warum gerade diese Feier und ihr Gesang für ihn solche Bedeutung angenommen habe. Schließlich habe sie ein Kloster aufgesucht, diesem Gottesdienst beigewohnt und einen der Mönche gebeten, ihn ihr zu erklären. „Und das hat er getan", sagte sie. Ich wartete, aber sie sprach nicht weiter. Als ich sie dann fragte, wie die Erklärung gelautet habe, sagte sie mir, sie habe, wenn sie sie auch jetzt nicht wiederholen könne, irgendwie ihre Neugier gestillt. Mit ihrer Hilfe hätte sie die letzten Tage ihres Mannes besser verstanden.

Elena rührte in ihrem Kaffee und zündete sich noch eine Zigarette an. Ich konnte sehen, daß sie sich unbehaglich fühlte. Hatte sie das Empfinden, daß wir ein Thema berührten, das uns bei weiterer Verfolgung in Verlegenheit bringen würde? Russen wissen, daß man in der westlichen Welt auf Erklärungen versessen ist. Aber das Auseinanderklaffen zwischen dem Ästhetischen und dem Religiösen im westlichen Denken, das Kierkegaard so treffend analysiert hat, hat die Orthodoxen nie sonderlich beeindruckt. Sie wissen, daß eine Erklärung, die sie befriedigen könnte, uns vielleicht nicht befriedigt. Jedenfalls schien Elena das Gespräch auf etwas nicht ganz so Gewichtiges lenken zu wollen. Sie fragte mich unvermittelt, ob ich glaube, man solle Kirchen jemals verschließen. Ich sagte ihr, es sei von altersher üblich gewesen, Kirchen immer offen zu halten, daß man sie aber heutzutage in vielen amerikanischen Städten wegen der Diebe und der Wandalen abschließen müsse. Sie nickte verständnisvoll. Sie habe, sagte sie, gelegentlich in Moskau nach einer Kirche gesucht, um dort außerhalb der Gottesdienstzeiten zu sitzen, zu meditieren und vielleicht auch zu beten, habe aber nie eine gefunden.

Der Versuch, das Gespräch aufzulockern, währte nicht lange. Nach einer kurzen Pause wollte Elena von mir wissen, ob mir die Frage gekommen sei, was „Glauben" für ihren Mann bedeutet habe. Natürlich hatte ich mich gefragt, aber ich würde es nie ausgesprochen haben. Nun, sagte sie, ein Priester habe ihm einmal in einem Kloster, das er auf einem Ausflug besucht habe, seinen Segen angeboten. Er habe ihn gern angenommen, sagte sie, aber nach ein paar Minuten sei er noch einmal zu dem Priester hingegangen und habe ihm gesagt, er dächte, er solle wissen, daß er nicht an Gott glaube. Die Antwort des Priesters, sagte sie, habe darin bestanden, zu lächeln, die Hände zu erheben und zu fragen: „Wie kann das jemand ganz sicher wissen?" Sie hielt wieder inne, bevor sie fortfuhr. „Manchmal frage ich mich, ob ich eine Gläubige bin, und die einzige Antwort, die ich mir darauf geben kann, ist: ‚Das kommt ganz darauf an'." Sie hat das nicht näher ausgeführt, aber ich habe ihr gesagt, daß auch ich mich bei Menschen unwohl fühlte, die die Welt fein säuberlich in Gläubige und Ungläubige einteilten. Sie bat mich, das zu erklären, worauf ich ihr denn sagte, daß jeder ehrliche Glaubende manchmal Zweifel habe und daß es viele Atheisten gäbe, die manchmal ihren Unglauben anzweifelten. Sie hörte gespannt zu und nickte, womit sie meine Vermutung bestätigte, daß in der sowjetischen Gesellschaft – wie übrigens auch in Amerika – der allgemeine Sprachgebrauch, der die Menschen in Gläubige und Ungläubige einteilt, an Tauglichkeit und Genauigkeit eingebüßt hat. Er wird der Mischung aus Zweifeln, Hoffen und Suchen nicht gerecht, mit der heute so viele nachdenkliche Menschen ringen.

Wenn Elena der Suchertyp war, stand „Dmitri", den ich zwei Abende später kennenlernte, am anderen Ende des Spektrums: er hatte gefunden. Ein energischer Mittdreißiger, war Dmitri in einer streng kommunistischen Familie aufgewachsen und Komsomolze gewesen. Erst während seiner Studienjahre an der Universität waren ihm Zweifel am dogmatischen Leninismus gekommen. Dort wurde ihm, teils auf Grund seiner Gespräche mit anderen Studenten, aber auch auf Grund seiner ersten Bekanntschaft mit der europäischen Philosophie des neunzehnten Jahrhunderts bewußt, daß er aus dem ideologischen Gehege in andere Gewässer abtrieb. Er erzählte mir, seine erste „Konversion" habe ihn in Richtung einer Art von deutschem Idealismus des neunzehnten Jahrhunderts geführt. Von dort aus habe er sich, wie er sagte, auf die Orthodoxie zubewegt, weil er geglaubt habe, die russische Geschichte habe alle Grundfragen und brennenden Probleme des menschlichen Lebens aufgewühlt, und die angestammte Religion seiner Heimat habe sie am besten gelöst. Später habe er sich dann einer strengeren Richtung der Orthodoxie angeschlossen und sei einer Gemeinde von Altgläubigen beigetreten.

Zunächst war ich erstaunt, einen leibhaftigen Altgläubigen als Gesprächspartner zu haben. Ich wußte, daß die Bewegung der Altgläubigen im siebzehnten Jahrhundert aus dem „Großen Schisma" hervorgegangen war, dessen Ausbruch eine Folge der Bemühungen des Patriarchen Nikon gewesen war, die russisch-orthodoxe Kirche von lokalem Sondergut zu befreien und den übrigen orthodoxen Kirchen besser anzugleichen. Die Altgläubigen wollten davon nichts wissen. Schließlich wurden viele ihrer Anführer in die entlegensten Gegenden des russischen Reiches verbannt, aber das hat im Grunde nur der weiteren Verbreitung ihrer Ideen gedient. Die Richtung der Altgläubigen gibt es auch heute noch, doch sie hat sich aufgespalten in Gemeinden mit rechtmäßig geweihten orthodoxen Priestern, die sich die Betreuung der Altgläubigen zur Aufgabe gemacht haben, und eine eher sektiererische Gruppe, die keine Priester hat und in den Übertritten regulärer orthodoxer Priester ein endzeitliches Zeichen erblickt.

Dmitri gehört dem ersten, gemäßigten Zweig an. Er besteht jedoch darauf, daß er für ihn die einzige „wahre Kirche“ sei, die eine, die die Offenbarung Gottes in Christus und die echte Tradition, die aus ihr erblüht ist, unverändert und „unredigiert“ bewahrt habe.

Anfangs fand ich es mühsam, mit Dmitri ins Gespräch zu kommen, ein wenig wie den Versuch, mit einem besonders zungenfertigen Zeugen Jehovas eine Unterredung zu führen. Er lieh sich meinen Kugelschreiber und machte eine schematische Zeichnung in Gestalt eines im Leben Christi wurzelnden Baumes mit hohem Stamm und vielen Ästen. Die meisten davon – er strich sie aus der Zeichnung, indem er sie mit dem Buchstaben x markierte – seien Häresien, Schismen oder Irrlehren; das wahre Leben des Baumes sei nur im Wipfel vorhanden, in der altgläubigen Richtung der russisch-orthodoxen Christenheit. Ich nickte und schaute auf die Uhr. Im Lauf des Gesprächs ging mir jedoch allmählich auf, daß Dmitri kein Fundamentalist war. Er war von allen, mit denen ich gesprochen hatte, der Gebildetste und Belesenste. Unter den orthodoxen Gläubigen, mit denen ich zusammengetroffen bin, war er der einzige, dem der deutsche Philosoph Martin Heidegger geläufig war, dessen Schriften er nach seinen eigenen Worten schätzte. Als er hörte, ich hätte bei Paul Tillich studiert, der von Heidegger beeinflußt war, schien das auf ihn einen positiven Eindruck zu machen.

Als ich Dmitri fragte, warum ihm Heidegger liege, holte er zu einer weitläufigen Erklärung aus. Heidegger habe, so sagte er, klarer als jeder andere europäische Philosoph den krassen Irrtum der modernen Technik und der Moderne überhaupt gesehen; er habe aufgerufen zu einer Rückkehr zu den Ursprüngen und geglaubt, daß das meiste, wenn nicht gar alles moderne Denken einschließlich seiner Theologie eine Brutstätte von Irrtümern sei. Für Dmitri war das eine verlockende Philosophie, aber es seien, wie er bekundete, aus den Zeiten vor der großen Apostasie der Neuzeit, die er so sehr beklagte, einzig in der russisch-orthodoxen Kirche eine wirkliche Philosophie, Theologie und Bildung erhalten geblieben. Den römischen Katholizismus und den Protestantismus, so fuhr Dmitri fort, sollte man einzig und allein als Zwillingsirrtümer verstehen, die sich aus der unheilvollen Spaltung des Jahres 1054 ergeben hätten, des Jahres, in dem die Trennung von der wahren orthodoxen Kirche endgültig geworden sei. Man bedenke nur, schloß Dmitri und unterstrich das mit erhobenem Arm, ohne diese Spaltung wären die römischen Irrtümer nicht gekommen, die die Reformation herbeigeführt hätten, die nach Max Weber zur Entstehung des Kapitalismus und all seiner Korruption geführt habe. Es ginge uns allen so viel besser. Wir hätten infolgedessen keinen Kommunismus, der als Kritik des Kapitalismus entstanden sei.

Dmitri hatte seine eigenen Ansichten. Aber er verstand einige der Fragen, um die es in der modernen Religionsphilosophie geht, recht gut. Später habe ich entdeckt, daß er einen Diskussionskreis organisiert hatte, der sich regelmäßig in den Moskauer Wohnungen der Teilnehmer traf, um in einer symposionartigen Atmosphäre theologische und philosophische Themen zu erörtern. Er war alles andere als ein engstirniger Eiferer. Er sagte mir, es sei sein großer Traum, eine Möglichkeit zu finden, die christliche Theologie mit der sokratischen Methode zu verbinden, eine Möglichkeit, mittels derer die Wahrheit sich aus dem Aufeinanderprallen ehrlicher Überzeugungen ergäbe. Er führte Klage darüber, daß sich in der Welt von heute die theologischen Denker in die Lager der Dogmatisten und Relativisten aufgespalten hätten, die beide einen echten Dialog erschwerten. Was habe es für einen Sinn, fragte er, mit einem Relativisten zu diskutieren? Was ihn beträfe, würde er jederzeit lieber mit einem guten Dogmatisten diskutieren, solange der Dogmatist gesprächsbereit wäre.

Schließlich fragte ich Dmitri nach dem Wiederaufleben des Interesses an der Religion unter den russischen Intellektuellen. Es sei unvermeidlich gewesen, sagte er mir. Der Zusammenbruch des sowjetischen Marxismus als eines glaubwürdigen philosophischen Systems habe eine gähnende Leere hinterlassen. Die Universitätsstudenten lachten jetzt offen über ihre Ideologieprofessoren. Gewiß, im etablierten Literaturbetrieb gebe es noch einige Hüter der Orthodoxie und Kritiker der Faszination, die die Religion neuerdings auf die Intellektuellen ausübe. Er versicherte mir aber, daß fast jeder diese Gesinnungszensoren als eine aussterbende Spezies ansehe. Niemand nehme sie ernst. Zum Beispiel, sagte er mir, arbeite er selbst als Lektor in einem Verlag, der hauptsächlich wissenschaftliche Lehrbücher drucke, und seine Lektoratskollegen sähen in der Sowjetideologie alten Stils wenig mehr als einen Witz. Ich fragte ihn, ob es Probleme schaffen würde, wenn seine Vorgesetzten wüßten, daß er seinen christlichen Glauben praktiziere. Er lächelte. Wenn sie ihn je direkt danach fragten, sagte er, würde er natürlich ja sagen müssen. Aber er glaube, das würden sie nie – es würde nur unnötige Verlegenheit bewirken. Außerdem wisse jeder, daß es für seine Entlassung keine Rechtsgrundlage gäbe. Selbst die sowjetischen Zeitungen hätten in letzter Zeit angefangen, die gesetzlichen Rechte der Gläubigen zu verteidigen, warum sollte also jemand das zur Sprache bringen?

Einen oder zwei Augenblicke lang spielte ich mit dem Gedanken, Dmitri nach dem Aitmatow-Roman und seinem Sowjet-Christus zu fragen, den er zwischen zwei unerbittliche Gewalten eingeklemmt zeichnet. Aber nach kurzem Überlegen sah ich von diesem Wagnis ab. Ich glaube, er würde die Darstellung der orthodoxen Kirche als eines Zwillings-Mastodonten der kommunistischen Staatsgewalt übelgenommen haben. Eines könnte er sicher geltend machen: Mastodonten sind, auch wenn überflüssige Panzerung sie in ihren Bewegungen hemmt, wenigstens an Größe und Stärke untereinander in etwa gleich. Die orthodoxe Kirche ist aber kaum dem riesigen Staatsapparat in der Sowjet-Union gewachsen, und ich kam schnell darauf, daß eben dies der Grund dafür ist, daß sowohl die Suchenden als auch die zum Ziel ihrer Suche Gekommenen, mit denen ich gesprochen habe, sich schwertaten, an ihr Kritik zu üben. Alle Älteren unter ihnen hatten Jahrzehnte hinter sich, in denen offizieller Staatsatheismus und Gottlosenpropaganda die Atmosphäre bestimmt hatten. Unsere westliche Gepflogenheit, die Kirchen ungeniert zu kritisieren und doch Mitglied zu bleiben, hat sich in der russischen Gesellschaft nie eingebürgert, und das nicht nur, weil es in der orthodoxen Kirche nie eine Reformation oder eine Renaissance gegeben hat, sondern weil sie unter einer mächtigen Regierung lebt, die in religiöser Hinsicht alles andere als neutral ist. Dieser Sachverhalt erklärt auch zum Teil, warum Dmitri bei der Erörterung ganz bestimmter Glaubensinhalte oder Lehren die Formulierung seiner Antwort immer mit „Wir glauben" oder „Die orthodoxe Kirche lehrt" eingeleitet hat. Er hat auch nicht ein einziges Mal gesagt: „Ich glaube", oder „Ich denke". Als ich ihn schließlich fragte, was er persönlich glaube, hat er mir freundlich, aber bestimmt gesagt, sein Glaube sei der Glaube der Kirche. Er sei nicht einfach seine Privatsammlung von Glaubensartikeln. Er glaube, was die Kirche glaube. Als ich das ein paar Tage später einer russischen Bekannten weitererzählte, hat sie gelächelt und geantwortet, vielleicht verstünde ich jetzt etwas besser, wie alle Russen in den meisten Fragen denken – nicht in der Ich-Form, sondern in der Wir-Form.

Bevor wir die Wohnung des Freundes, in der wir unser Gespräch führten, wieder verließen, begann ich mich schon sehr für Dmitri zu erwärmen. Was als scharfes theologisches Streitgespräch begonnen hatte, war zu einem milden, brüderlichen Austausch geworden, vielleicht auch dank einer kleinen Flasche Wodka, die ich in einem Hartwährungsladen erstanden hatte. Doch noch im Augenblick vor unserem Aufbruch versicherte mir Dmitri lächelnd, er sei trotz unserer offenbaren Übereinstimmung in einigen Punkten ebenso fest davon überzeugt, daß es noch viele andere gebe, in denen wir verschiedener Ansicht seien, und daß wir bei unserem nächsten Zusammentreffen gleich mit ihnen beginnen sollten. Als ich ihn fragte, worin seiner Ansicht nach die hauptsächlichste Meinungsverschiedenheit wohl bestehen könnte, schüttelte er den Kopf und sagte mir, wahrscheinlich würde ich große Schwierigkeiten mit dem Verständnis der messianischen Rolle haben, zu der Gott das russische Volk berufen habe. Ich sagte ihm, vielleicht, aber darüber wolle ich mehr hören. Er sagte mir, er glaube fest, Gott habe Rußland erwählt, sowohl das Leiden, das Christus auf Erden auf sich genommen habe, weiter zu erdulden, als auch das Evangelium unversehrt zu bewahren in seiner ganzen Fülle und mit dem vollen, „unredigierten" Blütenschmuck der Tradition. Das Wort „unredigiert" hatte er schon einmal gebraucht, und jetzt kam mir der Gedanke, daß seine Arbeit in einem Verlag seine Wortwahl beeinflußt haben könnte. Er hat mir auch gesagt, sein mittel-langer, rötlicher Bart, der für Moskauer heute ungewöhnlich ist, sei ein Beispiel für das „Nicht-Redigieren", dafür, daß man die Dinge, einschließlich der heiligen Tradition, dem natürlichen Wachstum überläßt. Er versicherte mir, diese besondere Berufung seines eigenen Volkes werfe in keinerlei Weise ein Licht auf den Charakter, die Moral oder den Wert irgendeiner anderen Nation. Sie sei sogar so etwas wie eine Last, die Gott den Russen auferlegt habe, ähnlich der Erwählung der Juden durch Gott. Das sei auch, erklärte er mir, der Grund dafür, daß die Russen sich, wenn sie in die Schlacht zögen, niemals in die Heldenbrust würfen wie einige westliche Völker. Krieg, sagte er, habe für die Russen immer Leid bedeutet. Wir erdulden es willig. Wir rühmen uns seiner nicht, aber wir erkennen es schmerzlich als etwas, das zu unserer Berufung gehört.

Es war schon fast Mitternacht, als Dmitri und sein Freund, den er als Dolmetscher gebeten hatte, mit mir zum Taxistand gingen. Als wir auf die Taxe warteten, redete Dmitri unermüdlich weiter. Er meinte, als Musikliebhaber kenne ich sicher den Unterschied zwischen Klassikern, Unterhaltungsmusik und Schlagermelodien. Ich sagte ihm, das glaubte ich wohl. Nun, sagte er, in gewisser Hinsicht verträte die orthodoxe Kirche die Klassik. Orthodoxe Christen sähen ein, daß sich auch andere Fassungen durchsetzen wollten – Paraphrasen, Jazz-Fassungen und Bearbeitungen. Trotzdem, so meinte er, müsse jemand die Klassiker in ihrer ursprünglichen Form hegen und pflegen. Jemand müsse die hohe Kunst hüten, und es sei die schwierige – oft undankbare – Aufgabe der Orthodoxie, das zu tun. Er war mitten im Satz, als die Taxe vorfuhr und ich einstieg. Bei seinen letzten Worten lächelte er und warf die Tür für mich ins Schloß. Aber da die Taxe sich während seines Schlußsatzes schon in Bewegung setzte, konnte ich nur noch vermuten, wie er gelautet haben könnte. Wahrscheinlich etwa so: „Sie sind im Irrtum, aber Gott segne Sie," oder etwas Derartiges.

War Dmitri der gebildetste und wortgewandteste der neuen christlichen Intellektuellen, die ich in Moskau kennengelernt habe, so war „Mascha" wohl die rührendste. Weit davon entfernt, eine belesene oder hoch gebildete Gläubige zu sein, wußte Mascha sozusagen nichts über Geschichte und Theologie der orthodoxen Kirche. Aber in einer Gesellschaft, die sich immer noch denen gegenüber ablehnend verhält, die sich als Gläubige zu erkennen geben, und ihnen manchmal das Leben schwer macht, bekennt sie sich offen zu ihrem Glauben. Mascha, eine fünfunddreißigjährige Dichterin, deren Werke zum größten Teil noch unveröffentlicht waren, hat sich mit mir in der Datscha einer ihrer Freundinnen vor den Toren Moskaus getroffen, wo sie die Woche hindurch mit ihrer kleinen Tochter und an Wochenenden auch noch mit ihrem Mann wohnt. Im Durcheinander der dortigen Küche oder auf einer Bank vor der Tür schreibt sie ihre Gedichte und macht sie lange Auszüge aus den Werken jüngerer russischer Dichter, vor allem solche Texte, die noch nicht veröffentlicht sind, sondern nach Samisdat-Art unter der Hand im Umlauf bleiben. Mascha, die das keineswegs als lästige oder mühselige Arbeit ansieht, scheint sich dabei wie ein Benediktiner der Frühzeit prächtig zu entwickeln. Die Worte der großen Dichter unter der Hand zu haben und weiterzugeben, ist ihre ganze Freude. Mein Besuch bei ihr hat mich an den einzigartigen Platz erinnert, den die Dichter im Herzen aller Russen, zumal der Intellektuellen, einnehmen. Von den Dichtern erwartet man, daß sie die Propheten der Gesellschaft sind, Menschen, die die Wahrheit sagen und das Volk furchtlos zu seinen sittlichen Pflichten und seiner Verankerung im Glauben zurückrufen. Für Mascha ist das Abschreiben ihrer Worte fast eine geistliche Übung, und sie hat sich nicht über diese Arbeit beschwert.

In ihrer winzigen, ungestrichenen, mit einem Tisch und klobigen Stühlen möblierten Hütte hatte sie auch eine Ikonenecke. Allerdings waren die Ikonen ganz billige Drucke, wie man sie für einen Rubel in jedem klösterlichen Andenkenladen kaufen kann. Unter den ihren befand sich eine der Theotokos und eine des Erzengels Michael, aber die anderen stellten unbekannte Bischöfe und Metropoliten dar, deren Name und Gesichtszüge ich nicht erkennen konnte. Mascha schien auch nicht viel über sie zu wissen. Daß sie sie an der Wand hatte, sollte offenbar nicht so sehr etwas über gerade diese Ikonen aussagen, als vielmehr über den Glauben, den sie zum Ausdruck brachten und zu dem sie sich so stark hingezogen fühlte. Mascha hielt sich absolut nicht für eine institutionell gebundene Gläubige. Ihr Name steht wahrscheinlich in keiner Mitgliederliste. Auch hatte sie nichts von Dmitris doktrineller Kraftnatur an sich. Sie versuchte mit verzweifelter Wißbegier von mir alles nur mögliche über die verschiedenen Religionen in der Welt und in den Vereinigten Staaten zu erfahren. Was wäre über Buddhisten, was über Quäker, was über Baptisten zu sagen? Was glaubten Moslems von Christus? Ganz anders als Dmitri enthielt sie sich der Kritik und stellte sie keine Forderungen. Was sie betraf, so war der Glaube der orthodoxen Kirche einfach vorhanden. Ihm wandte sie sich ganz von selbst zu als dem eigentlichen Jungbrunnen ihres geistlichen Lebens.

Im weiteren Verlauf unseres Gespräches sagte mir Mascha, sie mache sich dauernd Gedanken um die religiöse Unterweisung ihrer fünfjährigen Tochter. Sie sagte, die Kinder hörten in den öffentlichen Schulen nichts von Gott, und schien überrascht, als ich ihr auf ihre Fragen hin sagte, in den öffentlichen Schulen in Amerika gebe es auch keinen Religionsunterricht. Sie fragte nach dem Angebot religiöser Kinderliteratur in den Vereinigten Staaten, und ich sagte ihr, wir hätten eine ganze Menge, mit der wir fast überfüttert würden. Sie zu finden, sei kein Problem, wohl aber, aus all dem Wust das auszusondern, was etwas tauge. Sie schaute mich ungläubig an. Sie habe, sagte sie, schon seit Jahren versucht, einer russischen Bibel habhaft zu werden, aber sie seien einfach nicht zu haben. Es sei ihr kaum einmal gelungen, eine zu Gesicht zu bekommen, geschweige denn, eine zum Lesen zu erhalten. Ich sagte ihr, die Sowjet-Regierung habe soeben verlauten lassen, sie sei grundsätzlich nicht gegen die Veröffentlichung und Verteilung von Bibeln, aber die Auflage sei begrenzt auf Grund von Engpässen beim Papier und bei den Druckereien. Sie winkte ab. Sie sagte, dieses Märchen glaube sie keinen Augenblick. Wir haben weitergemacht, aber meine Gedanken kehrten immer wieder zu der Versorgungslücke bei Bibeln zurück. Wie soll die neue Generation nachdenklicher Russen, die sich jetzt geistig an das Religiöse herantastet, sich orientieren, wenn es so schwer ist, sich dazu auch nur die notwendigsten Hilfsmittel zu beschaffen?

Als wir bei einer Tasse Tee unser Gespräch führten, bemerkte ich rechts von den verschiedenen Ikonen in Maschas Ecke das kleine Foto eines Mannes in einer altmodischen Soldatenuniform. Als ich sie fragte, wer das sei, lächelte sie und erklärte, es sei ein General der Weißen Armee aus dem Bürgerkrieg. Ich fragte sie, warum sie ihn denn an der Wand habe, worauf sie wieder lächelte. Sie habe das Bild in der Schublade eines alten Schreibtischs gefunden, sagte sie, und sei dabei auf den Gedanken gekommen, wenn sie es aufhänge, könne es ihr und jedem, der es sähe, bekunden, daß sie kein Vertrauen zu der Sowjet-Gesellschaft habe, die aus diesem Bürgerkrieg entstanden sei. Sie bemerkte dazu, daß das Bild manchmal auch den größten Dissidenten aus ihrem Freundeskreis rätselhaft erscheine. Später zeigte sie mir noch eine billige Ikonenpostkarte, die sich nicht unter ihren Ausstellungsstücken befand, sondern nebst einigen Zeitungen auf ihrem kleinen Kühlschrank lag. Sie stelle die, wie sie sie nannte, „Märtyrer unserer Tage“ dar. Die meisten von ihnen kannte ich nicht, aber in der Mitte entdeckte ich dann die vertrauten Gesichter Zar Nikolaus' II. und seiner Gemahlin, der Zarin Alexandra, die 1917 samt all ihren Kindern von den Bolschewiki umgebracht worden waren. Trotzdem war es schwer auszumachen, ob diese etwas plumpe Vorliebe für das frühere Regime wirklich mit Maschas Frömmigkeit zusammenhing oder ob sie sich darin gefiel, sich auf die wohlfeilste theologische und politische Weise nonkonformistisch zu geben.

Mascha wollte das Gespräch noch fortsetzen, aber da erschienen ihre Tochter mit einer Freundin im Badeanzug an der Tür. Sie trugen aufgepumpte Autoschläuche und erinnerten sie an ihr Versprechen, mit ihnen schwimmen zu gehen. Nichtsdestoweniger wollte sie noch meinen Rat hören, wie man wohl diese Kinder zu gläubigen Christen heranbilden könne. Es blieben mir nur ein oder zwei Augenblicke für meine Antwort, doch sagte ich ihr, ich hielte es für das Wichtigste, ihnen die Geschichten zu erzählen. Dafür zu sorgen, daß ihnen David, Rut, Mirjam und Jeremia vertraut würden. Ihnen von Jesus und seinen Begegnungen mit Menschen aller Art zu erzählen. Diese Geschichten, sagte ich ihr, würden letztlich für ihre Kinder wichtiger sein als die theologischen Lehren, die sie ihnen vermitteln könne. Sie nickte lebhaft und schien derselben Meinung zu sein, wenn sie mich auch immer noch fragend anschaute. Ich begann ihre Ratlosigkeit zu verstehen: Wie würde sie den Kindern die Geschichten erzählen können, wenn sie sie selbst nicht einmal kennt?

Die einzige Nicht-Moskauerin, mit der ich Laufe meiner Gespräche persönlichen Kontakt hatte, war „Kira", eine Leningraderin, die soeben ihr großes Examen in klassischer Archäologie bestanden hatte und in Moskau war, um Urlaub zu machen und Freunde zu besuchen. Einige meiner neuen Bekannten sagten mir, sie sei ein schrecklich heller Kopf, so sehr sogar, daß sie, ohne je den Jungen Pionieren oder dem Komosomol angehört zu haben, zum Universitätsstudium zugelassen worden sei. Sie glaubten auch, das Gespräch mit ihr würde für mich wichtig sein, da sie mit ihren sechsundzwanzig Jahren die jüngste all meiner Gesprächspartner sein würde. Ich rief sie an. Sie war gern zu einem Gespräch bereit und schlug vor, daß wir uns an einem Morgen an dem riesigen Lenindenkmal auf dem Oktober-Platz träfen, der günstig am Moskauer U-Bahn-Ring, etwa halbwegs zwischen ihrer und meiner Haltestelle liege. Sie sagte, sie sei groß und habe rötlich braunes Haar, und sie beschrieb mir die Kleidung, die sie tragen würde: verschossene Blue-Jeans – für die heutige Sowjet-Jugend fast ein Muß – und eine kastanienbraune Bluse.

Ich nahm am Lenin-Prospekt die U-Bahn, und als ich am Oktober-Platz wieder ans Tageslicht hinaufstieg, stellte ich fest, daß die Anlagen um das Lenindenkmal anscheinend für viele Menschen ein günstiger Treffpunkt sind. Sie liegen nur eine Straßenbreite vom Hotel Warsawa und zwei Häusergevierte von dem Hotel entfernt, das die sowjetische Akademie der Wissenschaft für Gäste aus Übersee unterhält, und nur fünf Minuten Fußweg vom Eingang zum Gorki Park. Kira traf ein paar Minuten nach mir ein und brauchte nicht erst eine Aufforderung, sich ins Gespräch zu stürzen. Sie gehört zu den wissensdurstigen jungen Leuten, die sich über alles eine Meinung bilden und sie bereitwillig jedem zur Kenntnis bringen, der ihnen Gehör schenkt. Manchmal sind diese jugendlichen Meinungen dumm oder voraussehbar, aber es lohnte sich, Kira einmal zuzuhören, deren Ansicht über die Rückkehr zur Religion in der Sowjet-Union mir ein noch fehlendes Stück zu meinem Mosaik geliefert hat.

Kira kam aus einer Familie orthodoxer Christen, die ihren Glauben nie aufgegeben, aber während der schlimmsten Verfolgungsjahre weniger offen bekundet hatte. Erst neuerdings war sie mit ihrer Kirchlichkeit wieder mehr ans Licht der Öffentlichkeit getreten. Persönlich hielt sie sich nicht für jemand, der sich erst kürzlich irgendwie bekehrt hätte; sie war eher jemand, für den die orthodoxe Kirche immer bestanden hatte. Sie „kehrte" nicht zu irgend etwas „zurück", sie war immer dort gewesen.

Als wir an der französischen Botschaft und der Kirche St. Michaels des Kriegers entlang auf die vor uns liegenden Türme der Kreml-Kirchen zuschlenderten, kam Kira gleich zur Sache. Sie fragte mich nach meiner eigenen Kirchenzugehörigkeit, und als ich ihr sagte, ich gehörte zu den Baptisten, fragte sie mich mit einem verschmitzten Lächeln, was wir vom Streit um das „Filioque" hielten. Jetzt habe ich gelächelt. Die orthodoxe Kirche ist der Ansicht, dieses umstrittene Wort sei von der abendländischen Kirche zu Unrecht in das Glaubensbekenntnis der Apostel eingefügt worden und habe so einen der Gründe für das Große Schisma geliefert. Ich konnte allerdings nicht feststellen, ob Kiras Frage nach dem „Filioque" im geistigen Schlagabtausch so etwas wie ein Gegenstoß sein sollte, ob sie ernstlich überlegt oder nur scherzhaft gemeint war. Ich entschied mich dafür, die Frage ernstgemeint aufzufassen, und erklärte meiner Partnerin, wohl sei die Wendung „Filioque" in der Vergangenheit ein Streitpunkt gewesen, doch habe sogar der jetzige Papst sich dazu ausgleichend geäußert – und unter meinen baptistischen Glaubensbrüdern würden sich in dieser Frage die Gemüter kaum für den einen oder anderen Standpunkt erhitzen. Ich habe ihr *nicht* gesagt, daß die meisten Katholiken und Protestanten im Westen noch nie etwas davon gehört hätten. Als ich mit meiner Antwort fertig war, lächelte sie über ihr ganzes Gesicht, und ich spürte, daß ich irgendwie meine Aufnahmeprüfung bestanden hatte.

Im weiteren Verlauf unseres Gespräches hatte ich allerdings den Eindruck, daß ihr orthodoxer Standpunkt in der „Filioque"-Frage sich in ihren anderen Einstellungen kaum spiegelte. Sie sagte mir unmißverständlich, sie zöge die gotische Architektur den russischen und byzantinischen Stilformen an unserem Weg entschieden vor. Obwohl sie nie im Ausland gewesen war und infolgedessen nie Chartres oder sonst eine europäische Kathedrale besucht hatte, kannte sie sie offenbar aus Büchern und von Fotos und Gemälden, die sie studiert hatte. Auch war ihre Vorliebe für den Westen nicht auf die Architektur beschränkt. Als wir auf Filme zu sprechen kamen, sagte sie mir, „Der Pate" sei bei weitem ihr Lieblingsfilm, und die meisten sowjetischen Filme fände sie langweilig. Eine Ausnahme machte sie mit dem kürzlich in Cannes besonders prämiierten Streifen „Pokajanije" (Reue) des Regisseurs Tengis Abuladse, den sie für einen wichtigen Film hielt, den man auch zur weiteren Beschwörung des Schattens der Stalinzeit noch brauche. Damals hatte ich den Film noch nicht gesehen, weil in Moskau alle Vorstellungen ausverkauft waren, aber ich wußte, daß er neben dem Aitmatow-Roman die Hauptursache für die Diskussion über die Religion war. In dem Film, der in einer Stadt der georgischen Sowjet-Republik spielt, kommt ein Stalin-Typ, der Bürgermeister, namens Varlam vor. Es könnte eine verkappte Satire auf den Lenin-Kult oder die Anspielung auf den von Zeit zu Zeit wiederauflebenden Stalinismus sein, wenn Varlam nach seinem Tod immer wieder aufwacht und sich auf die andere Seite dreht, um besser schlafen zu können. Doch die Hauptfiguren im Film sind ein junges Paar, das die Umfunktionierung einer alten Kirche in eine Fabrik zu verhindern sucht. Schließlich stirbt der junge Mann, der die Züge Jesu Christi trägt, im Gulag unter der Folter. Aber auch er scheint nicht sterben zu wollen. Eine Szene zeigt im Grab sein enthülltes Gesicht mit weit offenen Augen in einer Traum-Sequenz. Die Tochter des Paares überlebt die Eltern und backt winzige Kuchen in Kirchenform mit kleinen Kreuzen auf dem Turm. In der Schlußszene fragt eine alte Frau sie, ob die Straße, der sie folgt, zur Kirche führe. Das Mädchen verneint das. Darauf sagt die Alte: „Was taugt denn eine Straße, die einen nicht zur Kirche bringt?", und humpelt energisch aus dem Bild. Offensichtlich haben diese Worte, die in einem öffentlich gezeigten sowjetischen Film vorkommen, weit und breit Rätselraten und Debatten ausgelöst. Was war gemeint? Als ich Kira fragte, zuckte sie mit den Schultern. Ich fragte sie, ob das heute in einem so öffentlichen Medium die Grenze sei, bis zu der man gehen könne – eine seltsame Frage mit religiösem Einschlag zu stellen. Doch hier enthielt sich Kira einer Meinung. Waren wir jetzt auf etwas zu sprechen gekommen, das für bloße Intuitionen zu wichtig war?

Ich fragte Kira nach ihren Freunden an der Universität und ob viele von ihnen wohl ernstlich religiös seien. Sie sagte mir, es sei zwar solch ein Trend vorhanden, doch seien in ihren Augen die meisten, die ihm folgten, „nicht seriös". Wie sich herausstellte, war „nicht seriös" eine Wendung, deren Kira sich häufig bediente. Sie wollte offenbar sowohl eine seriöse Persönlichkeit sein wie auch für eine solche gehalten werden, und sie urteilte unweigerlich streng über Menschen, die ihrer Ansicht nach anders tendierten. Zum Beispiel konnte sie nur eine gewisse Art von Abscheu für die Hauptleidenschaft aufbringen, die ihre Kommilitonen an der Universität beseelte. Wie sie behauptete, war das die begeisterte Verehrung für verschiedene Rock-Gruppen. „Haben Sie schon einmal etwas von Led Zeppelin gehört?", fragte sie mich. Als ich ihr gestand, das hätte ich, aber schon seit Jahren nicht mehr, sagte sie mir, daß sowohl diese Gruppe als auch Pink Floyd jetzt bei ihren trendbewußten Universitäts-Kollegen ungeheuer beliebt seien. Außerdem gebe es da Fan-Gruppierungen, die für Rock einträten, andere, die New Wave begünstigten, und wieder andere, die für Heavy Metal schwärmten. Sie schüttelte hilflos den Kopf über das, was die nicht so ganz reifen Vorlieben ihrer Mitstudenten zu sein schienen.

Kira hatte von Aitmatows Buch gehört, sagte mir aber, sie habe absolut nicht vor, es zu lesen. „Aitmatow," sagte sie, „ist im Grunde nicht seriös". Er spiele nur mit biblischer Symbolik und mit Jesus und Pontius Pilatus herum. Alles sei nur oberflächlich. Sie hob die Augenbrauen und sagte mir, sie habe gehört, in dem Roman „lasse Aitmatow die Frau des Pilatus von ihrem Mann als ‚Ponti' sprechen". Offenbar stellte das für Kira den Tiefpunkt des schlechten Geschmackes dar und bewies erneut Aitmatows Mangel an Seriosität. Ich fragte sie, ob ihr Haupteinwand darin bestehe, daß Aitmatow kein gläubiger Christ sei. Ja, sagte sie, so sei es. Sie sagte mir, sie sei der Meinung, Aitmatow habe wohl kaum das Recht, sein Spiel mit Christus und den Aposteln zu treiben, wenn er nicht an Gott glaube und kein echtes Gespür dafür haben könne, was diese Gestalten für Gläubige wie sie selbst bedeuteten.

Wir gingen immer weiter. Auf einmal kam Kira auf den Gedanken, die Puschkin-Galerie zu besuchen, ein Museum, das keine russische oder sowjetische Abteilung besitzt, sondern ausschließlich westliche Kunst ausstellt. Ich war einverstanden; wir nahmen also wieder die U-Bahn und fuhren bis zur Haltestellte „Lenin-Bibliothek", nur wenige Häuserblocks von der Puschkin-Galerie entfernt. Diese fügte sich natürlich wie aus einem Guß mit Kiras anderen ästhetischen Neigungen zu einem Ganzen. Schon beim Hineingehen wies sie liebevoll auf die Plastik der Renaissance und die französische und flämische Malerei des neunzehnten Jahrhunderts als Beispiele für die Kunst hin, die sie ganz besonders schätzte. Sie erzählte mir, es sei ihr immer eine Freude, in die Puschkin-Galerie zu kommen und einfach dort inmitten all des Schönen zu sitzen und zu lesen oder zu schreiben. Dann schaute sie mich unvermittelt an und sagte, es sei die inbrünstigste Hoffnung ihres Lebens, eines Tages auswandern zu können. Je älter sie werde, sagte sie, um so deutlicher sehe sie, daß sie sich auf die Dauer nicht zu Rußland hingezogen oder ihm gegenüber gebunden fühle. Sie wolle anderswo leben. Der Westen sei für sie die einzig mögliche Zukunftsperspektive, aber es sei ihr klar, daß die Auswanderung schwierig, wenn nicht gar unmöglich sein könnte. Trotzdem sei sie sogar gewillt, die Heirat ein paar Jahre aufzuschieben, um dafür freie Hand zu behalten statt sich die Chancen zu verderben.

Als wir die Puschkin-Galerie verließen, gingen Kira und ich an der Nordmauer des Kreml entlang und blieben stehen, um die Türme seiner Kirchen mit ihren goldenen Zwiebelkuppeln zu betrachten, die in der Spätnachmittagssonne leuchteten. Ich sagte ihr, ich fände diesen Anblick atemberaubend, aber Kira war nicht beeindruckt. Wie sie sagte, könne sie dem Kreml nichts mehr abgewinnen: er sei zum „Spielzeug" geworden. Sie steckte die Hände in die Taschen und marschierte gesenkten Hauptes in eine andere Richtung ab. Ich war froh, daß meine Freunde mir empfohlen hatten, mit Kira zu sprechen. Sie war keine Slawophilin. Für sie war russisch-orthodoxe Kirchlichkeit keineswegs mit einer tiefen Liebe zur russischen Kultur austauschbar. Aber sie war auch, wie übrigens jeder wirklich religiöse Mensch, empört über die Umwandlung von Kirchen und kirchlichen Gebäuden in touristische Sehenswürdigkeiten, Museen und historische Ausflugsziele mit entsprechenden Darbietungen. Natürlich gab sie dem Kommunismus die Schuld an der Entsakralisierung dieser Bauten. Ich glaubte, ihr sagen zu sollen, daß dasselbe traurige Schicksal auch im Westen viele sakrale Bauten und Gemälde eingeholt habe, und daß die Auswanderung, mochte sie auch einige ihrer Schwierigkeiten lösen, diese wohl kaum lösen würde. Ich tat es aber nicht. Statt dessen dankte ich ihr für das Gespräch und den Besuch der Puschkin-Galerie und schenkte ihr als Zeichen meiner dankbaren Anerkennung ein T-Shirt vom Bostoner Marathonlauf des Jahres 1987. Sie strahlte nur so, stopfte es in ihre Schultertasche und winkte, als ihre Straßenbahn losfuhr.

Zwei Abende vor meiner Abreise aus Moskau hatte ich ein Gespräch mit „Alex", einem vierzigjährigen Berufsmusiker. Es erwies sich als eines der denkwürdigsten und informativsten. Ein stattlicher Mann mit Vollbart, einer dichten Mähne und funkelnden Augen, wäre Alex auf der Bühne der ideale Hauptdarsteller in der Rolle eines russischen Bauern aus dem neunzehnten Jahrhundert gewesen, hätten dem nicht die moderne Jacke nach westlichem Schnitt und der offene Hemdkragen entgegengestanden, die er – wie die meisten anderen Moskauer Freiberufler – trug. Alex war der Sohn eines orthodoxen Popen, der jetzt, schon halb im Ruhestand, außerhalb Moskaus lebt. Er hat mir auch gesagt, er halte sich immer noch durchaus für einen gläubigen orthodoxen Christen, aber mit der Zeit seien ihm viele Fragen gekommen, und er glaube, seine Suche sei noch lange nicht zu Ende. Wenn er über seine Kindheit nachdenke, erinnere er sich, daß das Schwierigste am Aufwachsen in einer strikt orthodoxen Familie in Sowjet-Rußland nicht darin bestanden habe, daß er sich durch staatliche Maßnahmen benachteiligt gefühlt habe, sondern darin, daß die Ordnung des geistlichen Lebens, die der Beruf seines Vaters der ganzen Familie auferlegt habe, so unerbittlich und für ein Kind so schwer verständlich gewesen sei. Die Familie habe Tag für Tag die klösterliche Ordnung des Gotteslobes am frühen Morgen, der Vesper und noch weiterer Gebete vor dem Schlafengehen wenigstens in Teilen beibehalten. Man hatte Alex auch streng von Kinderfreuden wie Kino und Kartenspiel ferngehalten. Als normaler junger Mensch habe er eine Phase der Auflehnung gegen die Bevormundung durch seinen Vater durchgemacht und aufgehört, seinen Glauben zu praktizieren. Aber er habe nie den Kern der orthodoxen Frömmigkeit aufgegeben, die er von seinen Eltern ererbt habe. Ja, sagte er, der Rückkehr zur Religion unter den russischen Künstlern und Intellektuellen habe er sich angeschlossen, nur habe er, anders als die meisten von ihnen, etwas, wozu er zurückkehren könne, und er sei froh darüber.

Alex ist Instrumentalmusiker, aber er singt auch gern und hat eine gute, wenn auch unausgebildete Tenorstimme. Er erzählte mir, fast nichts tue er so gern, wie im Chor einer kleinen orthodoxen Kirche im Süden von Moskau mitzusingen. Er singe dort jeden Sonntag und manchmal samstags in der Vesper. Daß der Chor im orthodoxen Gottesdienst unbegleitet singt, erfülle ihn nicht mit Bedauern. Für sein Empfinden sei das eine der wenigen Stellen, an denen die menschliche Stimme in ihrer Reinheit ungehindert und ohne Verzierung durch Orgel oder andere Kunstmittel das Herz erreichen könne. Da wir ganz allein in meiner Etagenwohnung saßen, fragte ich ihn, ob er etwas singen wolle. Anfangs lehnte er ab, doch später schmetterte er nach einem Glas Wein ein Stück aus der Liturgie der vergangenen Woche. Ich konnte sehen, warum das für ihn eine Herzenslust war.

Wie Mascha, wollte auch Alex über die Schwierigkeit reden, vor der er und seine Frau sich sähen, wenn sie ihre Kinder in der Sowjet-Union zu gläubigen Christen erzögen. Er glaube nicht, daß obrigkeitliche Maßnahmen oder Belästigungen durch die Behörden die Hauptschwierigkeit bildeten. Vielmehr müßten die Eltern wie im Westen zusehen, wie ihre Kinder sich Werte und Einstellungen aneigneten, die mit dem Christentum einfach unvereinbar zu sein schienen. Er sprach darüber, daß die Sowjet-Jugend auf Rock-Musik, Transistor-Radios, Kassetten-Rekorder und saloppe Windjacken nur so versessen sei. Er fürchte, daß sowohl die sowjetische als auch die westliche Gesellschaft einen noch materialistischeren Kurs einschlügen; dies erschwere es den Eltern der Jugendlichen, sie in der christlich-religiösen Ausrichtung zu erziehen, die er und seine Frau ihnen mitgeben wollten. Während dieses Gesprächsabschnittes kam Alex dann auf die

Baptisten in der Sowjet-Union zu sprechen. Es war eine der wenigen längeren Bemerkungen, die ich aus dem Munde eines meiner Gesprächspartner über sie vernommen hatte, und ich hörte sehr genau zu.

Wer sich mit der Religion in der Sowjet-Union beschäftigt, weiß, daß die Zahl der Baptisten ständig zunimmt. In den meisten großen und mittleren Städten der Sowjet-Union gibt es recht ansehnliche Baptistengemeinden und unzählige kleine Gemeinden auf dem Land. Während meines Aufenthaltes in Moskau habe ich die dortige First Baptist Church besucht und fast 2000 Menschen bei einem Sonntagmorgen-Gottesdienst angetroffen. Ein junger Diakon sagte mir, es würden an dem Tag noch zwei Gottesdienste stattfinden, einer am Nachmittag und einer am Abend, zumeist mit anderen Besuchern, aber jeder mit insgesamt etwa 2000 Kirchgängern. In dem Gottesdienst, den ich besucht habe und der fast zwei Stunden gedauert hat, haben vier verschiedene Chöre gesungen und haben wir zwei Predigten gehört, die beide von Bibelstellen ausgingen. Die Predigten waren ein gutes Korrektiv für das billige Geplätscher amerikanischer Fernseh-Evangelisten. Es ging in ihnen um Tod, Schicksal, Leiden und Sinn und Ziel des Menschenlebens. Denen, die auf dem Weg des Herrn wandeln, wurde kein Füllhorn voll klingender Münze verheißen. Während des Gottesdienstes hat man für baptistische Schwestergemeinden in Kiew, Odessa und einigen kleineren sowjetischen Städten gebetet, Gemeinden, die einen besonderen Gedenktag begingen und ihren Brüdern und Schwestern in Moskau davon Mitteilung gemacht hatten.

Alex interessierte sich für die Baptisten. Er berichtete mir, ihre Zahl nehme unter den einfacheren und anspruchsloseren Leuten schnell zu, und er glaube, es sei sehr bedauerlich, daß sie fast keine Verbindung zu den Moskauer Intellektuellen besäßen. Aber er kenne ein paar Baptisten und er habe das Empfinden, sie hätten es als Eltern leichter. Sie lebten gemeinsam mit anderen evangelischen Christen sozusagen in einer religiösen Subkultur und könnten daher besser über die religiöse Erziehung ihrer Kinder wachen als die weltbürgerlichen Moskauer Intellektuellen. Aus seinem Ton klang ein gewisses, ungestilltes Sehnen. Aber als ich noch genauer wissen wollte, wie er über die Baptisten denke, gestand er, daß er sich niemals einer Form des Christentums anschließen könne, die ihm zu simpel erscheine und keinerlei Sinn für Liturgie oder Tradition habe. Er faßte das in einem Satz, der alles auszudrücken schien, so zusammen: „Sie haben keine Ikonen."

Anders als Dmitri, mein altgläubiger Freund, konnte Alex ungeniert viele Aspekte der Orthodoxie bemängeln und in Frage stellen ohne das Empfinden zu haben, er bringe ein zerbrechliches Schifflein ins Schwanken. Als junger Mann habe er, wie er mir erzählte, nach der Beilegung der Spannungen zwischen ihm und seinem Vater ziemlich viel orthodoxe Kirchengeschichte und Theologie studiert. Er kenne die Gründe für das Große Schisma im siebzehnten Jahrhundert, das zum Entstehen des Zweiges der Altgläubigen geführt habe, und er wisse auch um die inneren Spannungen in der orthodoxen Kirche unter der Sowjetherrschaft. Er sei orientiert über die Verbindungen zwischen den orthodoxen Kirchen und den westlichen Mitgliedskirchen im Weltrat der Kirchen. Er glaube, das sei etwas Gutes, und vielleicht könne durch den Einfluß der ökumenischen Bewegung die orthodoxe Kirche in Rußland für neue Ideen empfänglicher gemacht werden. Alex hat mir keine Schemata zur Kirchengeschichte aufgezeichnet, aber ich vermute, daß die orthodoxe Kirche, wenn er es getan hätte, als ein Zweig unter vielen erschienen wäre.

Alex habe ich mit gewissen, leisen Bedenken nach Aitmatows Roman gefragt. Ich hatte die Befürchtung, er könne wie die anderen Gläubigen der Meinung sein, er stelle einen Übergriff oder einen Mißbrauch seines Glaubens dar. Das war nicht der Fall. Er sagte mir, die Bilderwelt und die Geschichten der Bibel seien das Erbe eines viel größeren Personenkreises, als diejenigen ihn bildeten, die zu einer bestimmten Religionsgemeinschaft gehörten, und ein Romanschriftsteller solle sich ganz unbedenklich ihrer bedienen können, wenn er seine Geschichte erzähle. Alex schien sich darüber zu freuen, daß sogar schon die Existenz des Aitmatow-Buches die Grenzen der gegenwärtigen Diskussionsfreiheit noch ein wenig hinausrücke. Er war nicht der Ansicht, daß das Gros der weltlichen Intellektuellen seinen Teil dazu beitrage, sich dieser Freiheit zu bemächtigen und sie auszudehnen. Er sprach besonders aufgebracht von einem Mitherausgeber einer ganz bekannten sowjetischen Zeitschrift, der keinen Einspruch erhoben habe, als sein jüngster Artikel für die Veröffentlichung „abgeändert" worden sei. Offenbar hatte sich der Schreiber so über das Ausmaß dessen, was er sagen durfte, gefreut, daß er glaubte, er solle nicht auf mehr dringen. Doch Alex war mit dieser Strategie nicht einverstanden. Er behauptete, es sei wichtig, jede Gelegenheit zur Erweiterung und Vertiefung des Spektrums von Themen und Meinungen zu nutzen, damit schließlich einmal so etwas wie ein echter Gedankenaustausch, Religionsfragen eingeschlossen, zustande käme.

Zu vorgerückter Abendstunde haben wir die Flasche französischen Rotwein geleert, die ich im Feinkostladen der Auslandsvertretungen gekauft hatte, und Alex wurde sichtlich munter. Er lockerte seinen Kragen, er sang, er gab sich den Anschein, als rede er zu einem Lauschmikrofon in der Deckenlampe und im offenen Kamin, was vielleicht gar nicht einmal bloßer Anschein gewesen ist, da es meine Wohnung war und die meisten amerikanischen Gäste damit rechnen, daß ihre Zimmer „verwanzt" sind. Er erzählte zwei neue politische Witze und eine leicht schlüpfrige Geschichte, deren Clou ein Wortspiel war, das ich nicht ganz verstanden habe. Dann wurde er wieder völlig ernst. Indem er auf die Frage, was die Orthodoxie für ihn persönlich bedeute, zurückkam, die ich ihm früher am Abend gestellt hatte, sagte er, jetzt könne er sie beantworten, und beschrieb mit seitwärts und nach oben ausgestreckten Armen einen Halbkreis in der Luft. „Sie ist *geräumig,*" sagte er, „sie ist groß. Sie kann alles einbeziehen. Sie gibt uns den denkbar weitesten Horizont. Sie gleicht nicht den winzigen, kleinkarierten Vorstellungen und Theorien und Ideologien, mit denen wir uns zufrieden geben sollen." Bei diesen letzten Worten zog er seine ausgestreckten Arme wieder ein und kauerte sich zusammen, um mit den Fingerspitzen winzig kleine Dinge anzudeuten.

Als mein Moskauaufenthalt zu Ende ging, begann es mir zu dämmern, daß die Art und Weise meiner Fragestellung meinen neuen Bekannten seltsam geklungen haben könnte. Ich war kaum der Einzigartigkeit ihrer je eigenen Suche gerecht geworden. Ich hatte nicht genug bedacht, wie sehr sich auch heute noch gewisse uralte Eigenschaften des russischen Geistes – die Furcht vor zu vielen fremden Einflüssen, das Gefühl einer messianischen Berufung, das Ineinander von Schönem und Heiligem – in der sowjetischen Gesellschaft bemerkbar machen. Meine Befragung hat die meisten der großen Fragen unbeantwortet gelassen. Zum Beispiel wünschte ich, ich hätte jemand gebeten, sich einmal vorzustellen, was passieren würde, wenn in der von Glasnost erzeugten Atmosphäre Bücher und Zeitschriften, die sich mit religiösen Themen beschäftigen, regelmäßig zu erscheinen begännen. (Die Herausgeber einer derartigen Zeitschrift mit dem Titel Glasnost bemühen sich schon um die Genehmigung für ein allwöchentliches Erscheinen.) Was wäre, wenn solche Veröffentlichungen nicht nur die gebildete Elite, sondern auch die einfachen Leute erreichen könnten? Wird sich überhaupt jemand für sie interessieren? Werden die kleinen Studien- und Diskussionskreise wie der, den Dmitri auf die Beine gestellt hat, sich zu vermehren beginnen? Werden diese Kreise miteinander Verbindung aufnehmen? Wenn ja, wie wird sich das auf das derzeit beginnende religiöse Erwachen auswirken? Es wäre nicht das erste Mal, daß eine bedeutende religiöse Bewegung aus den Versammlungen kleiner Gruppen im häuslichen Bereich entsteht. Man denke nur an die „Klassenversammlungen" der frühen Methodisten und an die heutigen christlichen „Basisgemeinden" in Brasilien. Welche Haltung wird die Sowjet-Regierung, die jetzt das Erscheinen einer wachsenden Auflage von Literatur gestattet, die einmal als „subversiv" galt, gläubigen Eltern gegenüber einnehmen, die sicher versuchen werden, Lehrmaterial für den Religionsunterricht zu schreiben und zu verbreiten?

Einige meiner Fragen betrafen die orthodoxe Kirche selbst, die im Lauf ihrer Geschichte sowohl Initiativen von unten als auch „fremde" religiöse Einflüsse oft mißbilligt hat. Wie wird sie mit all dem fertig werden? Wird sie etwas innerkirchliche Glasnost gestatten? Werden ihre zunehmenden Kontakte mit Theologen und Kirchenleuten anderer christlicher Richtungen die orthodoxen Kirchenführer dazu bewegen, sich energischer nach den vielen nachdenklichen Suchern auszustrecken, auf die man heute in der Sowjet-Union trifft? Oder wird sich die russisch-orthodoxe Kirche in die Xenophobie zurückziehen? Ist die Hoffnung zu kühn, die Kirche in Rußland könnte beginnen, wenn nicht gar eine Gegenkultur in der bildenden Kunst und in der dramatischen und lyrischen Dichtung zu fördern, wie es die römisch-katholische Kirche in Polen getan hat, so doch wenigstens eine Alternative zur offiziellen Sowjet-Kultur, die stagniert, wie alle, Gorbatschow voran, zugeben? Was würde anderseits mit dem religiösen Aufbruch werden, wenn es Gorbatschow, wie seine Feinde hoffen und seine Anhänger fürchten, so ergeht wie Chruschtschow, oder er einfach bürokratischer Trägheit und Unbeweglichkeit erliegt?

An meinem letzten Tag in Moskau wollte ich zum Abschied noch einmal die Stätte besuchen, die mir besonders ans Herz gewachsen war, die kleine und etwas unscheinbare Kapelle innerhalb der Kremlmauern, die als „Kirche der Gewandablegung" bekannt ist. Hier hatte Juri mich ursprünglich entdeckt, und seither war ich noch ein paarmal dort. Im Schatten der viel eindrucksvolleren Kathedralen verfehlt oder übersieht man dieses Kirchlein manchmal. Vor Jahrhunderten hat es dem Patriarchen und dann den Zaren und ihren Familien als Privatkapelle gedient. Wie in allen orthodoxen Kirchen wird sein Hauptaltar von einer Ikonostase mit ganzen Reihen von Ikonen den Blicken entzogen. Diese Ikonenwand weist allerdings eine Besonderheit auf: eine ganze Ikonenzone ist dem Leben Christi gewidmet, das mit der Verkündigung und der Geburt beginnt und mit der Auferstehung und der Szene auf dem Weg nach Emmaus endet. Als ich diese

Ikonostase betrachtete, fiel mir auf, daß das eine Ereignis im Gesamt des Lebens Christi zwischen seiner Präsentation im Tempel und dem triumphalen Einzug in Jerusalem, das den Malern darstellenswert gewesen zu sein scheint, die Szene war, in der Christus den Lazarus von den Toten erweckt. Nicht vorhanden waren Lehrszenen, die Bergpredigt und Heilungen; nur das starke Bild des Erlösers, der mit seinem Ruf Leben aus dem Tod erstehen läßt.

Die Auferweckung des Lazarus spielt in der Geschichte der russisch-orthodoxen Frömmigkeit eine gewaltige Rolle. Für Dostojewski hat sie das Wunder des Glaubens an sich dargestellt. In *„Schuld und Sühne“* schildert er, wie Sonja es Raskolnikow vorliest:

„Sie zitterte in einem richtigen Fieberanfall ... Sie kam jetzt immer näher an die Stelle, die von dem übergewaltigen und unerhörten Wunder berichtet, und das Gefühl eines unendlichen Triumphes kam über sie. Ihre Stimme tönte wie eine Glocke, Triumph, Freude erklangen in dieser Stimme und ließen sie sich hell aufschwingen. Die Zeilen flimmerten vor ihrem Blick, weil es ihr dunkel vor den Augen wurde, aber sie wußte die Worte auswendig, bei dem letzten Verse: ‚Konnte, der dem Blinden die Augen aufgetan hat‘, hatte sie mit einer Senkung der Stimme heiß und leidenschaftlich den Zweifel, den Vorwurf und Tadel der ungläubigen Juden wiedergegeben, die dann, einen Augenblick später, wie vom Blitz getroffen zu Boden stürzen, schluchzen und glauben sollten ... ‚Und auch er, auch er, der noch zu den Blinden und Ungläubigen gehört, auch er wird es jetzt gleich hören, auch er wird glauben, ja, ja, jetzt gleich, im nächsten Augenblick schon!‘ zuckte es ihr durch den Sinn, und sie zitterte in freudiger Erwartung“.*

Sonjas erwartungsvolles Zittern entsprang beim Vorlesen der Hoffnung, daß schon allein die Kraft und die Schönheit der Geschichte sogar das ungläubige Herz Raskolnikows rühren würden.

* Zitiert in der Übertragung von Werner Bergengruen, München, o.J.

Auch er sollte von der Macht dieses russischen Christus aus dem Tod des Zweifels und der Verachtung in das frohe Leben des Glaubens gerufen werden. Das hat wenigstens Sonja geglaubt.

Als ich aus dem Dunkel und der Stille auf den Ziegelplatz des Kremls hinaustrat, dicht bei der Zarenglocke, um die sich Gruppen schwatzender Touristen aus dem sowjetischen Hinterland drängten, kam mir der Gedanke, daß die Kirche der Gewandablegung mir geholfen habe, meine Gespräche mit meinen neuen Freunden zu verstehen. Iwans Pfarrer hatte wenigstens zum Teil recht. Mögen sie uns auch nicht alles lehren, was wir wissen müssen, „die Ikonen lehren uns". Ich konnte auch Maschas und Elenas Ansicht verstehen, daß die Musik und die Liturgie der orthodoxen Kirche dem menschlichen Geist etwas geben, das tiefer dringt als Ideen. Ich konnte das Widerstreben Dmitris verstehen, der nichts von alledem durch Relativismus oder Anpassung verwässert sehen wollte. Vor allem aber konnte ich fast Kira sprechen hören, als ich im Gedanken an diese überwältigende Ikonostase vor mich hin sprach: „Das hier ist seriös".

Die Suche nach einem Sowjet-Christus ist wirklich im Gang. Ich kann nicht beurteilen, ob sie zum Erfolg führt, noch auch, wie der Erfolg bei solch einer Suche ausfallen würde. Ich bezweifle sogar, daß Mascha oder Dmitri oder Iwan sich viel Gedanken über den Erfolg ihres Unterfangens machen. Ihre Suche nach dem Mysterium und nach Sinn – nach Gott – wird zum großen Teil – wie es eigentlich für jedermann gilt – von den Konturen der geistigen Welt geprägt, in der sie leben. Aber die Suche führt zu etwas, das, um Alex' Worte und Gesten zu gebrauchen, größer und geräumiger ist. Doch eins steht für mich fest: die Suche nach einem Sowjet-Christus wird nie zum Ziel gelangen, wenn sie nicht den russischen Christus berücksichtigt, die gebieterische Gestalt, die voller Trauer, aber abgeklärt, aus den Ikonen schaut. Ihn zu erkennen, wäre in keiner Gesellschaft einfach, und mag auch in der Glasnost-Atmosphäre die Möglichkeit, daß die Suche zum Erfolg führt, weniger entlegen sein, so ist sie darum nicht weniger schwierig.

7

Über den Dialog hinaus: Die Befreiungstheologie und der religiöse Pluralismus

Man kann wohl kaum bezweifeln, daß die Vielzahl der Religionen auf dem kleinen Erdball für die Christenheit heute eine ganz große Frage aufwirft. Verfügen wir über das theologische Rüstzeug zu ihrer Beantwortung? Die Antwort liegt nicht gleich auf der Hand. Die vitalste theologische Strömung ist heute die Befreiungstheologie. Da sie aber so nachdrücklich Jesus und die Verheißung des Gottesreiches als ihr Hauptanliegen herausstellt, zwei Themen, die man als im hohen Grade partikularistisch auffassen kann, glauben viele, die Befreiungstheologie habe nur wenig zum Dialog unter den Religionen beizutragen. Einige ihrer Kritiker behaupten sogar, die Befreiungstheologie sei nur wieder ein neuer Fall von religiösem Imperialismus des Westens. Stimmt diese Einschätzung der Lage?

Die letzten zehn Jahre habe ich meine theologischen Überlegungen im großen und ganzen auf zwei Bereiche verteilt. Die halbe Zeit habe ich darauf verwandt, mich mit der Befreiungstheologie, besonders in Mexiko, Brasilien und Nicaragua, vertraut zu machen, und die andere Hälfte auf das Stadium des Dialogs zwischen den Religionen und die Teilnahme an ihm, die mich nach Japan und Indien geführt hat. Bei mir hat diese Tätigkeit die Vermutung ausgelöst, daß sich die Befreiungstheologie nicht nur mit einer fruchtbaren Begegnung der Religionen verträgt, sondern daß sie zu diesem Dialog auch ihren eigenen Beitrag leisten kann, der sie über ihre derzeit festgefahrene Situation hinausbringen könnte.

Denken wir zunächst an die religiöse Vielgestaltigkeit der heraufdämmernden post-modernen Welt. Wir leben nicht nur auf einem in geistlicher Hinsicht vielschichtigen Erdball, sondern auch fast jeder Erdteil, jede Nation und jede Stadt ist in sich in zunehmendem Maße pluralistisch. Infolge christlicher Missionstätigkeit im neunzehnten Jahrhundert, weltweiter Wanderungsströme und der Ausbreitung asiatischer Kulte im Westen funktioniert die frühere Aufteilung in „Einflußsphären" nicht mehr. Jeder ist jetzt überall anzutreffen. Es gibt eingeborene Presbyterianer in Kambodscha, Buddhisten der dritten Generation in den Vereinigten Staaten und Hindu-Tempel in der Karibik. Die Getto-Religionen – Religionen, die ihren Fortbestand durch Absonderung sichern wollen – sterben aus. Hare-Krishna-Anhänger lassen ihre Kultgesänge auf dem Petersplatz in Rom ertönen; das Christentum lebt in China wieder auf; und in Indien haben junge Parias, die sich „Panther" nennen, neuerdings damit begonnen, zum Buddhismus überzutreten, um aus dem Kastensystem der Hindus auszubrechen. Die Religionen leben jetzt nebeneinander und stehen in Wechselwirkung zueinander, ob die Theologen, Mullahs oder Bischöfe das billigen oder nicht. Der religiöse Pluralismus ist eine Tatsache, an der nichts mehr zu ändern ist.

Es stimmt auch, daß die Befreiungstheologie, insofern sie lateinamerikanischen Ursprungs ist, infolge der relativen religiösen Gleichförmigkeit ihres Heimatkontinents ihre Grenzen hat. Anders als die Afrikaner oder die Asiaten brauchten die Christen in Südamerika sich nicht jahrhundertelang mit der recht aktiven Präsenz von „Konkurrenz"-Religionen auseinanderzusetzen, da die eingeborenen Indianer und die afrikanischen Sklaven nur am Rande der Gesellschaft leben konnten und überdies häufig auch selbst das Christentum übernommen haben. Auf den ersten Blick scheint die Befreiungstheologie nicht besonders geeignet zu sein, sich mit dem religiösen Pluralismus einzulassen, und bis in die jüngste Zeit hat sie auch nicht viel zur Überwindung dieser Beschränkung getan.

In Kreisen der modernen theologischen Wissenschaft sieht das

Bild allerdings anders aus. Im vergangenen Jahrzehnt hat sich der religiöse Pluralismus als das meisterörterte Diskussionsthema erwiesen. Man überfliege die Titel der Artikel, die in den letzten zehn Jahren in den einflußreichsten theologischen und religionswissenschaftlichen Zeitschriften erschienen sind. Man werfe einen Blick in die Kataloge für religiöse Literatur, die die Druckmaschinen am laufenden Band produzieren. Man sehe sich die Vorlesungsangebote in den Seminaren oder in den religionswissenschaftlichen Fakultäten der Universitäten an. Manchmal gewinnt man den Eindruck, daß der religiöse Pluralismus das einzige ist, worüber es sich zu sprechen lohnt. Auch ist er nicht bloß ein Anhang oder, wie das früher war, den Vorlesungen über „vergleichende Religionswissenschaft" vorbehalten. Er verändert fast alle Disziplinen der Theologie. Statt die Einzigartigkeit des alten jüdischen Glaubens zu betonen, suchen die Alttestamentler bei den Kanaanitern nach Parallelen. Früher für nebensächlich gehalten, werden jetzt die Gottheiten der Syrer und Babylonier mit verständnisvollem Interesse studiert. Die Neutestamentler vergleichen die Paulusbriefe und die synoptischen Evangelien mit gnostischen Schriftrollen und buddhistischen oder hinduistischen Texten. Die ethischen Parallelen und die Gesetzessammlungen anderer Religionen faszinieren jetzt die Moraltheologen. Die Religionsphilosophen durchforschen westliche und asiatische Quellen nach universalen Werten. Die Gelehrten treiben vergleichende Studien der Religionspsychologie, der Religionsphänomenologie und des religiösen Brauchtums.

Doch wenn der religiöse Pluralismus für die Befreiungstheologie einen Haken hat, für die theologische Wissenschaft hat er es auch. Religionen kann man nur bis zu einem gewissen Punkt miteinander vergleichen und gegeneinander absetzen. Die Menschen, die sich wissenschaftlich mit der Religion beschäftigen, sind nicht bloß Nummern. Sie sehen sich ebenfalls vor die Fragen von Leben und Tod und Gut und Böse gestellt, um die es in den verschiedenen Religionen geht. Sie können der Wahrheitsfrage nicht auf die Dauer ausweichen. Wirtschaftswissenschaftler, die rivalisierende Spar- und Inflationstheorien zum Gegenstand ihrer Untersuchungen machen, müssen selbst entscheiden, wie sie ihr Geld anlegen. Diejenigen, die vergleichende Religionswissenschaft betreiben, müssen sich schließlich auch darüber klarwerden, wie sie einmal ihr Leben führen und ihre Entscheidungen treffen wollen. Sie müssen sich fragen, welcher Glaube, wenn überhaupt, sie in den Entscheidungen leiten wird, auf die es letztlich ankommt. Diese unausweichliche Notwendigkeit, sich zu entscheiden, hat die akademische Beschäftigung mit der Religion zu dem offenen Eingeständnis gedrängt, daß niemand rein beschreibend Religionswissenschaft betreiben kann. Das wiederum macht die modernen Mythen der Neutralität und der Objektivität immer unglaubhafter.

Was immer man auch sonst noch über sie sagen möchte, die Vertreter der Befreiungstheologie sind nie der Ansicht gewesen, das Studium anderer Religionen könne neutral sein. Sie sehen, daß etwas furchtbar Wichtiges auf dem Spiel steht, die Erlösung von Menschen von den Banden der Fron und die Befreiung von Gefangenen aus der Knechtschaft. Ironischerweise drängt der Schwung, den die derzeitige wissenschaftliche Beschäftigung mit dem religiösen Pluralismus bekommen hat, zu Lösungsversuchen, die denen der Befreiungstheologien ähneln. Die Befreiungstheologien könnten sogar der Religionswissenschaft helfen, einen Ausweg aus der Sackgasse zu finden, in der sie sich augenblicklich befindet.

Bei den heutigen Theologen beginnt sich die Einsicht durchzusetzen, daß sie beim Studium der Weltreligionen an einem gewissen Scheideweg angelangt sind. Nachdem Carl Raschke eine Reihe von Jahren auf die Sichtung der verwirrenden Fülle von Literatur verwandt hatte, die während des letzten Jahrzehnts zu diesem Thema erschienen ist, hat dieser Wissenschaftler im Frühjahr 1982 den Versuch gemacht, das Stimmengewirr etwas verständlicher zu machen. Raschke hat erkannt, daß man sich schließlich der Frage des je eigenen Anspruchs auf die Wahrheit stellen müssen würde, den die verschiedenen Traditionen erheben.

Raschke zufolge gehen die Religionswissenschaftler die „Wahrheitsfrage" auf viererlei Wegen an. Der erste ist der phänomenologische Zugang. Er verlangt eine sorgfältige und wohlwollende Untersuchung der verschiedenen Glaubensäußerungen mittels einer Methode, die nicht nur zu beobachten, sondern sich auch in ihre je eigene und konkrete Wirklichkeit einzufühlen versucht. Diese Methode stützt sich auf die Annahme, man solle ohne eine vorgefaßte Meinung zuhören, da das, was die Menschen wirklich glauben, oft nicht das sei, was sie nach den Worten der Theologen glauben sollten. Man untersucht die verschiedenen Religionen, ohne über ihren Stellenwert oder ihre Wahrheit zu befinden.

Diese erste Verfahrensweise erfordert eine gewisse Mischung von Aufmerksamkeit, Zuwendung und Suspendierung des Urteils. Sie ist ohne Unterschied anwendbar, ob man in West Virginia in einer Kirche sitzt, in der man mit Schlangen hantiert, sich in einem Krishna-Tempel in Vrindavan mit den Kultanhängern hin- und herwiegt, den Kultgesängen tibetischer Mönche lauscht oder über eine dunkle Talmudstelle nachsinnt. Sie ist nicht der kühle, objektive Abstand der analysierenden Beobachtung. Was diese Methode verlangt, ist eine ausgebildete Fähigkeit, sich einzufühlen, zuzuhören und zuzuschauen ohne zu werten. Es ist eine Methode, auf die die meisten amerikanischen Studenten fast instinktiv kommen.

Dieses Verfahren des Zuhörens und Sich-Einfühlens hat allerdings den Haken, daß man beim Erforschen einer Religion über kurz oder lang vor Fragen steht, bei denen es um Leben und Tod geht. Eine Sache ist es, einigermaßen zu ergründen, warum dreizehnjährige Iranerbuben in irakische Minenfelder hineingehen in der festen Überzeugung, daß Allah sie mit dem ewigen Leben belohnen wird, wenn sie in Stücke zerrissen werden. Doch dem religiösen Glauben geht es schon von Natur aus um die Dinge, für die man zu leben und zu sterben bereit ist; daher erhebt sich unausweichlich die Frage: Ist er wahr?

Der zweite Weg, den Raschke angibt, ist mir auch vertraut, da er jetzt meinem Kollegen, Professor Wilfred Cantwell Smith, dem früheren Leiter des Studienzentrums für die Religionen der Welt in Harvard, zugeschrieben wird. Wilfred Smith's in hohem Grade eigenständiger Beitrag wird oft auf eine Kurzformel gebracht mit dem Satz: „Man studiert nicht die ‚Religionen', man studiert die Menschen." Sogar das Wort „Religion" ist, wie er sagt, schon eine irreführende Abstraktion. Was man nach Smith's Auffassung studieren sollte, ist der „Glaube". Und Glauben kann man nur in Menschen antreffen und in den Spuren, die sie im Ritual, in heiligen Schriften und im Brauchtum hinterlassen. Für Smith ist der Glaube die große Zuversicht und die Freude, die allein Menschen dazu befähigen, sich in der Schöpfung heimisch zu fühlen. Er ist das, was ihnen gestattet, sowohl in der Welt als auch im eigenen Leben Sinn zu finden. Außerdem muß diese Zuversicht tief genug sein, daß sie – anders als eine Anschauung, eine Meinung oder eine Vorstellung – fest bleibt, ganz gleich, was auf der Ebene des unmittelbaren Geschehens passiert.

Nach Wilfred Smith muß diese Methode mehr als nur deskriptiv sein. Seiner Ansicht nach muß sich, wenn religiöse Männer und Frauen sich von Abstraktionen wie Buddhismus und Christentum frei machen und sich im Umgang mit sich selbst und miteinander ehrlich als Geschöpfe des Glaubens geben, eine gewisse „Konvergenz" einstellen. Sie spüren einen gemeinsamen Quell der Zuversicht. Smith ist es nie gelungen, zu zeigen, wie es zu solch einer Konvergenz kommt. Diese Konvergenz zu erwarten mag schon Glaubensmaterie sein, etwas, woran man sich nach Professor Smith halten und auf das man hoffen kann, ohne sie allerdings den „Kleingläubigen" beweisen zu können. Auch diese Methode schafft es nicht, etwas zur Auseinandersetzung mit der Wahrheitsfrage beizutragen.

Vertreter des dritten Weges sind nach Raschke die Wissenschaftler, die behaupten, hinter den unendlich vielen Besonderheiten der verschiedenen Ausdrucksweisen des Glaubens liege eine einzige Urtradition. Diese Urtradition sei nicht ohne weiteres sichtbar, aber sie sei vorhanden. Sie sei die Tiefenschicht, aus der sich jede der einzelnen „Religionen" der Welt an der Oberfläche wie ein Stalagmit erhöbe, und ein vorsichtiger Glaubensgeologe könne sie freilegen. Die Religionsphilosophen dieser Schule sehen im Christentum und in den anderen Überlieferungen Spielarten von etwas Größerem und Umfassenderem – Gottes Offenbarung an alle Geschöpfe ohne Ausnahme oder die unterschiedslos allen Menschen eigene Begabung zur Frömmigkeit.

Diese Auffassung von einer Einheit hinter aller Verschiedenheit ist weit verbreitet sowohl unter Gelehrten als auch unter Laien. Klar zum Ausdruck bringt sie Professor John Macquarrie von der Universität Oxford. Macquarrie geht das Thema von der Philosophie her an und sieht die Frage des religiösen Pluralismus analog zu der uralten Debatte über „das Eine und die Vielen", eine Streitfrage, die wenigstens bis auf die alten Griechen zurückgeht. „Gott" ist für Macquarrie der Name der absoluten Einheit jenseits aller scheinbaren Widersprüche und Unterschiede. Er schreibt: „Diese Religionen werden in absehbarer Zukunft auf der Erde Seite an Seite miteinander leben. Sie müssen versuchen, näher zusammenzurücken und durch gemeinsames Leben und Handeln zu beweisen, daß sie alle im Grunde dem Einen verpflichtet sind, wie immer man dieses Eine in den einzelnen Religionen benennen mag ... Kein einziger Glaube ist bisher zur Erkenntnis der Fülle des Einen gelangt ... Daher muß jeder Glaube die anderen achten und bereit sein, aus ihren geistlichen Einsichten zu lernen."

Raschke beschreibt das ganz richtig als eine „hinduistische Lösung" der Frage des Pluralismus. Behauptet sie doch, die Vielfalt bei den religiösen Überlieferungen sei nur etwas Sekundäres, in der Tiefe aber würden all die verschiedenen Ströme und Bächlein des Glaubens aus einem einzigen riesigen Reservoir gespeist. Alle Götter sind Avatare der göttlichen Wirklichkeit.

Auch diese dritte Auffassung mag, wie wir schon bei Wilfred Smith's Vertrauen auf die „Konvergenz" unter religiös gläubigen Menschen gesehen haben, wahr sein, aber man kann ihre Wahrheit nicht beweisen. Wie bei Smith die Hoffnung, erfordert auch hier die Vorstellung einer unsichtbaren Einheit einen beträchtlichen Glaubenssprung. In diesem Fall springt man allerdings in einen Glauben, der für einen gebildeten Hindu unserer Tage, dessen Überlieferung ohnehin schon eine einzige göttliche Quelle mit millionenfach verschiedenem Aussehen postuliert, weitaus akzeptabler wäre als für die meisten Moslems oder orthodoxen Juden. Diese Auffassung würde die mystischen Richtungen in den Weltreligionen – den Sufismus, einen esoterischen Buddhismus und einen christlichen Gnostizismus – ansprechen, ihre orthodoxeren Zweige aber nicht. All dies besagt nicht, dieser Lösungsversuch sei nicht wahr. Es besagt nur, daß er eine bestimmte Antwort – eine hinduistische – postuliert, bevor die anderen Alternativen gründlich untersucht werden.

Schließlich bringt Raschke eine vierte Methode für den Umgang mit dem Pluralismus zur Sprache, eine Methode, für die der indische Katholik Raimundo Panikkar eintritt. Sie besteht in einer Art von Dialog unter Angehörigen verschiedener Glaubensgemeinschaften, aber in diesem Dialog geht es nicht um die Unterschiede und/oder die Ähnlichkeiten unter den Religionen. Der Dialog, für den Panikkar eintritt, zieht die Partner in die ihnen gemeinsame „unausgesprochene Mitte".

Für Panikkar, einen Priester und Mystiker, dessen Vater Hindu und dessen Mutter eine spanische Katholikin war, geraten die meisten Religionsdialoge auf Irrwege, sobald die Teilnehmer kommen und Vorschläge machen, vergleichen, verteidigen und Zugeständnisse machen wie Diplomaten, die einen Vertrag aushandeln. Was Panikkar lieber sähe, sind mehr Achtung vor der Stille und tiefer miteinander empfundene heilige Ehrfurcht und Ekstase. Man verbirgt weder die Unterschiede noch posaunt man die Ähnlichkeiten hinaus, man läßt vielmehr beide, wie sie sind. Man wartet und lauscht. Das ist ein gewaltloser Vorgang und erinnert an Gandhis ahimsa.

Alle Methoden, die Raschke zur Lösung des Dilemmas des religiösen Pluralismus anführt, haben zweifellos etwas für sich. Doch wenn man ihre Gesamtsumme zieht, fehlt die Wahrheitsfrage immer noch. Raschke sieht das wohl. Er meint, es sei an der Zeit, sowohl die Religionswissenschaft als auch den Dialog zwischen den Anhängern der Religionen aus der Sphäre des Beschreibens und Vergleichens herauszunehmen. Die daran Beteiligten müßten erkennen, daß es noch eine andere Dimension gibt, daß die Wirklichkeit, auf die ihre Worte und ihr Schweigen abzielen, auch in das Geschehen einbezogen werden muß. Der Dialog müsse aufhören, sekundäres Nachdenken über Religion zu sein, und selbst zur heiligen Gralssuche werden. Wenn das geschieht, wird, wie er glaubt, der Dialog auch Anlaß zu weiterer Offenbarung werden, eine neue Enthüllung des Göttlichen.

Raschke glaubt, daß der Kurs, den er vertritt, uns „über die Theologie hinaus" führt. Er macht sogar den Vorschlag, ein neues Wort, „Dialogie", zu prägen, um die Veränderung zu verdeutlichen. Es stimmt ja, daß der von ihm vorgeschlagene Weg uns über die moderne Theologie und auch über die moderne Religionswissenschaft hinausführen wird, aber muß er uns über die Theologie als solche hinausführen? Für Raschke lautet hier die Antwort Ja; denn die Theologie trägt für ihn als unveräußerliche Erblast etwas, was er als „Reduzierung des Göttlichen auf einen Gegenstand der Reflexion" bezeichnet, während die Dialogie „alle gängigen Darstellungsweisen hinter sich läßt", um die „alten Runen sprechen zu lassen". Raschke fürchtet, die Theologien seien schon zu eingedickt, zu sehr fixiert, und daß infolgedessen sich sogar eine interkulturelle Theologie damit begnügen würde, bestehende traditionelle Vorstellungen zu mischen und zu sortieren: etwas Neues könne dabei nicht herauskommen. Die Dialogie würde diese Glaubensvorstellungen in eine „interpretative Spannung" bringen und „ihre ikonenhafte Starre lösen", so daß man sich ihres vielschichtigen Sinnes bewußt werde.

Versteht Raschke unter „Dialogie" etwas, das dem nahekommt, was einige als „post-moderne Theologie" bezeichnen? Vielleicht ist er nicht dieser Ansicht, doch das könnte daran liegen, daß für ihn die Theologie ein statisches Denken ist, ein Denken, dessen Grenzen schon unverrückbar festliegen. Was wäre aber, wenn die Theologie nicht so in Steintafeln eingemeißelt wäre, wie sie es seiner Meinung nach sein muß? Hinweise dafür, daß sie es nicht ist, kommen aus etlichen Richtungen, besonders aber vom „Rand und vom Boden" her, wie ich es nenne. Der Theologe C. S. Song, ein Christ aus China, der in einem Duktus schreibt, den ein japanischer Kollege als „dem die Erste Welt ablösenden Zeitalter zugehörig" bezeichnet, wagt vorsichtig die Hypothese, daß Gott leidet und den Schmerz spürt, den Menschen empfinden. Jon Sobrino aus El Salvador zeigt, daß ein Gott, der wirklich, und nicht nur im übertragenen Sinne, liebt, ebenso verwundet und verletzt werden muß, wie die Menschen verletzt werden, in denen Gott wohnt. Isabel Carter Heyward, eine mutige feministische Theologin, wagt die Hypothese, daß es in Gott nicht nur Veränderung und Werden gibt, sondern daß Gottes Eingehen einer echten Partnerschaft des Gebens und Nehmens mit Menschen besagt, daß Menschen tatsächlich zu Gottes Erlösung beitragen.

Letztlich ist es unwichtig, ob man die post-modernen Theologien, die jetzt im Entstehen sind, „Theologic" oder „Dialogie" oder sonstwie nennt. Wichtig ist, daß Christen bei Zusammenkünften ihren Mitmenschen aus den anderen großen Religionen nicht distanziert oder aggressiv begegnen, sondern in der Bereitschaft, gemeinsam auf das zu hören, was die alten Runen sagen. Es ist wichtig, daß dieses Aufeinander-Hören nicht in irgendeinem abgegrenzten religiösen Bereich geschieht, sondern im tagtäglichen Lebenskampf und -kompromiß. Die innere Logik des streng akademischen Umgangs mit dem religiösen Pluralismus führt ihn aus der Akademie hinaus und in die schmutzige Welt hinein, in der auch die Befreiungstheologien mit denselben Mißklängen fertig zu werden versuchen. Doch wie ist es ihnen dabei bis jetzt ergangen?

Die meisten lateinamerikanischen Befreiungstheologen lassen die Probleme des religiösen Pluralismus links liegen. Auf dem südamerikanischen Kontinent ist der spanische Katholizismus allgemein verbreitet, so daß sie bis vor kurzem für die dortigen einheimischen und afrikanischen Religionen relativ blind gewesen sind. Doch Befreiungstheologen und Basis-Gemeinschaften in anderen Teilen der Welt, besonders in Asien, haben sich mit dem Problem zu befassen begonnen, und ihnen wollen wir uns jetzt zuwenden. Die befreiungstheologische Methode im Umgang mit dem Pluralismus stammt von politisch engagierten Christen in den Teilen der Welt, in denen der Pluralismus nicht bloß ein geistiges, sondern auch ein politisches Problem und eine Alltagswirklichkeit ist. Entstanden ist sie unter Christen, die in enge Berührung mit revolutionären Bewegungen gekommen sind in Gegenden, in denen die Probleme der Ungerechtigkeit und des Klassenkampfes mit denen des Kastenwesens, der Religion und des Lokalpatriotismus verwoben sind.

Tissa Balasuriya ist ein römisch-katholischer Priester aus Sri Lanka, dem Land, das im Westen unter dem Namen Ceylon bekannt war. Er lebt als Asiate in einem Teil der Welt, in dem christliche Kirchen winzige Minderheiten darstellen. Er lebt auch in einer Region, die die ganze Wucht der europäischen Kolonialherrschaft und die zersetzende Macht westlicher Handelsgesellschaften erfahren hat, die beide von angeblich christlichen Kontinenten ausgegangen sind.

Balasuriya sagt, er begrüße als asiatischer Christ die lateinamerikanische Befreiungstheologie als ein längst fälliges Abrücken von der dominierenden Rolle, die europäische und nordamerikanische Theologen gespielt haben. Viele Jahre hindurch sind diese für Theologen in der ganzen Welt richtunggebend gewesen, ohne recht zu merken, wie sehr der westliche Kontext, in dem sie lebten, der des kapitalistischen Wohlstands, auf das abfärbte, was sie schrieben. Als Ceylonese, der sich dem Kampf für einen Wiederbeginn verschrieben hat, den diejenigen führen, die unter dem kolonialen Erbe gelitten haben, begrüßt Balasuriya die Befreiungstheologie auch als einen Beitrag zum derzeitigen Befreiungsprozeß.

Allerdings hat Balasuriya, der selbst Asiate ist, an der lateinamerikanischen Befreiungstheologie auch etwas auszusetzen. Er hat das in den letzten Jahren, in denen das theologische Zusammenspiel zwischen Asien und Lateinamerika intensiviert worden ist, häufig verlauten lassen. Die Aufmerksamkeit, die die Lateinamerikaner der relativ jungen Geschichte der kapitalistischen Expansion als der historischen Gestalt der sozialen Sünde widmen, verleitet sie, wie er glaubt, dazu, die längere Geschichte der weißen, europäischen Expansion zu vernachlässigen, einen Prozeß, bei dem mehr Faktoren als nur wirtschaftliche die treibende Kraft gewesen sind. Seiner Ansicht nach erklärt diese Vernachlässigung, warum die lateinamerikanischen Theologen sich so wenig betroffen zeigen über die ungeheuerliche Vernichtung der Maya-, der Azteken- und der Inkakultur, die vor der Ankunft der Spanier geblüht haben. Er fragt auch, warum fast alle lateinamerikanischen Theologen – wie die weltliche Führungsschicht in Lateinamerika – hellhäutig und europäischer Herkunft sind, während die Ärmsten indianischer oder schwarzafrikanischer Abstammung sind. Balasuriya glaubt, daß die lateinamerikanische Befreiungstheologie in religiöser, kultureller und rassischer Hinsicht auf einem Auge blind ist, und in diesem Punkt pflichten ihm vor allem einige schwarze nordamerikanische Theologen bei.

Balasuriyas Kritik wirft einige beunruhigende Fragen auf. Gibt es irgendwo schon im Christentum an sich, nicht nur in seiner heutigen Gestalt, ein defektives Gen, das es von Zeit zu Zeit auf Kosten der Kulturen fremder Völker in Ausbrüche von rücksichtsloser Expansion, Kreuzzügen, Pogromen und Eroberungen stürzt? Wenn nicht, liegt dann eine kapriolenhafte Fehlsteuerung vor, die das Christentum anfällig dafür macht, sich von weltlichen Expansions- oder Vorherrschaftsbestrebungen einspannen zu lassen? Warum konnte es geschehen, daß der sogenannte Große Missionsauftrag – „Geht hinaus in die ganze Welt, und verkündet das Evangelium" – immer wieder von kaiserlichen Heeren ausgenutzt wurde, denen es mehr um Eroberung und Plünderung als um Liebe oder Hilfeleistung zu tun war? Rührt dieser Hang von der frühen Verstrickung der Kirche in die griechische Idee der paideia, der Verantwortung, die die Hellenen für die „Zivilisierung" der Barbaren empfanden? Das würde den Makel eher zu einer durch ein frühkindliches Trauma entstandenen Mißbildung machen, die aber nicht angeboren ist: ernstlich, doch nicht tödlich. War schon die „Religionisierung" der Botschaft Jesu an sich ein Irrtum, der die Christenheit für Jahrtausende unnötig von Menschen getrennt hat, deren Leben von dem geprägt worden ist, was die heutige Welt „Religionen" nennt (ein Begriff, der – wie wir eben noch in Wilfred Smith's Arbeit gesehen haben – eine Erfindung des christlichen Westens ist)?

Wenn wir auch nicht bestreiten wollen, daß es sich von einem auf Geld versessenen System, das einen Widerspruch zu seinem inneren Wesen bildet, schlimm hat mißbrauchen lassen, so bleibt doch die schwierige Frage, ob es im Christentum als „Religion" etwas gibt, das es für diese Pervertierung anfällig macht. Wenn es solch ein defektives Gen oder solch eine Fehlsteuerung gibt, hat Balsuriya damit recht, daß Ausmaß und Umfang der erforderlichen theologischen Veränderungen viel größer sind als die, die die meisten Befreiungstheologen im Augenblick planen. Nur ein ernster Dialog zwischen Christen und Menschen aus Religionsgemeinschaften, die diesen Expansionsdrang nicht oder wenigstens nicht so ausgeprägt gezeigt haben, wird uns in die Lage versetzen, diese Fragen zu beantworten.

Balasuriya glaubt, die lateinamerikanische Befreiungstheologie würde sehr gewinnen, wenn sie sowohl das religiöse Leben der Eingeborenenstämme im Land als auch die Begegnung mit den Weltreligionen ernster nähme. Er weiß, daß das enge Gesichtsfeld der lateinamerikanischen Theologie zum großen Teil durch eine Geschichte bedingt ist, die gleich einen ganzen Kontinent katholisch gemacht hat.

„Aber", sagt er, „in vielen anderen Teilen der Welt muß das Ringen um die Befreiung des Menschen im Kontext pluralistischer Gesellschaften stattfinden." Infolgedessen würden die „Praxis-Reflexions"-Gruppen und sogar die Basisgemeinschaften nicht nur aus Christen bestehen, sondern auch aus Angehörigen anderer Religionen, wie Hindus, Buddhisten, Moslems, Konfuzianern usw. Die geistliche Grundlage der révision de vie müßte dann viel breiter sein, verschiedene Religionen heranziehen und ein tieferes Verständnis der menschlichen Person, der Welt und des Absoluten mit einschließen. Das würde einen umfassenderen Ökumenismus bedeuten, als man normalerweise im Denken lateinamerikanischer Theologen antrifft."

Dieser „umfassendere Ökumenismus" würde, wie Balasuriya glaubt, weitreichende Folgen für die Mission und die Verkündigung des Evangeliums haben. Es ist wichtig, festzustellen, daß das für diesen asiatischen Christen keine Verwässerung des Evangeliums bedeuten würde, mittels derer man es für Buddhisten oder Hindus akzeptabler machte. Er hat eher die Vorstellung von einer asiatischen Befreiungstheologie, die einen „kosmischen Christus" feiert, der sowohl in allen Kulturen und Religionen gegenwärtig als auch der – eher „westliche" – Herr der Geschichte ist. So hat die asiatische Befreiungstheologie begonnen, sich der dornigen Frage des religiösen Pluralismus zuzuwenden, derselben Frage, die die Schultheologie so beschäftigt. Aber auch hier sollte man sich von oberflächlichen Ähnlichkeiten nicht irreführen lassen. Es besteht dem religiösen Pluralismus gegenüber zwischen der Schultheologie und der Befreiungstheologie ein gewaltiger Unterschied in der Methodik.

Die Befreiungstheologie lehnt die Auffassung ab, es könne der Frage gegenüber, wer Jesus war und ist, eine neutrale Theologie oder ein rein akademisches Verständnis geben. Damit soll gesagt sein, daß man über Jesus nur unter Menschen sinnvoll nachdenken kann, die Jesus auch tatsächlich nachfolgen, d. h., die versuchen, sich Jesu Lebensziel zu eigen zu machen. Jesu Lebensziel war das Kommen des Reiches der Gerechtigkeit und des Friedens, für das er selbst das Hauptbeispiel gegeben hat. Infolgedessen liefert der Kampf für das Reich der göttlichen Gerechtigkeit den einzig passenden Kontext, innerhalb dessen man sinnvoll über Jesus diskutieren kann.

Da haben Balasuriya und seine befreiungstheologischen Kollegen recht. Debatten über die Bedeutung Jesu – „Christologie" –

sind immer sowohl politisch als auch theologisch gewesen. Die verschiedenen Titel und Deutungen Jesu – Messias, Menschensohn, der Pantokrator in der Hagia Sophia, der blutüberströmte Mann der Schmerzen – sind nicht in Seminaren erarbeitet worden, sondern das Ergebnis einer zerstrittenen und konfliktgeladenen menschlichen Geschichte. Schon am Ort der Kreuzigung ist zwischen den Priestern und den römischen Behörden ein Streit darüber ausgebrochen, wie die Inschrift über dem Kreuz lauten sollte. Die Debatte ist noch nicht zu Ende. Der jahrhundertelange Kampf darum, wie man die Frage: „Für wen haltet ihr mich?" beantworten müsse, ist zum Teil eine Auseinandersetzung unter denjenigen, die diktieren wollen, für wen man Jesus zu halten hat, weil sie seine politische Bedeutung nur zu gut erkennen. Wir können diese verschiedenen Sichtweisen – wie z. B. der „historische Jesus" oder der „kosmische Christus" – nur in dem Maß verstehen und bewerten, in dem wir die Politik in der Christologie erkennen und in eben dieser Geschichte mithandeln.

Was für die weitergehende politische Geschichte der Christologie gilt, ist auch von entscheidender Bedeutung für die Auseinandersetzung mit dem Pluralismus der Religionen und Kulturen. Der Kampf für das Kommen des Reiches liefert den Kontext für den „umfassenderen Ökumenismus", nach dem Balasuriya ruft. In seinen Augen gehören zu diesem Kontext auch Nichtchristen. Der Streit darüber, wer Jesus war, geht auch darum, wer er ist. Man kann ihn nicht von der Frage trennen, was mit Reich Gottes gemeint ist, und wie und wo es sich heute zeigt. Diese Diskussionen haben nicht mit den Evangelien, dem apostolischen Glaubensbekenntnis, den „klassischen Christologien" oder mit Reformationen jüngeren Datums aufgehört. Worauf es ankommt, ist nicht nur, daß die Diskussion weitergeht, sondern daß sie innerhalb der Geschichte vonstatten geht und nicht oberhalb.

Für die Befreiungstheologie geht es im christologischen Denken nicht in erster Linie darum, nachzuprüfen, ob ein bestimmtes Christusbild zu einem der orthodoxen Glaubensbekenntnisse paßt. Es geht darum, festzustellen, wie eine gegebene Formulierung tatsächlich einen Beitrag zum Kommen des Reiches leistet, und das ist eine Frage, zu deren Beantwortung auch Menschen beitragen können, die keine Christen sind. Worte haben zu verschiedenen Zeiten und in anderen Zusammenhängen nicht die gleiche Bedeutung. Derselbe christologische Titel, der einmal die Bedeutung Jesu klargestellt und das Kommen des Neuen Zeitalters angekündigt hat, kann jetzt seine ursprüngliche Bedeutung entstellen. Daher müssen die Theologen stets fragen, wie, von wem und wozu die verschiedenen christologischen Bilder verwandt werden. Die schwierigste Daueraufgabe der christologischen Kritik besteht darin, zu verhindern, daß man Jesusvorstellungen dazu mißbraucht, seine Absicht zu vereiteln, seine befreiende Botschaft zu ersticken und die Menschen im Griff zu haben, unter denen er am Werk war und ist, das Gottesreich zu erschließen.

Was ich hier skizziert habe, ist keine Antwort auf Balasuriyas Frage nach einem „kosmischen Christus". Es soll beschreiben, wie Befreiungstheologen vorgehen könnten, wenn sie sich solch einer Frage widmen. Sie fordert die alten Runen nicht nur auf, wieder zu sprechen; sie fordert sie auf, so zu sprechen, daß auch Außenstehende und Menschen mit gebrochenem Herzen sie als ein Wort der Hoffnung und der Freiheit vernehmen.

Was die verschiedenen Befreiungstheologien lehren, ist, daß ein Dialog gleich welcher Art über Christus und seine Bedeutung heute, in einem Zeitalter, für das sowohl der religiöse Pluralismus als auch der Klassenkampf bezeichnend sind, weitergehen muß. Die Frage, wer Jesus ist und wie man das Gottesreich in einer religiös pluralistischen Welt deuten kann, ist eine ebenso politische wie religiöse Frage. Beantworten können sie nur Frauen und Männer, die im Evangelium nicht eine religiöse Überlieferung unter vielen sehen – die man vergleichen, verteidigen und miteinander in Einklang bringen müßte –, sondern einen Ruf, der sich in erster Linie an alle verstoßenen und geächteten Völker der Welt richtet, welchem Kulturkreis oder welcher Religion sie auch angehören mögen. Vielleicht können wir verdeutlichen, wie die Befreiungstheologie etwas zu der großen Diskussion über den religiösen Pluralismus beitragen kann, wenn wir uns noch einmal kurz den verschiedenen Wegen zuwenden, die Carl Raschke beschreibt. Die Befreiungstheologie geht sie alle, doch in jedem Fall stellt sie dabei die religiöse Dimension in ihren politischen und kulturellen Gesamtzusammenhang.

Befreiungstheologen wie Balasuriya sind irgendwie „Phänomenologen". Sie bemühen sich, Buddhisten oder Hindus nicht dogmatisch zu beurteilen und suchen einfühlsam einen Zugang zu ihren Welten. Aber die Gottesreichidee ist dabei ihr Leitbild; sie machen es ebenso wie Jesus und ergreifen Partei für die untersten Kasten, die abseits Stehenden, die Armen und die kultisch Unreinen.

Wie in der zweiten Auffassung, die Raschke erwähnt und mit der sich der Name Wilfred Cantwell Smith's verbindet, geht es auch den Befreiungstheologen mehr um die Menschen als um „Religionen". Allerdings geht es ihnen am meisten um ganz bestimmte Menschen, um die Verletzten und die Hilflosen, um die verachteten Klassen.

Wie die Gelehrten, die den dritten Weg vertreten und in allen Formen, in denen die einzelnen Religionen auftreten, nach einer verborgenen, übergreifenden Einheit suchen, schwebt auch den Befreiungstheologen eine Welt vor, in der ungerechte Teilungen sowie Rassen- und Klassenhaß abgeschafft werden. Doch für den Befreiungstheologen liegt diese verborgene Wirklichkeit noch vor uns und nicht unter oder hinter den Gegebenheiten. Sie ist endzeitlich, nicht ursprünglich. Sie setzt treu ergebene Liebe und Dienen voraus, aber keine esoterische Einsicht.

Schließlich lehnen die Befreiungstheologen mit Raimundo Panikkar den Gedanken ab, jemand könne etwas dabei gewinnen, wenn er nur über theologische Formulierungen nachsänne oder sie miteinander vergliche. Eine neue Einsicht entsteht nur durch reflektierte Praxis.

Für die Mehrzahl der Christen in der Welt, die zumeist arm oder farbig sind und zum großen Teil unter Menschen anderer Glaubensgemeinschaften leben, ist die Art und Weise, wie die Befreiungstheologie den religiösen Pluralismus angeht, schon eine große Befreiung. Es ist eine Erleichterung, daß man nicht erst mit jedem Moslem, Sikh oder Buddhisten eine theologische Diskussion zu beginnen braucht, bevor man sich schlüssig wird, ob man sich am Kampf gegen soziales Unrecht und am Jubel über das verheißene Leben beteiligen soll. In einer Geschichte nach der anderen und einer Unterweisung nach der anderen unterstreicht Jesus nachdrücklich, daß Gott das Reich den Armen gibt, weil sie nirgendwo sonst hingehen können, nicht aber weil sie sich durch rechten Glauben oder Sittenreinheit qualifizierten. Er lehrt, daß Gott das Reich auf jeden ausdehnt, der gewillt ist, die energischen Ansprüche der Armen auf das Reich gegen diejenigen zu unterstützen, die es ihnen vorenthalten.

Im Licht dieser auf das „Reich" ausgerichteten Christologie erhält die Diskussion mit Menschen aus anderen Glaubensgemeinschaften einen ganz neuen Sinn. Das Gespräch hat jetzt ein anderes Ziel. Religionsgespräche werden dann weder zum Selbstzweck noch zu einer rein religiösen Suche, sondern zu einem Schritt, der schon auf Gottes Gerechtigkeit hin unterwegs ist. Sie werden zur Praxis. Ähnlichkeiten und Unterschiede, die einmal wichtig zu sein schienen, verblassen, während die eigentlichen Unterschiede – zwischen denen, deren heilige Geschichten dazu herhalten müssen, eine Vorherrschaft zu verewigen, und denen, deren Religion sie zum Kampf gegen diese Vorherrschaft stärkt – deutlicher zum Vorschein kommen.

Für Christen ist es nicht so schwer, die theologische Grundlage für diesen Wesenswandel im Dialog zwischen den Religionen zu finden. Als die Jünger Jesus berichteten, sie hätten Leute, die sie nicht einmal kannten, Dämonen austreiben sehen, und ihn fragten, ob sie nichts dagegen unternehmen sollten, hat Jesus ihnen schnell versichert, wichtig sei, was diese Leute täten, und nicht, wie sie es auslegten: „Wer nicht gegen mich ist, ist für mich." Bei anderer Gelegenheit hat Jesus betont, daß Nominaldefinitionen dessen, der „für oder gegen" das Kommen des Reiches ist, bestenfalls zweitrangig sind. Gelobt hat er den Bruder, der dem Befehl seines Vaters gehorcht hat – mochte er auch gesagt haben, er wolle nicht –, nicht aber den Bruder, dessen Gehorsam nur Lippengehorsam war. Später hat Jesus seine Anhänger darauf hingewiesen, daß nicht jeder, der „Herr, Herr" sage, Gnade findet, sondern nur diejenigen, die Gottes Willen tun. Heiden, Samariter, Dirnen und Zöllner erben das Reich. Die rechtgläubigen Priester und die Tempelobrigkeit kommen erst als Nachzügler hinterher.

Angesichts dieser klaren Ermahnungen aus Jesu Mund wird man schwerlich einen Dialog zwischen den Religionen gutheißen können, in dem die Armen systematisch ausgeklammert werden. Das für die meisten Dialoge heute bevorzugte Verfahren besteht darin, daß sich Vertreter der verschiedenen Weltreligionen – normalerweise Gelehrte oder Kirchenführer, deren Stellung sie eher auf Konfessionsunterschiede als auf Klassenunterschiede eingestellt sein läßt – treffen und erörtern, was sie vereint oder was sie trennt. Es ist aber die rauhe Wirklichkeit der sozialen Konflikte und nicht einfach das Austauschen von Gedanken, die Einheit schafft oder Zwietracht schürt. Christen, die mit Hindus, Humanisten und anderen gemeinsam die unterdrückende Gewalt regelrecht bekämpft haben, „betreiben Theologie" anders. Sie betreiben sie, weil das zu einer weltweit entstehenden Gemeinschaft gehört, die aus den Verachteten und Verstoßenen der modernen Welt und ihrer Verbündeten besteht. In dieser neuen Gemeinschaft – wie damals in den winzigen Gemeinden aus ehemaligen Sklaven und Tagelöhnern des ersten Jahrhunderts in Kolossä und Ephesus, denen schon dieselbe Frohbotschaft ans Ohr gedrungen war, vermögen selbst die unerbittlichsten der religiösen, traditionellen und kulturellen Schranken nicht mehr zu trennen. Die ersten Anhänger Jesu haben damals einen entscheidenden Schritt „über den Dialog hinaus" getan. Vielleicht können wir das heute mit Hilfe der Befreiungstheologie auch.

8

„Das Gemüt einer herzlosen Welt“: Die Religion unter dem prüfenden Blick von Christen und Marxisten

Nachdem ich 1962 mein Religionsstudium in Harvard mit dem philosophischen Doktorgrad abgeschlossen hatte, erhielt ich meine erste Stelle in Berlin. Kraft einer Reihe umständlicher Regelungen wurde ich für ein Jahr als „ökumenischer Mitarbeiter" berufen. Mein Gehalt zahlten die amerikanischen Baptisten; vom Weltrat der Kirchen war ich der evangelischen Kirche von Berlin-Brandenburg zugeteilt, deren Vorsitzender damals noch der greise Bischof Otto Dibelius war; man hatte mich einer Art von theologischem Volksbildungswerk, der Gossner-Mission, mit Zentren sowohl in Ost- als auch in West-Berlin zur Verfügung gestellt und dann zum Einsatz im Ost-Berliner Gossner-Programm jenseits von Mauer und Stacheldraht abgeordnet. Ich sollte am „marxistisch-christlichen Dialog" teilnehmen, der damals in seinem Anfangsstadium war.

Es war ein denkwürdiges Jahr. Dank den geheimnisvollen Mechanismen des Vier-Mächte-Abkommens, unter dem Berlin damals verwaltet wurde, durfte ich, da ich einen amerikanischen Paß besaß, mit Tagesscheinen über Checkpoint Charlie von meiner Wohnung in Friedenau in West-Berlin durch die Mauer in den Ost-Sektor fahren. Ich mußte nur aufpassen, daß ich täglich vor Mitternacht wieder in den Westen zurückkehrte. Damit es noch ein bißchen komplizierter wurde, meinte Pastor Bruno Schottstadt, der die Arbeit der Gossner-Mission in Ost-Berlin leitete, ich sollte neben meiner Lehrtätigkeit im theologischen Volksbildungswerk an den allwöchentlichen Zusammenkünften von „Unterwegs Ost", einer lebendigen theologischen Diskussionsrunde aus ostdeutschen Pastoren und Lehrern, teilnehmen und stundenweise als Dozent an der Evangelischen Akademie in Ost-Berlin mitwirken. Alles in allem habe ich das Jahr als Pendler zwischen zwei Welten verbracht, die damals weiter auseinanderzuklaffen schienen als in der jüngsten Zeit, den Tagen von *Glasnost* und *Perestroika*.

Während dieses Jahres in einer geteilten Stadt habe ich, was Marx und den Marxismus betrifft, zwei wichtige Dinge gelernt. Das eine war, daß Marx, mit dessen Werken ich mich intensiv befassen mußte, um meinen Auftrag ausführen zu können, persönlich ein Denker von wirklichem Format war, dessen Gedanken über die Religion weit nuancierter und komplexer waren, als ich angenommen hatte. Ich bin kein Marxist, aber seit ich ein Jahr lang dem Ansturm seiner Gedanken sowohl in seinen Büchern wie auch durch Menschen, mit denen ich zusammengetroffen bin, ausgesetzt war, habe ich ihn nie so leicht abtun können wie einige Gelehrte, die, wie ich vermute, sehr wenig Marx gelesen und nie einen richtigen Marxisten getroffen haben.

Das andere, was ich allerdings aus meinem Aufenthalt im Schatten der Mauer gelernt habe, war, Menschen, die den Marxismus zur reinen Lehre oder zur herrschenden Ideologie erheben, mit unbeirrbarem Argwohn zu betrachten. Ich bin aus Berlin mit einer tiefen Achtung vor dem Denker Karl Marx und einer ebenso tiefen Verachtung für die Leute heimgekehrt, die sein Bild hoch über Stacheldrahthindernissen und Wachtürmen auf Plakatwänden angebracht haben.

In den fünfundzwanzig Jahren, die seit meiner Rückkehr aus Berlin vergangen sind, ist etwas ganz Merkwürdiges passiert. Vielleicht weil der Marxismus als Lebensphilosophie an Anziehungskraft verloren hat, scheinen immer weniger Menschen sich für einen „marxistisch-christlichen Dialog" zu interessieren. Aber gleichzeitig haben christliche Theologen damit begonnen, sich bei ihrer Arbeit gewisser marxistischer Methoden zu bedienen, und Marxisten haben ihre ehedem dogmatische Ablehnung der

Religion als eines bloßen „Opiums des Volkes" drastisch geändert. Die Anwendung von Analyseverfahren, die aus dem Marxismus stammen, beschränkt sich nicht auf Befreiungstheologen. Auch Exegeten, Kirchenhistoriker und Moraltheologen bedienen sich ihrer neben verschiedenen anderen Methoden. Persönlich halte ich dieses Verfahren auch für hilfreich. Doch wie kann das Denken eines Mannes, der zum berühmtesten Atheisten in der Geschichte geworden ist, uns zu einem Religionsverständnis verhelfen?

Es gibt keine ganz spezielle marxistische Religionstheorie. Es gibt viele. Doch wenn man in den Grundzügen darstellen will, wie Marx selbst diese Frage angeht, kann man gut mit dem locus classicus in seiner Schrift „Zur Kritik der Hegelschen Rechtsphilosophie" beginnen, wo dieser berühmte Passus vorkommt: „Das religiöse Elend ist in einem der Ausdruck des wirklichen Elendes und in einem die Protestation gegen das wirkliche Elend. Die Religion ist der Seufzer der bedrängten Kreatur, das Gemüt einer herzlosen Welt, wie sie der Geist geistloser Zustände ist. Sie ist das Opium des Volks."

Normalerweise haben die Marxbeflissenen die letzte – und allbekannte – Wendung dieses Passus herausgegriffen: „das Opium des Volks". Wie steht es aber um die Charakterisierung der Religion als „Seufzer der bedrängten Kreatur" und „Gemüt einer herzlosen Welt"? Meiner Meinung nach ist das Wort vom „Opium" von Leuten mißbraucht worden, die Marx herabsetzen wollen und meistens kaum etwas von dem Zusammenhang wissen, in dem es vorkommt. Die Wendung ist jedoch als echtes Kriterium für Marx' komplexe Haltung der Religion gegenüber ungeeignet. Die anderen Metaphern, „Seufzer" und „Gemüt", sind viel bedeutungsträchtiger.

Würde es uns helfen, die religiösen Zeremonien und Vorstellungen eines Volkes zu verstehen, wenn wir sie – wenigstens zum Teil – als „Seufzer", als Ausdruck seiner tiefsten Ängste und Schmerzen, ansähen? Dorothee Sölle sagt in ihrem Buch „Leiden", stummes Dulden müsse unbedingt zur lauten Klage werden, wenn leidende und unterdrückte Menschen sich in Protest und Würde erheben sollen. Damit hat sie recht, und diese Klage und der Protest sind in den Religionen der unterdrückten Völker oft schon da, bevor Außenstehende sie als solche erkennen. Die Gesänge und Gebete von Menschen in der ganzen Welt sind wie die Spirituals und Blues der amerikanischen Schwarzen, die James Core analysiert hat, voller Seufzer und Klagen. Das gilt auch für die Lyrik Adrienne Richs, die Lieder Bob Marleys und der anderen karibischen Rastafarier, den Ghost Dance der Native Americans* und die verschiedenen messianischen Aufstände gegen die westliche Kolonialherrschaft, deren Geschichte Michael Adas in seinem Buch „Prophets of Rebellion" zusammengetragen hat. Diese und andere Beispiele zeigen, daß es naiv und historisch ungenau ist, wenn die Theoretiker der Revolution die Religion immer nur als Opiat ansehen. Wenn man die Religionen der unterdrückten Völker oft abschätzig als Wunschvorstellungen oder Illusionen hinstellt, so tun das Intellektuelle aus dem Mittelstand, deren eigene Lebensgeschichte sie nicht in die Lage versetzt, die entscheidende Rolle zu würdigen, die die Religionen der Armen als Sicherung des psychischen und physischen Überlebens in Zeiten gespielt haben, in denen die Ausrottung ganzer Zivilisationen und eine unterdrückerische Gesellschaft alles waren, was die Welt zu bieten schien.

Was kann man zu den Tänzen, Prozessionen und ekstatischen Schreien sagen, durch die Menschen ihre Freude und ihre Sehnsucht bekunden? Das sind religiöse Ausdrucksformen, die, um die andere Marxsche Metapher zu gebrauchen, „das Gemüt einer herzlosen Welt" darstellen. Sie gestatten es Menschen, die sonst alles verloren haben, symbolisch die kleinen Freuden miteinander zu feiern, die man auch noch der bedrückendsten Situation abgewinnen kann, und diese gemeinsame Feier kann dann helfen, eine Solidarität festzustellen, die die Grundlage für die Praxis bil-

* „Eingeborene Amerikaner", eine messianische Indianerbewegung. Anm. d. Übers.

det. Ein Seufzer ist ein Schmerzensschrei, aber in der Hoffnung tut das Gemüt einen Freudensprung. Lesen wir zuviel in die Marxschen Metaphern hinein?

Ich glaube nicht. Es ist immer falsch, den Tatsachen eine Lehrmeinung aufzuzwingen. Es ist ein Irrtum, jede Religion als unterdrückerisch anzusehen, ohne vorher zu prüfen, welche spezielle Aufgabe sie im wirklichen Leben von Menschen in konkreten Situationen erfüllt. Die Frage muß lauten: Was verraten diese religiösen Gebräuche über den ihnen zugrunde liegenden Schmerz, den Zorn, die Entfremdung und die Hoffnung derer, die sich so ausdrücken? Welche Vorstellungen und Werte heiligen sie? Man muß zuerst durch das Religiöse hindurch nach dem Menschlichen horchen und dann an die im eigentlichen Sinne „kritische" Aufgabe gehen.

Der venezolanische Soziologe Otto Maduro kann als gutes Beispiel für einen Wissenschaftler dienen, der sich eines marxistischen Instrumentariums bedient, dabei aber die Wirklichkeit nicht von der Ideologie verdunkeln läßt. In seinem Buch „Religion and Social Conflict – Religion und Gesellschaftskonflikte" vertritt Otto auf Grund seiner genauen Beobachtung der lateinamerikanischen Verhältnisse den Standpunkt, daß das Klassenbewußtsein eines ausgebeuteten Volkes in bestimmten Situationen auf die Religion angewiesen sein kann, um konkrete Gestalt anzunehmen. Das geschieht, wie er sagt, weil unterdrückte Völker ihre Ohnmacht Mächten gegenüber erfahren, die ihnen undurchsichtig und dunkel vorkommen. Daher wird die Religion nicht so sehr zu einer Form von ideologischem Denken als zu etwas, das er eine Art von „praktischem Entwurf" nennt. Infolgedessen kann es, wie er sagt, objektiv antirevolutionär sein, wenn Marxisten sich auf ihre atheistischen Grundsätze versteifen, statt der jeweiligen menschlichen und politischen Bedeutung der Religion im Einzelfall ihre Aufmerksamkeit zu schenken, ganz gleich, was sie bewußt anstrebt. Otto glaubt, daß zwischen Religion und Atheismus ein Gegensatz besteht. Aber aus seiner eigenen christlichen Sicht glaubt er, daß zwischen gewaltsamer Unterdrückung – ob religiös oder antireligiös – und Befreiung – ob religiös oder antireligiös – ein noch größerer Gegensatz besteht.

Was heißt es, wenn Theologen sich bei ihrer kritischen Religionsanalyse marxistischer Kategorien wie Klasse, materieller Unterbau, Zentrum und Peripherie usw. bedienen? Wir lehnen den Marxismus als Dogma oder als Formel zur Lösung schwieriger theologischer und historischer Fragen ohne Untersuchung des jeweiligen Einzelfalles ab. Wir bedienen uns seiner als einer kritischen Methode innerhalb einer größer angelegten und umfassenderen Verfahrensweise. Wie Norman Gottwald es in seinem Buch „The Tribes of Yahweh" – „Die Stämme Jahwes" ausdrückt: „Wenn wir uns die fruchtbare Marxsche Betrachtungsweise zu eigen machen, um gesellschaftliche Phänomene wissenschaftlich zu untersuchen, sind wir nicht verpflichtet, ohne weitere Nachprüfung seine spezifischen Zukunftsprojektionen zu übernehmen, noch sind wir an irgendein besonderes sozio-politisches Programm gebunden, das man als marxistisch hinstellt."

Da Marx auch nicht viele konkrete Fälle religiöser Gruppierungen untersucht und sich weithin auf die modernen europäischen beschränkt, verpflichtet uns die Anwendung seiner Methode im Hinblick auf die Zukunft der Religion an sich nicht auf irgendeinen metaphysischen Glauben oder einen theoretischen Entwurf. Worin liegt dann ihr Nutzen? Ich habe es bei der Behandlung dieser Frage hilfreich gefunden, mir den Umgang eines anderen selbst-ernannten Atheisten mit der Religion wieder in Erinnerung zu rufen, nämlich den Sigmund Freuds.

Ich möchte mich hier nicht auf Freuds Schriften über die Religion an sich beziehen als vielmehr auf seine sehr viel ausgeklügelteren und nützlicheren Traumdeutungstheorien. Was Freud und Marx miteinander verbindet, besteht zweifellos darin, daß sowohl Träume wie auch religiöse Symbole, und das oft in verschlüsselter Form, die tiefsten Schichten der psychischen Wirklichkeit zum Ausdruck bringen. Freud hat einmal gesagt, Träume seien der „Königsweg zum Unbewußten", d. h., der Schlüssel, der die tiefsten Schichten eines Menschenlebens am besten erschließt. Man beachte aber, daß die Freudsche Psychoanalyse nicht die Abschaffung von Träumen verlangt. Sie tut sie nicht als Opiate ab. Es geht ihr vielmehr darum, Menschen zu helfen, ihre Träume zu verstehen oder gar zu genießen, und sich die Ängste und Impulse zu verdeutlichen, die in ihnen zum Ausdruck kommen. Die Psychoanalyse beschäftigt sich mit den Träumen der Menschen, um diesen zu helfen, entschlossen und frei zu leben, da sie nun gelernt haben, den Urdrang und die Schrecken der Frühzeit zu verstehen und mit ihnen umzugehen. Die Therapie zielt nicht darauf ab, jemand zu helfen, nicht mehr zu träumen, sondern die Realität auszumachen, die in der Symbolform des Traumes zum Ausdruck kommt.

Ganz ähnlich wie die Psychoanalyse uns hilft, Träume zu entziffern, kann eine einfallsreiche Theologie uns helfen, die Religion zu entziffern. Wenn Träume der „Königsweg zum Unbewußten" des jeweiligen Menschen sind, kann man die Religion als den Königsweg deuten, der zu der Bilderwelt führt, die ganz tief im Herzen Gemeingut eines ganzen Volkes ist. Und ebenso wie die Psychoanalyse das Träumen nicht unterbindet, sondern einem Menschen hilft, sich den Sachverhalten zu stellen, die sich in Träumen äußern, versucht auch eine besonnene Theologie nicht, die Religion abzuschaffen, sondern lenkt ihre Aufmerksamkeit auf die Wurzeln des Leidens und die Gründe der Hoffnung, die sich in der Religion äußern. Der deutsche Marxist Ernst Bloch hat jahrelang die These vertreten, daß die wichtigste Funktion der Religion eindeutig ihr utopisches Träumen sei, ihre Macht, den Menschen eine Alternative zu bieten: die Vision einer anderen Welt. So verstanden, kann man die Religion wie den Traum als ein unentbehrliches menschliches Phänomen ansehen. Doch was wäre auf dem Gebiet der Religion das theologische Äquivalent für die Psychotherapie auf dem Gebiet des Traumes?

Was wir angesichts einer Welt, in der religiöse Strömungen ungestüm aufwallen, brauchen, ist eine theologische Methode, die sich aus der biblischen Offenbarung speist, aber die Mythen,

Symbole, Gesänge, Gebete und Glaubensvorstellungen aller Menschen wohlwollend kritisch würdigt. Diese kritische Theologie würde all dies auf Fingerzeige hin untersuchen, die zu den Ursachen des Leidens und zu den Mächten führten, die die Hoffnungen unterdrückter Völker zunichte machen, worin immer die Unterdrückung auch besteht. Der „Seufzer der bedrängten Kreatur" mag seine Ursachen in Armut, Entfremdung, Überdruß, Ohnmacht, Abhängigkeit, Sinnverlust oder in, wie Feministinnen es so treffend genannt haben, „mythischer Unterdrückung" haben. Menschen können immer noch aufschreien, protestieren, wehklagen und erlösende und hoffnungsfrohe Augenblicke feiern. Das geschieht oft auf religiöse Weise, und so ist die Religion „das Gemüt einer herzlosen Welt", ein Aufwallen des Gefühls und des Trotzes in einer Situation, die beides bestraft.

Es ist *nicht* Aufgabe der kritischen Theologie, das Herz zu entfernen, sondern zu helfen, die Welt selbst weniger herzlos zu machen und nicht so bar jeglichen Mitleids, jeglicher Freundschaft, Freude und der Fähigkeit, intensiv zu empfinden. Solch eine Theologie kann nicht umhin, politisch zu sein. Sie wird ihre Aufmerksamkeit unweigerlich auf die wirtschaftlichen und sozialen Strukturen richten, die das Leid der Menschen verursachen und dadurch zu utopischen Hoffnungen reizen, die wie das Leid auf religiösem Gebiet ihren Ausdruck finden.

Jesus und die Propheten haben ihre eigene scharfe Religionskritik geübt. In seinem Gefolge können Christen vieles von der Marxschen Analyse akzeptieren, die feststellt, wie zerstörerisch die Religion sich oft in einer „gefallenen Welt" auswirkt. Aber die Bibel läßt uns auch schauen, was die Welt sein *kann*. In dieser biblischen Sicht können wir sogar dem Tag entgegensehen, an dem wir keine „Religion" mehr brauchen, weil sogar Herz und Geist der Welt wieder heil geworden sind. Das deutet die Bibel mit ihren Bildern an, wenn sie von einer Zeit spricht, in der es „keinen Tempel" mehr geben wird, weil Gott alles in allen sein wird (Offb), und man die Thora nicht mehr zu lehren braucht, weil alle sie schon in ihrem Herzen haben werden (Jeremia). Was die

Propheten schauen, ist keine Abschaffung des Seufzens bedrängter Kreaturen, sondern die Abschaffung der Bedrängnis, die die Kreaturen aufseufzen läßt.

Um sich der Erkenntnisse einer marxistischen Religionskritik bedienen zu können, müssen die christlichen Theologen sich um ein viel differenzierteres Verständnis der Religion einfacher Leute bemühen. Diese theologische Kritik der „Volksreligion" ist ein wichtiger Zug der lateinamerikanischen Theologie, wie man im Schaffen von, u. a., Diego Irrarazával und Pablo Richard sehen kann. In Nordamerika hingegen ist sie leider noch unterentwickelt. Hier schwingen die historische, die kritische und die exegetische Methode noch das Szepter. Selbst dort, wo man auf unserem Erdteil der Volksreligion Beachtung geschenkt hat, galt sie in der Regel der Religion der Schwarzen und anderer Minderheiten, dem ideologischen Konservativismus der großen Kirchen oder den religiösen Grundlagen des männlichen Chauvinismus. Ich möchte hier diesen Gesichtskreis erweitern und die Methode, die ich beschrieben habe, durch ihre Anwendung auf eine Bewegung vorführen, die ich seit einigen Jahren beobachtet habe, nämlich die neu-orientalische Spiritualität in den Vereinigten Staaten.

Die „Wendung nach Osten", von der schon die Rede gewesen ist, hat fast ausnahmslos unter jungen Erwachsenen der weißen Mittelschicht stattgefunden, einer Gruppe, die viele Befreiungstheologen weder interessant noch signifikant finden. Ich glaube jedoch, daß eine Analyse der Volksreligion dieser jungen Leute – einer Form von Neu-Orientalismus – etwas an den Tag bringt, was nicht nur für sie, sondern für die ganze Gesellschaft von Belang ist. Sie deckt ein Schema von Heimatlosigkeit und Entfremdung in einer gutsituierten Bevölkerungsgruppe auf, von der man normalerweise annehmen könnte, man finde sie unkritisch in die Kultur integriert. Statt dessen fühlen viele sich an den Rand geraten und voller Unbehagen, unzufrieden mit dem, was das Leben ihnen zu bieten scheint. Warum? Wenn man sie fragt, sagen sie, die normalen Laufbahnen und die Lebensstile in der Arbeitswelt und in den freien Berufen schienen einige ihrer tiefsten Bedürfnisse nicht stillen zu können. Ich frage also: Wer sind die Menschen, die in solche Bewegungen hineingeraten? Und was sagt uns ihr kollektiver „Seufzer" wenigstens über eine Seite der „Herzlosigkeit", die unsere ganze Gesellschaft bedroht?

Zunächst, wer sind sie? Sie sind sicher nicht die nach außen hin am meisten ausgebeuteten Menschen in Amerika. Nichtsdestoweniger sind sie auf ihre Weise die Opfer einer schmerzlich drückenden Überlast von Widersprüchen zwischen der erklärten christlichen und allgemeinen Wertordnung der Gesellschaft einerseits und ihrer praktisch kapitalistischen Anwendung anderseits. Sie sind zerrissen. In der Familie und im religiösen Bereich hat man sie gelehrt, zu teilen, mitzuhelfen und sogar zu lieben, aber die Welt des Hörsaals und des Arbeitsmarktes zwingt sie, ein Auge zuzudrücken und die Ellbogen zu benutzen, wenn sie es zu etwas bringen wollen. Sie haben gelernt, daß man im Westen großen Wert auf Eigenständigkeit und persönliche Erfahrung legt, doch dann entdecken sie im Widerspruch dazu, daß selbst Leib und Geist einen Verkaufswert haben, den man vermarkten muß. Das für ihre menschliche Entwicklung unerläßliche Erfordernis, sich in Selbstbescheidung und leiblicher und geistiger Zucht zu erproben, wird annulliert von der Tendenz des sich ständig ausweitenden Marktes, zur sofortigen Wunschbefriedigung, zur Genußsucht und zum bequemen Leben zu verleiten und dadurch die Verkaufsziffern zu steigern. Sodann befinden sich junge Leute, die sich neuen religiösen Gruppierungen anschließen, fast immer im Niemandsland zwischen ihrer elterlichen und einer eigenen Familie und haben keinen Beruf ergriffen. Dadurch sind sie vorübergehend außerhalb der beiden großen Einrichtungen, deren sich die Gesellschaft bedient, um sie bei der Stange zu halten. Die Riten, Glaubensvorstellungen und Organisationsformen der religiösen Gruppen, denen sie beitreten, stellen den „Seufzer" einer Kategorie „bedrängter Kreaturen" dar, deren Not man gewöhnlich nicht erkennt, wenn man die Bedrängnis ausschließlich unter wirtschaftlichen Gesichtspunkten sieht, deren Dilemma Marx aber deutlich vorausgesehen hat.

Meine Untersuchungen und die meiner Schüler lassen erkennen, daß die jungen Leute, die sich Bewegungen wie z. B., Hare Krishna, der Divine Light Mission oder einigen buddhistischen oder neu-hinduistischen Gruppen anschließen, dreierlei suchen. Einmal suchen sie nach familiärer, gefühlsmäßiger Geborgenheit anstatt des brudermörderischen Ethos des Arbeitsmarktes. Sodann suchen sie unmittelbare und ursprüngliche Erfahrungen im Gegensatz zu der abstrakten Kunststoffwelt des Warenangebots. Drittens suchen sie nach einer Chance, sich zu bewähren und zu strecken, im Gegensatz zu dem verweichlichenden Wohlstandsdenken, das das Hauptkennzeichen unserer Verbraucherzivilisation ist.

Die marxistische Kritik kann uns zu der Einsicht verhelfen, daß solche jungen Leute sich nicht einfach grundlos auflehnen. Ihre Auflehnung gegen Konkurrenzkampf und Konsumdenken ist eine Auflehnung gegen einige Auswüchse des Spätkapitalismus, so wie sie von dieser besonderen Altersgruppe und Einkommensschicht empfunden werden. Marx war der Ansicht, daß die Profitwirtschaft die Menschen gegeneinander ausspielt und keine echte Brüderlichkeit oder Schwesterlichkeit aufkommen lassen darf, und daß der Kapitalismus Dinge und Menschen in Waren – wobei die Dinge, z. B., nach ihrem Handelswert, aber nicht nach ihrem Nutzwert bestimmt werden – verwandeln und so alles abstrakt und für echte menschliche Erfahrung unzugänglich machen muß. Er hat auch gelehrt, daß der Kapitalismus seine Märkte ausweiten und so Konsumdenken und Wohlstands- und Nützlichkeitskult fördern muß, wodurch er ahnungslos einen Hunger nach Zucht, Einfachheit und sogar beabsichtigten Entbehrungen weckt, die die strengen Regeln vieler neuer religiöser Bewegungen mit sich bringen.

An Mitgliedern ist die Welle neuer religiöser Bewegungen in den Vereinigten Staaten nicht sehr zahlreich. Sagt sie uns etwas über unsere Zivilisation insgesamt? Ich glaube, das kann sie. Man kann sie als unbewußte und vorpolitische Ablehnung der entmenschlichenden Folgen des Konsum-Kapitalismus ansehen, wenigstens der Folgen, die er in einer Bevölkerungsgruppe hat. Wohlgemerkt, sie ist ein Aufstand gegen die *Folgen* der Profit-Konsum-Wirtschaft, nicht gegen das System selbst; daher sehen Linksintellektuelle aus der Mittelschicht diese Bewegungen oft als rückschrittlich an. Ironischerweise sehen Status-quo-Konservative in ihnen auch eine Bedrohung, da die neuen Bewegungen manchmal junge Leute dazu anhalten, gängige Berufsziele und konsumorientierte Lebensweisen aufzugeben – das Jurastudium abzubrechen oder Tofu zu essen. Bezeichnenderweise intensivieren das Ritual und die Glaubenssysteme dieser Gruppen aber oft das Hervorkehren der Unabhängigkeit gegenüber den herkömmlichen Wirtschaftsstrukturen, Werten und Lebensformen. Ihre Anhänger geben oftmals kein Geld für neue Moden aus, beziehen ihre Stichworte weit weniger von den Massenmedien, lehnen die kommerzielle Pseudoerotik in der Reklame ab und unterrichten ihre Kinder manchmal lieber selbst, als sie auf elitäre Privatschulen oder öffentliche Schulen zu schicken. Ihren Lebensunterhalt verdienen sie oft durch Gründung eigener kleiner Gemeinschaftsunternehmen statt durch Arbeit für große Konzerne. Bezeichnenderweise scheuen sie die Psychotherapie, weil deren anpasserische Zielsetzung ihnen verdächtig ist.

Was sagen uns diese Bewegungen über Amerika? Ich glaube, die neuen religiösen Bewegungen in den Vereinigten Staaten stellen eine Bresche in der Festung der Waren-Verbraucher-Zivilisation dar. Natürlich sind sie sowohl für Kooptation wie auch für Beherrschung durch die staatliche Gewalt anfällig, aber das ist um so mehr ein Grund, sie nicht als eine Abwechslung oder bloßen Scherz abzutun. Menschen, die nach einer Alternative suchen, sind denen, die dumm und stumm bleiben, wenigstens einen Schritt voraus. Das Anschwellen der Zahl derer, die in solchen Bewegungen mitmachen, offenbart das „Gemüt einer herzlosen Welt" und ist Ausdruck des Seufzers von Kreaturen, die sich der wahren Ursachen ihres Unbehagens noch nicht ganz bewußt sind.

Was ich so weit gesagt habe, wird zeigen, wie die Verwendung einiger marxistischer Elemente mich über mein Buch „Turning East – Die Wendung nach Osten" hinaus geführt hat. Aber ich glaube auch, daß man diese Methode auf noch andere theologische und religionswissenschaftliche Überlegungen ausdehnen könnte, bis hin zu unserem Anliegen, dem Dialog unter den Religionen. Zuallererst ist es unsere Aufgabe, die menschliche Bedeutung der Religion in jedem Einzelfall zu erfassen und dann, wie Marx sagt, „von der Kritik am Himmel zur Kritik an der Erde" zu gelangen. Ich will damit sagen, daß eine neue Art von Theologie im Entstehen begriffen ist, eine Theologie, die man eher „induktiv" als „deduktiv" nennen könnte, die auf die Stimme der Menschen hört und versucht, ihnen dabei zu helfen, Gott mit ihrem eigenen menschlichen „Logos" zusammenzubringen. Auch hier ist der Psychotherapeut als Analogie hilfreich: Der Theologe sollte den Menschen helfen, bewußter zu werden, damit sie entschiedener handeln können.

Jede Theologie, auch eine durch das Instrumentarium marxistischer Religionskritik geschärfte Theologie, sollte zu einer Form von Pastoral führen. Um solch eine Pastoral zu entwickeln, müssen wir bei der Erkenntnis beginnen, daß sowohl die Christen als auch die Mitglieder anderer Religionsgemeinschaften introjizierte Gottesvorstellungen haben, die ihnen von der religiösen Ideologie dominierender Gruppen aufgezwungen worden sind. Deshalb erleben sie Gott als eine ganz und gar externe Macht, auf die man sich in Bezug auf das Überleben verlassen muß. Aber die Pastoral hängt von der Tatsache ab, daß diese Internalisierung der dominierenden religiösen Ideologie niemals vollständig ist. Es ist immer ein Kern wirklichen Erlebens vorhanden, auf den man zurückgreifen kann. Genauso wie die Psychoanalyse sich dieses Kerns bedient, um einem Menschen zu helfen, projizierte und entfremdete Teile seiner selbst in die eigene Person zurückzuholen, so sollte die Theologie den Völkern helfen, ihre eigenen Kräfte zurückzugewinnen, die sie jetzt in äußeren Dingen investiert haben. Biblisch gesprochen, weckt die Verkündigung des Wortes in den Menschen die Erkenntnis, daß

Gott schon zu ihnen gekommen und in ihren Kämpfen ihr Mitstreiter geworden ist: „Der einst in der Ferne war, ist in die Nähe gekommen" und ist der, der den Geist weckt, der das Leben erhält, hegt und pflegt und auch mit jedem leidet, der unterdrückt wird. Aber genauso wie Psychotherapeuten diese Botschaft nicht einfach verkünden können, sondern ihren Patienten helfen müssen, sie in ihrem eigenen Horizont zu erleben, können auch Theologen nicht einfach ihre Gedanken vortragen, sondern müssen beobachten, horchen, ein Gespür haben und den Menschen helfen, in ihrer eigenen religiösen Bilderwelt den Kontakt herzustellen.

Die vorausgegangenen Ausführungen bringen mich auf den Gedanken, daß wir, um in den Vereinigten Staaten solch eine Pastoral zu entwickeln, noch einen Dialog zwischen der christlichen Theologie und gewissen Elementen der marxistischen Gesellschaftsanalyse brauchen. In den letzten Jahren hat nach verheißungsvollen Anfängen in Europa die Zusammenarbeit zwischen Christen und Marxisten sich Diskussionen über Imperialismus, Neo-Kolonialismus und andere Themen zugewandt, die hauptsächlich in der Dritten Welt akut sind. Ironischerweise hat das nordamerikanische und westeuropäische Christen zu dem Glauben verleitet, daß eine marxistische Analyse in fernen Ländern oder auf die Beziehungen zwischen den Ländern des Zentrums und denen an der Peripherie wohl anwendbar wäre, zu Hause aber nichts besage. Einige Autoren haben sogar durchblikken lassen, das einzige, was besorgte Nordamerikaner und Europäer tun könnten, bestehe darin, sich mit den Revolutionen in der Dritten Welt zu solidarisieren. Ironischerweise sind Rebellen wie Che Guevara zu romantischen Helden für junge Menschen geworden, die das Potential für Veränderung in der eigenen Heimat nicht gesehen haben oder nicht sehen wollten. Diese von Revolutionen in weiter Ferne ausgehende Faszination ist auch eine Form von Entfremdung. Sie hat viele junge Menschen – hauptsächlich in der weißen Mittelschicht – veranlaßt, vor der möglichen Relevanz der marxistischen Analyse für die Widersprüche in ihrem eigenen Leben und für die Mißstände in ihrer eigenen Gesellschaft die Augen zu schließen.

Wir müssen uns darauf besinnen, daß die Kritik am Imperialismus nur eine Seite des marxistischen Denkens ist. Da die Nordamerikaner ausschließlich den Imperialismus aufs Korn nehmen, haben sie oft ihre eigene Situation vergessen. Marx ist mit dem Kapitalismus nicht nur ins Gericht gegangen, weil er keine gerechte Güterverteilung bringe – er ist mit ihm auch ins Gericht gegangen, weil er sogar das Arbeitserlebnis vereitele, indem er die Arbeit in Teile zerlege, entfremde und unanschaulich mache und so das eigentlich Menschliche an ihr pervertiere. Das ist ein entscheidender Punkt, denn obwohl die meisten Amerikaner sich mit dem Ringen der Dritten Welt nur begrenzt identifizieren können, spüren sie den Überdruß jedesmal, wenn sie sich vor ihren Computer-Terminal setzen. Die marxistische Analyse gilt daher ebenso für die amerikanische Gesellschaft selbst wie für das Verhältnis zwischen den nordamerikanischen Konzernen und den Ländern, die sie in ihre Abhängigkeit gebracht haben. Diese beiden Phasen der Analyse müssen sogar zusammengehen, wenn sie, die eine wie die andere, überzeugend sein sollen. Ich sehe die neuen religiösen Bewegungen in den Vereinigten Staaten als Symptome einer weiter um sich greifenden Entwurzelung, als Ausdruck des Protestes und der Klage, als – wenn auch bislang erfolglose – Versuche, eine Alternative zum Leben in der Konsumgesellschaft zu finden.

Eine kritische Pastoral in Amerika hat zur Voraussetzung, daß wir uns über diese Entwurzelung in unserer Gesellschaft klarwerden, die zu einem Konkurrenzdenken führt, das die Freundschaft zerstört, ferner über die Vergötzung der Verbrauchsgüter, die alle Erfahrung irgendwie unwirklich erscheinen läßt, und über das Konsumdenken, das das bequeme und angenehme Leben idolisiert. Ich glaube nicht, daß wir auch nur einen Schritt in Richtung auf eine nordamerikanische Befreiungstheologie tun werden, bis wir einer romantischen Identifizierung mit Guerillakämpfern in den Bergen Südamerikas entwachsen und statt dessen auf die Ursachen unseres eigenen Mißbehagens schauen. Dieses Mißbehagen ist nicht nur die Not der Armen und der Alten. Es reicht bis zu denen, die im Berufs- und Familienleben – wie Marx es ihnen prophezeit hat – die schreckliche Tyrannei spüren, auf die alles hinausläuft.

Ironischerweise könnten einige der Gedanken des großen Atheisten letztlich Menschen, die die ersten, unsicheren Schritte gegen die Werte der Konsum- und Aufsteigerkultur unternommen haben, zur Vertiefung verhelfen. Solche Menschen suchen Anschluß in kleinen religiösen Gruppierungen, doch was wir brauchen, ist eine ganze Gesellschaft, in der Brüderlichkeit möglich ist. Andernfalls bleibt das menschliche Dasein schizophren. Durch Yoga und Meditation versuchen sie, sowohl ihren Geist als auch ihren Leib davor zu bewahren, zu Konsumgütern pervertiert zu werden. Was vonnöten ist, ist eine Welt, die uns nicht unseren Leib und unsere Arbeit stiehlt und sie zur käuflichen Ware macht. Sie versuchen, der verweichlichenden Wirkung der Annehmlichkeiten der Konsumgesellschaft zu entgehen, indem sie sich den mühsamen Übungsprogrammen von Messiasgestalten und Meditationsmeistern unterziehen. Was vonnöten ist, ist eine Wirtschaft, in der Zusammenarbeit und Dienen belohnt, nicht aber bestraft werden. Wenn wir einmal einen Blick unter die Oberfläche der neuen religiösen Bewegungen der Mittelschicht tun und sie als Seufzer der Bedrängten und Protestschreie erkennen, werden wir ihnen gegenüber zu einer konstruktiveren Pastoral kommen, und wir werden feststellen, daß ein gemeinsamer Feind, der Geist des Profits um jeden Preis, uns alle des Gottesgeschenkes unserer Menschlichkeit beraubt.

9

Die Zukunft der Religion

Dürfen wir uns, wenn alles gesagt und getan ist, erkühnen, etwas über die Zukunft der Religion vorauszusagen? Warum sollten wir nicht ein paar Vermutungen wagen? Schließlich haben sich in der Vergangenheit Voraussagen über menschliche Bestrebungen anderer Art oft bewahrheitet. Man bedenke: wir haben wirklich Raumschiffe, Todesstrahlen, Vernichtungswaffen und Beruhigungspillen, ganz wie Jules Verne und Aldous Huxley sich das einmal ausgemalt haben. Aber Voraussagen auf religiösem Gebiet sind, wie jedermann weiß, schwieriger. Welcher Nostradamus hätte das Wiedererstehen eines militanten Islam, eine in Zungen redende charismatische Erweckungsbewegung unter Amerikanern der Mittelschicht, einen koreanischen Evangelisten, der das alte Amerikanertum als politische Religion wiedererstehen läßt und sich dabei für den Messias hält, voraussehen können? Oder einen Papst des zwanzigsten Jahrhunderts, der sich mit einem Sombrero auf dem Kopf fotografieren läßt wie ein amerikanischer Präsidentschaftskandidat? Oder das Wiederauftreten der Magie? Wenn ich mich an diesen für Prognosen gefährlichsten Bereich wage, könnte es angebracht sein, sich an drei der bedeutsameren Voraussagen der Vergangenheit zu erinnern, die alle nicht eingetroffen zu sein scheinen.

Die Enzyklopädisten

Beginnen wir mit einer illustren Gesellschaft: den französischen Enzyklopädisten des achtzehnten Jahrhunderts. Da sie glaubten, das Zeitalter der Vernunft sei im Anbruch, haben die Enzyklopädisten aus Überzeugung vorausgesagt, der Religion und dem Aberglauben sei der Garaus beschieden, und das vermutlich schon recht bald. Ihre „Encyclopédie" sollte ein Kompendium des gesamten Wissens sein, das das helle Licht des menschlichen Verstandes auch in den dunkelsten Abgrund dringen ließe und die widerlichen Überbleibsel des Pfaffentums und der Zauberei vertriebe. Die Religion sei, wie sie glaubten, das Produkt der Ignoranz, verbunden mit klerikaler Habgier und politischer Reaktion. Sie sei ein Gift, dessen einziges Gegengift klares und mutiges Denken wäre. „Erst wenn der letzte Priester mit den Gedärmen des letzten Königs erhängt wird," hat Voltaire einmal erklärt, „wird die Menschheit endgültig frei." Sie haben daher die Göttin Vernunft auf den Thron erhoben, in feierlicher Prozession unter Geleit kleiner, Blumen streuender Mädchen durch Paris geführt, in die Notre-Dame-Kathedrale getragen, ihre Tugenden hymnisch gefeiert und ihr das heraufdämmernde neue Zeitalter geweiht.

Wie konnten sie ahnen, daß sie mit der Prozession, der Thronerhebung und den Hymnen die Religion verewigten, aber nicht abschafften? Menschen haben den gleichen Fehler schon früher und auch seither wieder begangen. Auguste Comte, der Begründer des Positivismus, ist auf seine Weise der letzte der Enzyklopädisten gewesen. Er dachte, er sähe die Menschheit die mythischen und metaphysischen Wirklichkeitsdeutungen hinter sich lassen und in das „positive" Zeitalter einziehen. Er hat sich sogar von seiner Schau so faszinieren lassen, daß er an die Komposition einer ganzen Messe für das Zeitalter des Positivismus gegangen ist. Sie ist ein kurioses und erstaunliches Werk, diese Messe, enthält alle überkommenen Pfeiler des römischen Originals, ist aber für die positivistische Weltanschauung umgearbeitet. Die Religion scheint ihre Rechte sogar bei denen wieder anzumelden, die am inbrünstigsten ihren Tod herbeisehnen. Die Voraussagen der Enzyklopädisten scheinen sich nicht einmal für sie selbst bewahrheitet zu haben.

Lenin und Marx

Auch Lenin ist ein Fall, der hierhin gehört. Mit seinem Geist, der etwas programmatischer und nicht so wendig war wie der seines Meisters Marx, hat er dessen Gedanken zur Religion ziemlich hölzern übernommen und zu einer metaphysischen Weltsicht erweitert, die, wie er glaubte, bald an die Stelle der Religion treten würde. Lenin hat sich einige der damals vorherrschenden evolutionistischen und physiko-materialistischen Anschauungen zunutze gemacht, um seinen eigenen Materialismus zu entwickeln, einen Materialismus, der allerdings ontologisch und nicht, wie der Marxsche, dialektisch war. Lenins Gebräu verficht heutzutage kaum noch jemand, obgleich es bei den russischen Kommunisten viele Jahre im Schwange war. Die meisten Marxisten ziehen es vor, statt Lenin Marx zu folgen und ihre Religionskritik eher auf politischer als auf ontologischer Grundlage zu üben. Ironischerweise ist die Religion ein halbes Jahrhundert nach der Oktoberrevolution in Lenins Sowjetunion nicht nur nicht ausgestorben, sondern die in der ganzen Welt angesehenen russischen Autoren Alexander Solschenizyn und Andrei Siniavski sind gläubige orthodoxe Christen, wie es auch der verstorbene Boris Pasternak gewesen ist. Bei allem, was er sonst geleistet hat, in seiner Prognose für die Religion scheint Lenin sich wie die Enzyklopädisten geirrt zu haben.

Lenins Voraussagen sind von seinem eigenen Schicksal ad absurdum geführt worden. Als dieser Feind aller Wallfahrten, Ikonen und abergläubischen Frömmigkeitsübungen starb, hat man seine Leiche einbalsamiert und auf dem Roten Platz in einem Mausoleum beigesetzt, das im Schatten der Kathedrale des heiligen Basilius liegt. Dorthin ziehen bis auf den heutigen Tag Tausende von Pilgern und stehen bei jedem Wetter Schlange, um an der erhabenen Totenbahre vorbeizudefilieren. Die Lichter im Leningrabmal sind gedämpft. Eine Atmosphäre der Weihe und schweigender Ehrfurcht erfüllt den steinernen Tempel. Einige ältere Pilger aus weit entlegenen Provinzen sieht man sich bekreuzigen, wenn sie schlurfenden Schrittes am gläsernen Sarkophag des Heiligen vorüberziehen. Und siehe, was der junge Alexei Karamasoff vergebens für sein Idol, den Staretz Sossima, erhofft hatte – der Leib verwest nicht, diesmal nicht infolge eines Wunders, sondern als Ergebnis der modernen, wissenschaftlichen Einbalsamierungsmethode. Der Ikonenfeind ist selbst zur Ikone geworden.

Freud und Jung

Wir wollen uns noch einer Voraussage zuwenden, bevor wir – von diesen Präzedenzien gebührend ernüchtert – selbst die eine oder andere wagen. Keine Aufzählung „vergangener Zukünfte" der Religion wäre vollständig ohne die Sigmund Freuds, dessen „Zukunft einer Illusion" seinen prägnantesten Beitrag zu diesem gewagten Unterfangen darstellt. Nach Freuds Ansicht bestand die Religion aus Projektionen innerer Ängste und Sorgen – und Hoffnungen und Phantasievorstellungen – auf die Außenwelt. Für ihn war sie so etwas wie eine kindliche Wahnvorstellung im großen. Als Begründer der Psychoanalyse war er fest von der Brauchbarkeit seiner Methode überzeugt. Er hat sie als die vollendetste Anwendung der wissenschaftlichen Methode – die früher den Himmel abgesucht hatte – auf das innere, verborgene Funktionieren des menschlichen Geistes gesehen. Er hat gehofft, die Anwendung dieser Methode würde schließlich einmal die Menschen in die Lage versetzen, religiöse Wahnvorstellungen abzulegen und sich der Wirklichkeit ohne Scheuklappen und Krücken zu stellen.

Aber Freud hat anscheinend nicht geglaubt, daß diese psychoanalytische Abhilfe sehr schnell oder gar in absehbarer Zukunft wirken würde. Die Illusion hatte zu weit um sich gegriffen und war schon in der Kultur zu gut begründet. Es gibt sogar Passagen, in denen Freud sich offenbar einer Art von pessimistischer Resignation überlassen hat, in der er zu sagen scheint, daß die „Illusion" vielleicht doch Aussicht auf Zukunft habe, da seine Lösung nie für die ganze Bevölkerung in Frage kommen werde.

Freuds Leichnam ist nie wie der Lenins in einem Schrein in einer heiligen Gruft beigesetzt worden. Aber vor seinem Tod ist Freuds Religionskritik, wie um erneut die Vergeblichkeit von Prognosen über das Schicksal der Götter zu beweisen, von einem seiner eigenen Schüler, Carl Gustav Jung, völlig auf den Kopf gestellt worden. Seine Konzeption könnte für Freud sein, was die Gruft auf dem Roten Platz für Lenin geworden ist.

In seiner Kindheit hatte Jung, der Sohn eines reformierten Schweizer Pastors, einmal einen Traum, in dem eine riesige Gottheit sich am Himmel über das Münster seiner Heimat hingehockt und auf seinen hochragenden Turm defäkiert hat. Obgleich das wohl kein Traum für jemand zu sein scheint, der später einmal Freuds Denken zum Ausgangspunkt nehmen und dann zu einer ganz neuen Erklärung des religiösen Lebensverständnisses hinüberwechseln würde, so hat Jung doch genau das getan. Seine Theorien und die Therapieform, die mit seinem Namen verbunden ist, sind die Komponenten, die zahlreichen Menschen des zwanzigsten Jahrhunderts, die nicht mehr auf die herkömmliche Art fromm sein können, wieder ein Verhältnis zur Religion erschlossen haben. Wie Freud, sehen auch die Anhänger Jungs das ganze Pantheon der Götter als eine Innenwelt und nicht als etwas „da draußen". Aber im Gegensatz zu Freud glauben sie, man solle diese Götter nicht abschaffen, ihnen entwachsen, sie entlarven oder ausweiden. Man sollte sie vielmehr kennenlernen und ihnen dienen, denn wenn man das tut, dient man seinem tiefsten und ureigentlichen Selbst.

Hier angelangt, würde ein vernünftiger Religionshistoriker und -philosoph seinen Schritt verhalten. Nachdem wir gezeigt haben, wie riskant es ist, im Reich des Geistes zu extrapolieren, wäre die weiseste Stellungnahme ein Buddha-Lächeln – und Schweigen. Hat doch Jesus selbst gesagt: „Der Geist weht, wo er will, und niemand weiß, woher er kommt und wohin er geht." (Er hatte auch ausgesprochen wenig übrig für diejenigen, die meinten, sie könnten „Tag und Stunde der Wiederkunft des Menschensohnes" voraussagen, ein Geheimnis, das seinem Wort zufolge nur dem Vater im Himmel bekannt sei.) Kurz, alle sowohl historischen wie auch theologischen Sachverhalte lassen eine Strategie der Zurückhaltung angezeigt erscheinen, die jeglicher Prognose abschwört. Wer aber kann – trotz der Warnung durch Berichte von früheren Pannen – der Verlockung widerstehen, wenigstens versuchsweise etwas über die Zukunft der Religion vorauszusagen? Ich will die Augen verschließen und mich kopfüber in das Unternehmen stürzen.

Nach dieser deprimierenden Aufzählung gescheiterter Väter behaupte ich dennoch, daß alle drei der soeben angeführten Voraussagen über die Zukunft der Religion – die der Enzyklopädisten, die von Marx und die von Freud – sich bei allen Mängeln im Detail im wesentlichen als richtig erwiesen haben. In einem Sinn scheinen sie alle fehlgegangen zu sein, doch ich glaube, sie lehren uns auch, jede für sich genommen, etwas Zutreffendes oder wenigstens Nützliches.

Schauen wir sie uns noch einmal der Reihe nach an. Zunächst die Enzyklopädisten. Sie hatten meiner Ansicht nach recht mit ihrer Voraussicht, daß die Religion als Spielart der Weltsicht, die wir heute als Magie oder Aberglauben bezeichnen, verschwinden würde. Die Religion ist kein Kind der Magie. Die Magie entspringt dem Drang, die Natur zu beherrschen und zu steuern, sie für menschliche Zwecke einzuspannen und ihre mitunter bösartige Seite zu zähmen. Dieser Drang hat sich im Lauf der Jahrhunderte nicht zur Religion, sondern zur empirischen Naturwissenschaft entwickelt. Die eigentlichen Nachfolger der Zauberer und Alchimisten sind nicht die Priester und Theologen, sondern die Physiker und die Computer-Ingenieure. Sie bedienen sich lediglich einer anderen Methode zur Erreichung des gleichen Zieles. Es ist nicht Sache der Religion, Antworten auf Fragen zu liefern, die man kraft empirischer Untersuchung und Beobachtung lösen kann. Der Religion geht es um Fragen nach Sinn und Ziel des Menschenlebens, die man grundsätzlich nicht empirisch lösen kann. (Das gilt ein für allemal, wenn man nicht der Ansicht ist, man könne ethische Imperative und den Sinn des menschlichen Lebens einfach aus der Situation ableiten, eine fragwürdige Theorie, die man ihrerseits nicht durch die Beobachtung der Situation beweisen kann.)

Mit anderen Worten, der vielzitierte „Krieg zwischen Naturwissenschaft und Religion" im neunzehnten Jahrhundert ist aus irrigen Vorstellungen vom Wesen der Religion und der Naturwissenschaft entstanden. Obgleich noch gelegentlich Grenzzwischenfälle vorkommen, sind sich die meisten Theologen und Naturwissenschaftler heute darin einig, daß die Religion ihre Grenzen überschritten hat, als sie – wenigstens im Westen – versuchte, geologisches und biologisches Faktenwissen zum Gegenstand der Offenbarung zu machen. Anderseits ist es, obgleich einige Naturwissenschaftler einmal geglaubt haben, sie hätten die universale Methode zur Lösung aller erdenklichen Fragen gefunden – nicht aber eine bestimmte, sehr nützliche zur Lösung nur einiger –, sehr schwer, zwischen Naturwissenschaftlern und Theologen noch einmal eine Debatte über derartige Streitfragen in Gang zu bringen. Auf der unter der Ägide des Weltrates der Kirchen im Juli 1979 am Massachusetts Institute of Technology veranstalteten internationalen Tagung über „Naturwissenschaft, Glaube und Zukunft" ist die alte Kontroverse zwischen Naturwissenschaft und Religion praktisch überhaupt kein Thema gewesen. Die Naturwissenschaftler haben vielmehr die Theologen und Kirchenführer unter den Tagungsteilnehmern beschworen, doch Interesse für die dringenden ethischen Probleme zu zeigen, die sich aus den neuesten Fortschritten der Naturwissenschaft ergeben. Die Theologen, zumal die aus den ärmeren Teilen der Welt, haben es den Naturwissenschaftlern nicht angekreidet, sie nähmen sich zu wichtig. Doch haben sie ihnen Vorwürfe gemacht, daß sie im großen Stil Maschinen für multinationale Konzerne bauten, statt ärmeren Ländern die Technik zu liefern, die sie brauchten. Es ging, mit anderen Worten, um politische und ethische Fragen, und es war deutlich, daß die tiefsten Gegensätze Nord gegen Süd, Reich gegen Arm, Ost gegen West und Radikal gegen Liberal antreten ließen.

Im Endeffekt hat der Angriff der Enzyklopädisten auf die Religion so etwas wie eine reinigende Wirkung gehabt. Mehr und mehr kümmert sich jetzt die Religion um Fragen nach dem Sinn des Menschenlebens und nach ethischen Grundsätzen, aber nicht um dogmatische Aussagen über die Tageszeit, zu der Gott die Welt erschaffen hat – eine Frage, die dem englischen Bischof Ussher, einem Anglikaner, im neunzehnten Jahrhundert Kopfzerbrechen bereitet hatte.

Selbst im Iran, wo wieder eine Form von moslemischem Fanatismus auf den Plan getreten ist, verdient es Aufmerksamkeit, daß die Ajatollahs und Imame die Naturwissenschaft als solche nicht attackiert, sondern sich auf das konzentriert haben, was sie als Belange der öffentlichen Ordnung ansehen. Die Richtung, die die Enzyklopädisten eingeschlagen haben, entspricht, wenn man von ihren Übertreibungen absieht, immer noch dem, was auch wir in Zukunft erwarten können: wir wollen uns im Wissen um ihre Grenzen von der Naturwissenschaft bei der Lösung der Wie- und Warum-Fragen helfen lassen. Doch die ewigen Fragen nach dem Sinn des Menschenlebens und nach den sittlichen Imperativen werden weiter in Kategorien diskutiert werden, die bei den großen Religionen entlehnt sind.

Wie könnte es anders sein? Die wichtigsten Fragen, vor denen wir in Zukunft stehen werden, verlangen eine Antwort auf der Grundlage von Voraussetzungen hinsichtlich des Wesens und der Bestimmung der Menschheit, für die man keinen empirischen Beweis beibringen kann. Was ist menschliches Leben, und wann beginnt oder endet es? Ist wirklich jedes menschliche Leben unantastbar? Wenn ja, warum? Trägt die heutige Generation irgendwelche Verantwortung denen gegenüber, die den Planeten in einigen Tausend Jahren erben werden? Trägt die Spezies Mensch überhaupt irgendwelche Verantwortung im Kosmos? Gibt es einen Sinn, der den Sinn meines eigenen Lebens oder gar die Gesamtsumme des Sinnes übersteigt, den wir als Menschen haben? Gibt es etwas, wofür man sein Leben opfern sollte? All diese Fragen drängen den Fragesteller letztlich in die Schichten der Wirklichkeit Mensch, in denen unsere Urschrecken und Urhoffnungen – ausgedrückt in Mythos, Ritus und Symbol – die einzigen Quellen unserer Weisheit bleiben.

Wie steht es aber mit dem Marxismus? Sicher liefert Lenins Gedanke, man könne das religiöse Leben auf Emanationen materieller Teilchen zurückführen, die man dann zur Rechtfertigung der Klassenunterdrückung heranzieht, absolut keinen Zukunftsentwurf über die Religion. Doch wir wollen auch hier einmal vom strengen Wortlaut abrücken, in dem Lenin (und Marx noch viel ausgeklügelter) ihre Theorien wirklich verkündet haben, und statt dessen auf die Gesamtabsicht ihres Programms schauen. Obgleich Lenins metaphysische Vorstellungen überholt sind und jetzt einen wirklich drolligen Eindruck machen, gibt es in seiner und der Marxschen Auffassung von der Religion drei Aspekte, die ich im Grunde für richtig halte.

Einmal haben sie betont, daß man die Religion nicht isoliert sehen darf, sondern sie in ihrer Beziehung zu allen anderen Lebensgebieten sehen muß bis hin zum Gebrauch, den die Menschen von der Natur machen, um sich zu ernähren und zu kleiden. Die Religion, so haben sie – und das zu Recht – geglaubt, fällt nicht wie Feuer vom Himmel. Sie gehört wesentlich zu allen anderen menschlichen Lebensäußerungen, und man kann sie nur im Zusammenhang mit ihnen ausloten. Lenin hat seine Methode, diesen Gesamtzusammenhang zu analysieren, auf Grund seiner neodemokritischen – nach Demokrit, dem griechischen atomistischen Materialisten – Ontologie als „materialistisch" bezeichnet. Marx hat den Ausdruck „dialektisch" vorgezogen. Was sie beide sagen wollten, ist, daß uns das Studium der „Religion" *als solcher* nichts lehren kann. Wir müssen sie als einen integralen Bestandteil der Welt der Arbeit, der Macht und der Gesellschaftsordnungen studieren. Mir kommen mehr und mehr Zweifel an der religionswissenschaftlichen Methode, deren Vertreter Joseph Campbell und Mircea Eliade sind. Das für diese bedeutenden Wissenschaftler typische Verfahren besteht darin, Mythen und Legenden verschiedener Kulturen geschickt zu einem Ganzen zusammenzutragen, dabei aber nur wenige Angaben über den gesellschaftlichen Rahmen zu machen, in dem wirkliche Menschen die Mythen erzählt, gesungen, psalmodisch vorgetragen oder getanzt haben. Sie werden einfach gedruckt, häufig nach Themen geordnet. Stämme und Kontinente werden nebeneinandergestellt ohne große Angaben darüber, wer die Erzähler und wer die Hörer sind, wovon der Stamm sich ernährt oder wie er regiert wird, ganz zu schweigen von dem, was mit den Leuten geschieht – falls es solche gibt –, denen die Geschichte nicht gefällt. Kurz, der Fehler dieser weitverbreiteten Methode besteht darin, daß man ein unter dem Namen „Religion" geläufiges Etwas aus dem komplizierten menschlichen Ganzen heraushebt, in dem es lebt. Das Ergebnis ist dann eine Collage aus disparaten Elementen, die die religiösen Dimensionen entstellt. Bei all ihrer von der Philosophie des neunzehnten Jahrhunderts her verständlichen Enge haben Marx und Lenin solch eine Exzision nicht gewollt, und da hatten sie recht.

Zweitens haben Marx und seine Anhänger gesehen, daß die Religion in einer Unrechtsgesellschaft ein wirksames Instrument zur Unterdrückung ist. Sie ist ein Opiat, eine Mystifikation, eine Art Versuch, durch Einbildung Probleme zu lösen, die man nur in der Welt der Fakten lösen kann. Haben sie auch sicher diese Kritik rigoros vertreten, so kann wiederum niemand daran zweifeln, daß sie weithin recht hatten, wenigstens für die Gesellschaften, in denen sie gelebt haben. Im neunzehnten Jahrhundert haben religiöse Einrichtungen beinahe überall eine fast ausschließlich reaktionäre Rolle gespielt. Marx und seine Anhänger haben ins Schwarze getroffen; sie haben darauf hingewiesen, daß die Religion, da sie Teil eines soziokulturellen Ganzen ist und die Kultur fast immer von der Oberschicht beherrscht wird, zur Manipulation benutzt werden kann. Da müssen wir uns fragen, wie die Religion in einer nicht-ausbeuterischen Gesellschaft aussehen könnte, in der man keine Opiate benötigte, um die Menschen in Unterwerfung und Mystifikation zu halten. Ich komme darauf noch einmal zurück.

Drittens haben Marx und seine Schule geglaubt, die Religion würde einmal verschwinden. Auch hier glaube ich, mag das auch dem Leser überraschend vorkommen, daß sie recht hatten. Was Marx sich unter dem „Verschwinden" der Religion vorgestellt hat, kann man am besten ermessen, wenn man es mit seiner Theorie vom „Verwelken des Staates" vergleicht. Auch diesen Gedanken hat man gründlich lächerlich gemacht, zum großen Teil, weil man ihn so gründlich mißversteht. Was er sagen wollte, war, daß es an einer menschlichen Institution gleich welcher Art, einschließlich des Staates, nichts von ewiger Dauer gibt. Das ist ein völlig vernünftiger Gedanke, wenn man einen Augenblick darüber nachsinnt. Jahrtausendelang haben menschliche Gesellschaften existiert und sich verwaltet, bevor die Institution Staat auf den Plan getreten ist. An einem gewissen Punkt der neueren Geschichte sind Nationalstaaten entstanden, haben einem bestimmten Zweck gedient und werden es auch noch weiter tun, aber sie werden nicht ewig fortbestehen. Mit ständig zunehmender Erkenntnis und der Entwicklung neuer Bewußtseins- und Kulturformen würden sich, so meinte Marx, auch neue Verwaltungsformen herausbilden, die nicht so distanziert und schwerfällig wären wie der Staat.

Der Vergleich mit der Religion paßt recht gut. Genauso wie sich aus dem großen, vielschichtigen Gebilde, das wir heute als „Gesellschaft" bezeichnen, einmal im Lauf seiner Geschichte etwas, das wir „Staat" nennen, herausdifferenziert hat, sind wir auch dazu übergegangen, gewisse Handlungen, Personen und Einrichtungen als „religiös" zu bezeichnen. Das ist aber eine sehr neue Kategorie des menschlichen Denkens und, so glaube ich, auch eine „verdinglichte". Es heißt, die Balinesen behaupteten, sie besäßen nicht eigens eine Kunst: sie machten einfach alles schön. Es war einmal eine Zeit – und das ist, gemessen an der kulturellen Gesamtentwicklung, noch nicht zu lange her –, da man seine Schwierigkeiten gehabt hätte, in menschlichen Gesellschaften etwas Eigenes und für sich Bestehendes festzustellen, das man „Religion" hätte nennen können. Man „machte einfach alles" mit frommem Schauder oder Freude oder mit einem Gefühl des Geheimnisvollen oder im Bewußtsein der Ausstrahlung, die Personen, Stätten oder Dingen eigen sein kann. Das Gebet hat ebenso sehr zur Aussaat gehört wie die Beschwörung zur Jagd. Es ist möglich, daß unser Bemühen, die Kulturen des Orients und die „Primitiven" zu verstehen, schon viel Schaden und Verwirrung angerichtet hat, weil wir ihnen die – westliche und neuere – Bezeichnung „Religion" beigelegt haben. Was Marx im Sinne hatte, war vielleicht, daß wir heute in einer unnatürlichen Zeit leben, einer Zeit, in der wir etwas verselbständigt und erhöht (und mystifiziert) haben, das wir „Religion" nennen. Wenn die Verhältnisse den Übergang erlauben, wird dieses künstlich abgesonderte Element wieder im Ganzen aufgehen.

Und schließlich Freud, Jung und die psychologischen Prognosen zur Religion? Obgleich Religionswissenschaftler oft Jung den Vorzug geben, weil er Mythos, Magie und Astrologie gegenüber eine bekannt gemäßigte Haltung vertritt, ist mir Freud lieber. Der Altmeister aus der Bergstraße hatte recht, daß die Religion zum großen Teil aus der Projektion von Phantasievorstellungen auf eine eingebildete externe Leinwand besteht. Anders als Jung, wollte Freud sich mit dieser Projektion nicht abfinden, aber er war sich auch nicht darüber im klaren, wie wir an ihr vorbeikommen könnten. Er hat sich dafür entschieden, mit dieser Spannung zu leben, und seine Entscheidung war der Anlaß zu zwei überraschend unterschiedlichen Ansichten darüber, mit welchem Schritt seine eigene Arbeit hätte fortgesetzt werden sollen. Einige haben sich bemüht, Menschen zu helfen, in einer Welt das Bestmögliche zu tun, in der ein gewisses Maß neurotischer Projektion auch dann unweigerlich fortbestehen würde, wenn es in den einzelnen Patienten auf ein Minimum reduziert worden wäre. Die meisten praktizierenden Psychoanalytiker bekennen sich zu dieser Interpretation des Meisters. Die Gegenseite ist nicht bereit, diesen Kompromiß zu akzeptieren. Die „radikalen Freudianer" behaupten, bei Freud sei der Gedanke impliziert, wir sollten die Verhältnisse ändern, die zu dieser „überschüssigen Repression" samt der sich daraus ergebenden Neurose führten. Wenn wir das täten, würde man nicht dadurch Herr über entfremdetes menschliches Denken und Leben, daß man zwei Milliarden Menschen einen nach dem andern vier Jahre lang für fünfundsiebzig Dollar pro Kopf und Stunde behandelte, sondern durch einen Quantensprung in der menschlichen Erkenntnis, der sich aus einer qualitativen Veränderung in der Grundordnung des Menschenlebens ergäbe. Wenn dieser große Sprung gelänge, würde die derzeitige, unbewußte Neigung, religiöse Regungen vom übrigen Leben zu trennen, in der Versenkung der Geschichte verschwinden, und wir würden im Umgang mit der Schöpfung, mit unseren Nächsten und mit uns selbst ohne die Mittlerschaft mystifizierter Phantome auskommen.

Diese Vorstellung der radikalen Freudianer, die am beredtesten im Denken des verstorbenen Herbert Marcuse zum Ausdruck kommt, klingt, zugegeben, schrecklich utopisch, wenn nicht gar „millennarisch". Sie ist zumindest – um einen in der Theologie sehr geläufigen Ausdruck zu verwenden – „eschatologisch". Sie läßt an ein messianisches Zeitalter oder ein Gottesreich denken. Freud ist sich bis an sein Lebensende in seiner Ablehnung der Religion unbeirrbar treu geblieben. Aber die Logik seines Denkens beschwört – wenigstens in der Auslegung seiner radikalen Jünger – Bilder, die der Schau des Propheten Jeremia ähneln, der von einer künftigen Zeit gesprochen hat, in der niemand den Namen Gottes auszusprechen oder das Gesetz zu lehren braucht, da Gott in uns sein und das Gesetz uns aufs Herz geschrieben sein würde. Das neutestamentliche Buch der Offenbarung kündet von einer himmlischen Stadt, in der man keinen Tempel mehr braucht, da Gott mit seinem Licht alles erhellt. Ironischerweise sind die radikalen Freudianer der Bibel näher als die frommen Schüler Jungs.

Gewiß, man könnte argumentieren, daß alle Prognosen, die ich erwähnt habe, falsch gewesen seien. Trotz der Encyclopédie ist die Religion nicht verschwunden. Trotz Marx und Lenin lebt die Religion in Osteuropa und der UdSSR wieder auf, und in Lateinamerika sind die Katholiken größere Revolutionäre als die Kommunisten. Fünfzig Jahre nach Freuds Tod liegt die Psychoanalyse im Sterben. Und doch hat jeder dieser Propheten ein berechtigtes Anliegen gehabt. Die Voraussagen der Enzyklopädisten erinnern uns daran, daß man die Religion nicht mit einer Methode zur Erforschung und zur Regie der empirischen Wirklichkeit verwechseln sollte. Marx und Lenin haben recht, daß die Religion ein integraler Bestandteil des Ganzen der Menschenwelt ist, und daß man nicht erkennen kann, ob sie für edle oder weniger edle Zwecke eingesetzt wird, wenn man sie gesondert studiert. Sie lehren uns auch, daß die Religion nicht einfach zur „Natur" gehört, ein für allemal gegeben ist, sondern zur „Geschichte" und daher bewußte Kritik und Korrektur nicht ausschließt. Endlich erinnern uns die Freudianer daran, daß, selbst wenn die Religion ihren Ursprung tiefen und vielleicht auch bis zur Unkenntlichkeit entstellten Bedürfnissen in der menschlichen Psyche ihren Ursprung verdankt, ihre innere Logik auf die Möglichkeit einer von Grund auf anders gearteten Weltordnung hindeutet.

Welche Schlußfolgerungen müssen wir aus alldem ziehen? Es ist vielleicht angebracht, unsere Gedanken über die Zukunft der Religion mit einem Gleichnis abzuschließen, das in unserem Fall die wahre Geschichte einer amerikanischen Kirchengemeinde ist. Während des Unabhängigkeitskrieges hat es in der neuen Nation viele Patrioten gegeben, die der Ansicht waren, auch in der Religion sei ein neuer Tag angebrochen. Sie waren davon überzeugt, die Geburtshelfer einer neuen Religion zu sein, die sie nicht nur für Amerika, sondern für die ganze Welt entbinden wollten. Der Fall King's Chapel in Boston ist dafür ein besonders gutes Beispiel. In der der Unabhängigkeit vorangegangenen Zeit war sie eine anglikanische Kapelle für die kleine Gemeinde gewesen, die auf diesem Vorposten der puritanischen Theokratie noch der englischen Staatskirche angehörte. Als der Krieg ausbrach, verlor die Stellung der theologischen und politischen Loyalisten etwas von der Festigkeit des uralten Felsen. Als dann schließlich auch die englischen Truppen Boston räumten, hat die Gemeinde von King's Chapel die überstürzte Abreise ihres Pfarrers und vieler ihrer mehr zu den Tories neigenden Mitglieder über sich ergehen lassen müssen.

Der „Rest“ befand sich jetzt in einer ungewöhnlich heiklen, aber auch verheißungsvollen Lage. Seine kirchenrechtliche Situation war tatsächlich nahezu einmalig. Da der König von England, der seit Heinrich VIII. das Oberhaupt der anglikanischen Kirche war, hier keine Hoheitsrechte mehr ausübte, sind die Bande, die die Restgemeinde an die anglikanische Hierarchie gefesselt hatten, durch die eine hastige Schiffsabfahrt zerschnitten worden. Da sie aber auch niemals unter dem „Standing Order“, der offiziellen puritanisch-kalvinistischen Kirche der Massachusetts Bay Colony, gestanden hatte, sah sie sich jetzt auf einmal als die freieste Kirche in Boston. Doch was sollte diese Freiheit bedeuten?

Es kam zu einer langen Diskussion darüber, was eine echt „republikanische Religion“ sein sollte. Würde sie deistisch, evangelisch, unitarisch sein? Die Gemeinde von King's Chapel hat sich dieselbe Aufgabe gestellt, die die französischen Enzyklopädisten durch die Erhebung der Vernunft zur Göttin erfüllt haben. Aber anders als sie oder Marx und Lenin, in deren Augen überhaupt keine Religion notwendig war, wollte sie religiöse Grundsätze formulieren, die patriotisch und aufgeklärt wären und mit der besonderen Bestimmung in Einklang stünden, die „der Gott der Natur“ nach dem Glauben vieler Amerikaner der neuen Republik zudächte. Die Diskussion wurde immer hitziger, und das Gemisch aus religiösen Theorien und politischen Attitüden, das dabei herauskam, konnte einem wirklich zu Kopfe steigen. Das Ergebnis war, wie man es wohl hätte erwarten können, ein faszinierender Kompromiß, von dem jeder Bostonreisende sich noch überzeugen kann, wenn er einmal in King's Chapel den Gottesdienst besucht. Die „republikanische Religion“ für die neue Nation hat sich zu einer Mischung aus unitarischer Theologie und anglikanischem Ritus herausgebildet. Die Kirche gehört jetzt der Religionsgemeinschaft der Unitarian-Universalists an, doch die Form ihres Gottesdienstes ist noch hochkirchlicher als die vieler Kirchen der amerikanischen Episcopal Church. Sonst kann eine Gemeinde kaum noch irgendwo wirklich liberales Gotteslob nach Weisen singen, die dem gregorianischen Choral nahekommen.

Auf die Frage, ob die Pfarrangehörigen von King's Chapel wirklich die Religion der Zukunft oder gar die Religion der neuen Republik vorweggenommen haben, kann man bestenfalls nur eine ausweichende Antwort geben. Ihre Beratungen haben zwar etwas geschaffen, was gestrenge Kritik als ein Potpourri aus Zutaten bezeichnen könnte, deren Mischungsverhältnis beim Rest der Bevölkerung der neuen Nation keinen Anklang gefunden hat. Aber wichtig ist, daß sie den Versuch unternommen haben. Einige Politikhistoriker vertreten die Ansicht, man sei erst mit der englischen Revolution im siebzehnten Jahrhundert darauf gekommen, daß die Regierungsformen, die man einfach als „naturgegeben" hingenommen hatte – z.B. die Monarchie –, ganz und gar nicht „natürlich", sondern Menschenwerk waren, das im Laufe der Geschichte entstanden war, und das man infolgedessen ändern oder abschaffen konnte. Die Leute von King's Chapel haben einfach dieses Prinzip auf das religiöse Leben angewandt. Sie haben, was man einmal als „gegeben" angesehen hatte, selbst in die Hand genommen und es bewußt menschlichen Zwecken angeglichen. Sie sind daran gegangen, ebenso ihr religiöses Leben aus der Abhängigkeit von vermeintlich schicksalhaften Normen zu befreien, wie sie in anderen Bereichen dem menschlichen Hang zur Umgestaltung, Aufarbeitung und Reform nachgekommen sind. Nicht durch das, was sie getan haben, sondern durch den Mut und die bei dem Wagnis bewiesene Initiative lehren sie uns etwas Wichtiges über die Zukunft der Religion. Wir haben jetzt die Chance, dasselbe zu tun – nicht zu warten und zuzusehen, welche religiösen Formen im nächsten Jahrhundert wohl entstehen werden, sondern uns etwas einfallen zu lassen, um sie selbst zu gestalten.

Was wäre also zur Zukunft der Religion zu sagen? Persönlich glaube ich, die Fragen, die wir augenblicklich einer eigenen Sparte „Religion" zuweisen, werden so lange nicht verstummen, als jemand da ist, den sie bewegen. Menschen kommen auf die Welt, ohne darum gebeten zu haben. Sie erben eine Hautfarbe, ein Geschlecht und eine Kultur, die sie sich nie ausgesucht haben. Sie werden von Schmerzen angefallen, von Freuden in Hochstimmung versetzt, von der Not gewürgt und von der unerbittlichen Majestät des Todes in Bann geschlagen. Unrecht bringt sie in Wut, und sie träumen von besseren Verhältnissen. Menschen werfen immer mehr Fragen auf, als sie beantworten können. Wenn sie nur anstatt dieser kuriosen Kombination *entweder* Geißen *oder* Götter sein könnten, gäbe es keine „Religion". Doch solange es etwas offenkundig Menschliches zu erhoffen, zu bedenken und anzuzweifeln gibt, wird es auch die „religiöse Dimension" geben. Wird sie aber immer den merkwürdig ausgegrenzten und eingezäunten Platz haben, den sie jetzt in unserer Zeit so „natürlich" einzunehmen scheint?

Das bezweifle ich. Kenner der chinesischen Geschichte haben oft darauf hingewiesen, wie in China das Sakrale in das Alltägliche eingebettet zu sein scheint. Ein Autor bezeichnet den Taoismus als „die Sakralität des Profanen". Heißt das aber, daß die Chinesen „weniger religiös" sind? Oder aber religiöser? Vielleicht werden zukünftige Historiker unser heutiges westliches Zeitalter im Rückblick einmal als eine Verirrung sehen, eine Verirrung, die darin bestand, daß man die geistliche Komponente des Lebens destilliert, abgezogen und eingekapselt hat – und das mit katastrophalen Folgen.

Ich glaube nicht, daß meine Zukunftsvision einer wieder in den weltlichen Bereich integrierten Religion mit dem Christentum unvereinbar ist. Dietrich Bonhoeffer, der deutsche Pastor, der in Erwartung seiner Hinrichtung durch die Nazis seine „Briefe und Aufzeichnungen aus der Haft" geschrieben hat, hat einmal gesagt, er habe niemals allen Ernstes ein Heiliger werden wollen; er habe einfach „Mensch" sein wollen. Christ zu sein, sagte er, bedeute letztlich, ganz und gar Mensch zu sein. Jede Vorstellung von Gott als einem „Helfer mit Zauberkräften" hat er abgelehnt und betont, daß Gott in der irdischen Wirklichkeit unser Partner geworden sei, unsere Schwachheit mit uns teile und unsere Kräfte wecke. Er hat sogar von der Notwendigkeit einer „nicht-religiösen Auslegung des Evangeliums" gesprochen, aber er wurde von der Gestapo erhängt, bevor er an die Ausarbeitung seiner Gedanken gehen konnte.

Bonhoeffer ist im Frühjahr 1945 gestorben, nur Stunden bevor die amerikanischen Truppen auf ihrem Vormarsch das Konzentrationslager erreichten, in dem er inhaftiert war. Ein paar Monate später ist ein Bomber mit dem Namen „Enola Gay" über die Stadt Hiroshima geflogen und hat die erste Atombombe abgeworfen. Diese beiden Ereignisse bilden, zusammengenommen, im Hinblick auf die Fragen, die die Menschen über sich selbst und ihre Zukunft, einschließlich der Zukunft der Religion, stellen, ein Symbol für etwas noch nie Dagewesenes. In seinen letzten Lebenswochen ist Bonhoeffer eine neue Welt aufgeleuchtet, in der das Christentum eine so von Grund auf andere Gestalt annehmen würde, daß seine Zeitgenossen es, wie er vorausgesagt hat, kaum wiedererkennen würden. Der Abwurf der Atombombe jedoch setzte ein pilzförmiges Fragezeichen hinter alle und jede Spekulation über die menschliche Zukunft. Auch er hat die Frage nach der Zukunft der Religion von Grund auf verändert.

In seinem Essay „Die Mystik der Naturwissenschaft" hat Pierre Teilhard de Chardin, einer der bedeutendsten katholischen Denker unserer Zeit, die Bemerkung gemacht, „die Hoffnung und der Ausblick auf eine unbegrenzte Zukunft" seien die beiden Hauptkomponenten jeder Religion. Mit diesem kurzen Satz hat er den Finger genau auf die einzige wahrhaft „religiöse" Frage des „nach-Hiroshima"-Zeitalters gelegt. Auf den einfachsten Nenner gebracht, darf von der Religion her unsere Sorge um die Zukunft nicht der „Zukunft der Religion" gelten, sondern es muß ihr um die Zukunft an sich gehen. Jede „religiöse Hoffnung" muß heute mit der Hoffnung beginnen, daß es für den Menschen tatsächlich noch eine Zukunft gibt. Solch eine Hoffnung muß „religiös" sein, da ihre empirische Voraussetzung bestenfalls zweifelhaft ist. Seit Hiroshima und der Stapelung von Raketen mit Atomsprengköpfen ist die Antwort auf die Frage keineswegs selbstverständlich. Zum ersten Mal seit Menschengedenken besteht Spielraum für den Zweifel, ob unsere Spezies überhaupt noch eine Zukunft hat. In Teilhards Sicht trat die Menschheit gerade in die spannende und entscheidende Entwicklungsphase – ihren nächsten „Wachstumsknoten" hat er sie genannt –, in der die Zukunft endlich in menschlichen Händen sein würde. Er hat allerdings „den Knopf" nicht vorausgesehen, der ebenfalls in menschlichen Händen ist.

Frühere Prognosen über die Zukunft der Religion noch einmal durchzugehen, kann nützlich sein, aber nur bis zu einem bestimmten Punkt. Voraussagen zu machen, kann Wert haben, aber auch irreführend sein. Der große neue Sachverhalt der Möglichkeit eines Selbstmordes der Spezies Mensch verwandelt nicht nur den Kontext, in dem unsere Frage nach der Zukunft der Religion formuliert wird, sondern die Natur der Frage selbst. Als Geschöpfe, die in die Geschichte eingebettet sind, können wir diese Fragen nicht von einem archimedischen Punkt aus stellen, der außerhalb der Bedrohungen und Ungewißheiten der irdischen Existenz läge. So abstrakt zu denken kann nur ein bedenkliches Symptom unserer Weigerung sein, die Verantwortung für die konkrete Welt zu übernehmen, in der wir leben müssen. Die Zukunft „vorauszusagen" ist eine raffinierte Weise, die Vorstellung zu verewigen, jemand oder etwas anderes lenke sie, während sie tatsächlich, wie sowohl Bonhoeffer als auch Teilhard gewußt haben, jetzt in unserer Hand liegt. Und sie liegt, wie religiöse Menschen sagen würden, in unserer Hand, weil Gott sie dorthin gelegt hat. So verlangt die Möglichkeit der Selbstvernichtung von uns, all unsere Fragen nicht in die Worte: „Was wird geschehen?" zu kleiden, sondern vielmehr in die Worte: „Was müssen wir tun?" Wir können nicht nur darüber spekulieren, ob Riten und Mythen eines Tages die Menschen nicht mehr entzweien und ratlos machen werden; wir müssen sie so gestalten und neu fassen, daß sie uns einen und weiten. Wir können es uns nicht leisten, zu warten und zuzusehen, ob die „religiöse Dimension" aufhört, ein ausgegrenzter Bereich zu sein; wir müssen daran gehen, sie zu einer wesentlichen Dimension all dessen zu machen, was wir tun. Wir können nicht erlauben, daß es mit Denominationen, Hierarchien und Konfessionszank so weitergeht, als läge alles, was im „sakralen Bereich" geschieht, außerhalb unserer menschlichen Fähigkeit, die Dinge zu gestalten und zu steuern. Doch wir können die Zukunft nicht wie der Gott der scholastischen Theologie ex nihilo – aus nichts – erschaffen. Als zeitgebundene Geschöpfe müssen wir mit dem spröden Material von Vergangenheit und Gegenwart arbeiten. Zu den „Gegebenheiten" gehören unsere bestehenden Religionen, die, weit davon entfernt, auszusterben, auf dem Sprung in eine Zeit neuer Blüte zu sein scheinen. Aber wir können auch nicht darauf warten, daß das Kismet uns in eine neue Zeit hinein gebiert, in der wir unsere innersten Schrecken nicht mehr auf den Himmel oder auf andere Völker und Nationen zu projizieren brauchen. Jetzt ist es an uns, die Zukunft – einschließlich der Zukunft der Religion – nicht nur vorauszusagen, sondern zu gestalten.

Dankeswort

Was in diesem Buch abgehandelt wird, erscheint hier größtenteils zum ersten Mal im Druck. Allerdings sind frühere Fassungen einzelner Teile schon einmal an anderer Stelle erschienen. So umfaßt das 2. Kapitel fast vollständig einen Artikel, den ich im Januar 1981 unter dem Titel „Understanding Islam" in der Zeitschrift „The Atlantic" veröffentlicht habe. Das 4. Kapitel enthält auch Material aus meinem Buch „Turning East", das ursprünglich 1977 im Verlag Simon and Schuster erschienen ist. Kapitel 7 stellt eine Neufassung einiger Teile meines Buches „Religion in the Secular City" dar, das 1985 von Simon and Schuster veröffentlicht worden ist. Kapitel 8 enthält einige Seiten eines Artikels, den ich unter dem Titel „The Heart of a Heartless World" im Mai 1983 in dem Band „Essays in Arts and Sciences" veröffentlicht habe. Und schließlich stammt mein Schlußkapitel aus einem Essay, der ursprünglich in dem von Alberto Villoldo und Ken Dychtwald herausgegebenen Band „Millennium: Glimpses into the Twentyfirst Century" 1981 bei Houghton Mifflin erschienen ist. Ich bin all meinen früheren Verlegern für ihr Einverständnis dankbar, meine damaligen Gedanken neu zu fassen, zu überarbeiten und nachzudrucken. Auch meiner Sekretärin, Margaret Studier, und meinem Recherchierungs-Assistenten, David Melton, möchte ich für ihre Mithilfe danken.

Bibliographie
(in Auswahl)

Adas, M., Prophets of Rebellion. Millenarian Protest Movements against European Colonial Order, Chapel Hill, N. C., 1979.

Anderson, G. – Stransky, T. F., Christ's Lordship and Religious Pluralism, Maryknoll, N. Y., 1981.

Arberry, A. J., (Übers.), The Koran Interpreted, New York, 1955.

Asman, F. – Schacter, Z. – Sloyan, G. – Lane, D., Artikel „Jesus in Jewish-Christian-Muslim Dialogue", in: Journal of Ecumenical Studies 14, 3, 1977, 448 ff.

Azari, F., Women of Iran. The Conflict with Fundamentalist Islam, London 1983.

Babb, L. A., The Divine Hierarchy. Popular Hinduism in Central India, New York 1975.

Bassuk, D. E., Incarnation in Hinduism and Christianity, Atlantic Highlands, N. J., 1987.

Buber, M., Ein Land und zwei Völker, Zur jüdisch-arabischen Frage, Frankfurt a. M. 1983.

Chogyam, T., Cutting through Spiritual Materialism, Boston 1987.

Coward, H., Pluralism. Challenge to World Religions, Maryknoll, N. Y., 1985.

Cragg, K., The Call of the Minaret, New York 1964.

Cragg, K. – Speight, R. M., Islam from Within, Belmont, Calif., 1980.

Dumont, L., Homo Hierarchicus. The Caste System and Its Implications, London 1972.

Fackenheim, E., God's Presence in History, New York 1972.

Friedman, M., Martin Buber's Life and Work, New York 1981.

Gill, S., Beyond the „Primitive". Religions of Nonliterate Peoples. Englewood Cliffs, N. J., 1982.

Goitein, S. D., From the Land of Sheba. Tales of the Jews of Yemen, New York 1984.

–, Jews and Arabs. Their Contacts through the Ages, New York ^{3}1974.

Hawley, J. S. – Wulff, D. M. (eds.), The Divine Consort. Radha and the Goddesses of India, Boston 1986.

Hay, M., Thy Brother's Blood. The Roots of Christian Anti-Semitism, New York 1975.

Hick, J. – Knitter, P. (eds.), The Myth of Christian Uniqueness. Toward a Pluralistic Theology of Religions, Maryknoll, N. Y., 1987.
Hopkins, T. J., The Hindu Religious Tradition, Belmont, Calif., 1971.
Jones, V. R. – Bertan, L., Woman in Islam, Lucknow 1941.
Keddie, N. R., An Islamic Response to Imperialism, Berkeley, Calif., 1983.
Kingsley, D. R., The Sound of the Flute. Kali and Krsna, Dark Visions of the Terrible and the Sublime in Hindu Mythology, Berkeley, Calif., 1975.
Kline, G. L., Religious and Anti-Religious Thought in Russia, Chicago 1968.
Knitter, P., No Other Name? A Critical Survey of Christian Attitudes toward the World Religions, Maryknoll, N. Y., 1985.
Küng, H. – Moltmann, J., Christentum zwischen den Weltreligionen, in: Concilium 22. Jhg., Heft 1, Februar 1986, S. 1.
Lewis, B., The Political Language of Islam, Chicago 1988.
Lindsey, H. – Carlson, C. C., The Late Great Planet Earth, Grand Rapids, Mich., 1970.
Lopez, D., Jr. – Rockefeller, S. (eds.), The Christ and the Bodhisattva, Albany, N. Y., 1987.
Majumdar, A. K., Caitanya. His Life and Doctrine, Bombay 1969.
Marglin, F. A., Wives of the God-King. The Rituals of the Devadasis of Puri, Oxford 1985.
Masaryk, T., The Spirit of Russia, London/New York 1955.
Memmi, A., The Colonizer and the Colonized, Boston 1967.
Metz, J. B., Jenseits bürgerlicher Religion, Reden über die Zukunft des Christentums, München/Mainz 1980.
Miliukov, P., Outlines of Russian Culture, Part I: Religion and the Church, New York 1960.
Mokashi, D. B., Palkhi. An Indian Pilgrimage, Albany, N. Y., 1987.
Narasimha, N. S., The Way of Vaisnava Sages, New York, 1987.
Neusner, J., Self-Fulfilling Prophecy. Exile and Return in the History of Judaism, Boston 1987.
Oberman, H., Wurzeln des Antisemitismus, Christenangst und Judenplage im Zeitalter von Humanismus und Reformation, Berlin 1981.
O'Flaherty, W., Asceticism and Eroticism in the Mythology of Siva, London 1973.
Pagels, E., Versuchung durch Erkenntnis – Die gnostischen Evangelien, Frankfurt 1981.
Panikkar, R., The Unknown Christ in Hinduism, Maryknoll, N. Y., 1982.
Parshall, P., Bridges to Islam. A Christian Perspective on Folk Islam, Grand Rapids, Mich., 1983.
Pascal, P., The Religion of the Russian People, Crestwood, N. Y., 1976.
Race, A., Christians and Religious Pluralism, Maryknoll, N. Y., 1982.
Rahula, W., What the Buddha Taught, New York 1959.
Roy, M., Bengali Women, Chicago 1975.

Schimmel, A., Und Muhammad ist sein Prophet, Die Verehrung des Propheten in der islamischen Frömmigkeit, Düsseldorf/Köln 1981.
Segal, A., Rebecca's Children. Judaism and Christianity in the Roman World, Cambridge, Mass., 1986.
Sobrino, J., Cristología desde América Latina, Mexico ²1977.
Thomas, M. M., The Acknowledged Christ of the Indian Renaissance, London 1969.
–, Risking Christ for Christ's Sake. Towards an Ecumenical Theology of Pluralism, Genf 1987.
Van Leeuwen, A. T., Christianity in World History. The Meeting of the Faiths of East and West, London 1964.
Zenovsky, V. V., A History of Russian Philosophy, London 1953.

Das einzigartige Werk der Religionsgeschichte

Mircea Eliade
Geschichte der religiösen Ideen

In chronologischer Abfolge analysiert und deutet der international bekannte Altmeister der Religionsgeschichte alle Erscheinungen des Sakralen von der Steinzeit bis in die Neuzeit. Alle Religionen der Erde werden in ihren Gemeinsamkeiten wie in ihren Eigentümlichkeiten beschrieben.

„Ein Werk, das für lange Zeit Maßstäbe setzen wird und eine gewaltige geistige Unternehmung Eliades. An ihr wird man in Zukunft Religionswissenschaft messen – nicht zuletzt deshalb, weil sie unvoreingenommen die religiöse Welt so attraktiv präsentiert, daß man nicht anders kann, als sich ihr (wieder) zu öffnen" (Süddeutsche Zeitung).

Band 1: Von der Steinzeit bis zu den Mysterien von Eleusis
5. Auflage, 432 Seiten, gebunden. ISBN 3-451-18215-7

Band 2: Von Gautama Buddha bis zu den Anfängen des Christentums
4. Auflage, 464 Seiten, gebunden. ISBN 3-451-18216-5

Band 3/1: Von Mohammed bis zum Beginn der Neuzeit
2. Auflage, 328 Seiten, gebunden. ISBN 3-451-19130-X

Quellentexte: Herausgegeben von Günter Lanczkowski
456 Seiten, gebunden. ISBN 3-451-18963-1

Verlag Herder Freiburg · Basel · Wien